海南省2016年哲学社会科学规划课题"黎语文化调查研究（HNSK（YB）16-124）"

黎语文化调查研究

黄思贤 余淑芬 ◎ 著

中国社会科学出版社

图书在版编目（CIP）数据

黎语文化调查研究/黄思贤，余淑芬著. —北京：中国社会科学出版
社，2021.6
ISBN 978 - 7 - 5203 - 8478 - 0

Ⅰ. ①黎… Ⅱ. ①黄…②余… Ⅲ. ①黎语—研究—中国
Ⅳ. ①H281

中国版本图书馆 CIP 数据核字（2021）第 092682 号

出 版 人 赵剑英
责任编辑 郭晓鸿
特约编辑 杜若佳
责任校对 师敏革
责任印制 戴 宽

出 版 中国社会科学出版社
社 址 北京鼓楼西大街甲 158 号
邮 编 100720
网 址 http://www.csspw.cn
发 行 部 010 - 84083685
门 市 部 010 - 84029450
经 销 新华书店及其他书店

印 刷 北京明恒达印务有限公司
装 订 廊坊市广阳区广增装订厂
版 次 2021 年 6 月第 1 版
印 次 2021 年 6 月第 1 次印刷

开 本 710 × 1000 1/16
印 张 15.25
插 页 2
字 数 231 千字
定 价 88.00 元

目　　录

绪 论

第一节 黎族与黎语

黎族是生活在海南岛上的一个少数民族，主要聚居在海南省的陵水、保亭、三亚、乐东、东方、昌江、白沙、琼中、五指山等县市，人口 120余万。黎族人与外族交往时，自称"ɬai¹"[①]。

黎语是海南黎族使用的一种语言，属汉藏语系壮侗语族（或称侗台语族）黎语支。欧阳觉亚在《黎语调查研究》（后简称《调查》）一书中根据语言和文化的特征，把黎语分为侾、杞、本地、美孚和加茂五大方言区[②]。据考证，黎族的祖先大约在新石器时代中期或更早就从两广地区陆续迁居海南岛（广东省博物馆，1960）。据此，黎语在海南岛的使用已有三千多年的历史。

黎语的研究具有重要的意义。王均认为："由于历史和地理上的因素，特别是语言本身的特点，它在汉藏语系壮侗语族中占有相当重要的地位"（王均，1985）。黎语的研究不仅在语言研究中具有重要的意义，而且在中

[①] 本文黎语音标如未注明出处，涉及各地方言的来自《黎语调查研究》，其他的来自《黎汉词典》。壮侗语族语言的音标来自《壮侗语族语言词汇集》。

[②] 在该书的 18 页，欧阳觉亚先生描绘了一张较为详细的黎语方言、土语分布图。

国南方历史文化研究中也具有极其重要的意义。遗憾的是，黎语研究很晚才得以开展。"解放前由于交通不便，几乎没有人对它作过认真的调查，更没有关于黎语的学术专著。"（王均，1985）从目前的研究成果来看，黎语的全面研究当开始于 1956 年。[①]

第二节　黎语的研究

目前，黎语研究主要集中在以下几个方面。

第一，黎语内部结构的静态描写。

黎语内部结构的静态描写是黎语研究的出发点和基础，主要包括语音系统描写、词汇系统描写和语法系统描写。黎语的研究成果主要集中在这一领域。黎语内部结构的静态描写真正开始于欧阳觉亚等 1956 年的黎语调查。这项调查前后经历了 20 多年，最后形成《调查》一书。在《调查》中，欧阳觉亚分别对保定、中沙、黑土、西方、白沙、元门、通什、堑对、保城和加茂十个点的语音系统进行了描写，全面而又具体。《调查》的另一个成果则是黎语词汇的描写，其中包含词汇组成和构词方式两个方面。该书中，欧阳觉亚编制了由黎语十个方言土语代表点组成的词汇材料，收集1630 个颇具代表性的词。《调查》对黎语语法也进行了简要的论述，其中包括侾方言罗活土语语法和方言土语语法的比较。通过研究，《调查》得出"黎语各方言的语法特点大同小异"，"从句型上看，与同语族其他语言或汉语差不多，但其中的无主句所表达的概念与汉语或同语族其他语言截然不同"（欧阳觉亚、郑贻青，1980）等结论。

除了欧阳觉亚外，其他学者在这方面也做出了自己的贡献。郑贻青在

---

① 1956 年夏，中国科学院少数民族语言调查第一工作队海南分队，对黎语进行了全面的方言调查。

《黎语的形补词组》（1984）一文中论述了黎语中的一种特殊语法结构——形补词组。文明英、马加林在《黎语方言数词表示法》（1984）一文中各对黎语基数词、序数词和概数词进行了论述。符镇南的论文《黎语的方言岛——那斗话》（1990）描写了海南省东方黎族自治县八所镇南面约 10 千米处的月村和那斗村所使用的那斗话。文明英在《黎语虚词的语法功能》（1993）一文中则以侾方言保定话为代表，描写了"$?ɯ^{11}$"、"$pɯ^{53}$"、"$kɯ^{55}$"和"$tsɯ^{55}$"几个虚词在语言结构中的构词能力和语法功能。符昌忠论文《黎语坡春话概括》（2005）描写了海南省儋州市兰洋镇坡春村黎族所说的一种属于本地黎语的方言土语。刘援朝的论文《黎语加茂话概括》（2008）则描写了海南黎族加茂支系（当地又称为赛黎）的加茂话（黎语中的一种方言）。

黎语内部结构描写研究取得了丰硕的成果，但黎语内部结构描写空间仍可拓展，即落实到更小的方言点进行语音内部结构描写。黎语的方言土语差异大，情况复杂，故方言土语的调查有待细化，比如增加方言土语的调查点。只有尽可能细的描写，才可能为黎语的发展研究提供更多支撑材料。

《调查》一书是黎语研究的开山之作，为黎语的研究奠定了基础。但随着时间的推移，加之汉语的影响，黎语已发生了变化。因此，黎语的再调查已势在必行。

第二，黎语与其他语言的比较研究。

同属黎语支的黎语和村话之间的比较。符昌思在这方面做出了较大的贡献。在《村语与黎语声调的比较——村语与侗台语族语言比较研究系列论文之一》（2003）一文中，他对两者的声调进行了比较，得出村话的声调与黎语的对应关系最为整齐的结论，并认为现代村话的声调是从原始黎语支发展演变而来；其论文《村语与黎语词汇差异成因初探》（2005）则通过比较两者的词汇得出了"词汇差异却高达 50%以上"的结论，并分析了产生这种差异的原因。

　　黎语与同语族诸语言的比较。欧阳觉亚在《调查》的最后一章，分别从语音、词汇和语法三个方面对黎语和同语族诸语言进行了比较，得出"壮语和黎语在远古分离的时候，它们的声调还没有分化（即阴阳调类还没有分化）"（1980）及"黎语跟壮傣语支接近程度高于黎语与侗水语支接近的程度"（1980）等。欧阳觉亚、郑贻青在《从词汇上看台湾原住民族语言与黎语的关系》（2004）一文中对黎语和台湾原住民族语言中一些语词进行了比较，得出了"黎语与印度尼西亚语或台湾原住民族诸语是有一定的渊源关系的"等结论。李钊祥在《傣族和黎族的自称》（1985）一文中对傣族和黎族在汉语中的称呼进行了比较，发现了"tai^2"（傣）和"ɬai^1"（黎）的历史渊源。刘剑三在《临高语黎语关系词的文化内涵》（2001）一文中通过比较发现"临高语基本词汇中有一些只与黎语相同或有对应关系而与侗台语族其他语言差别很大或难以找到对应关系的词语"。当然，黎语与壮侗语族的比较有时也散落在壮侗语族的研究中，诸如李钊祥的《现代侗台语诸语言声调和韵尾的对应规律》（1982）、李敬忠的《从壮侗语族同源词看语音的稳定和发展》（1985）、曹广衢的《侗傣语族中表示汉族的名称探源》（1986）、梁敏的《原始侗台语构拟中的一些基本观点》（1994）等论文。

　　黎语与汉语的比较研究。实际上，前文所提的汉语借词研究也当属于这类研究。吴燕在《汉语量词和黎语量词对比研究》（2007）一文中对两种语言的量词进行了较为系统的比较，得出了一些有关黎语量词形成的结论。

　　通过这些比较研究，学者取得了许多有关黎语发展规律、黎族历史文化的成果。

　　第三，黎语的发展研究。

　　在黎语的发展研究中，语音成果较多。刘援朝在《黎语方言的语音交替现象》（2006）一文中通过比较各地方言的语音，提出了"共同黎语经过三次方言大分裂""黎语是现存的一种最古老的壮侗语"等观点。罗美珍在《黎语声调刍议》（1986）一文中探讨了黎语声调的发展，并认为"黎语的调类只有四个与同语族语言有对应关系，其余是后来发展的，与侗、台两个语支后来发展的调类无'亲缘'关系，这说明它比其他两个语支更早分化出去"。苑中树在《黎语塞音韵尾的演变》（1991）一文中探讨了黎语韵尾的演变规律。吴安其在《黎语古音构拟》（2000）一文中构拟了古黎语的辅音、元音和声调系统。银题在《黎语方言形成原因摭谈》（1993）一文中分析了方言形成的几个主要原因，即人口分布、地理环境、集体迁徙和异族接触。

从上述成果来看，学者往往从方言土语出发，联系相关的亲属语言来阐述黎语的发展轨迹。在这些研究中，语音的发展受到了更多的关注，词汇和语法的研究则有些不足。

第四，黎语的相关文化研究。

一些学者在研究黎语的同时，也关注到了凝固在黎语中的社会、历史、文化等现象。《调查》认为"一个民族语言的词汇，在某种意义上说，是这个民族历史的记录"。

《调查》通过比较研究，得出了一些有价值的观点，"有 37%以上是与本族语其他语言有同源关系的……可见，在远古的时候黎族的祖先和壮族、布依族、傣族、侗族等的祖先的关系是很密切的"，"通过对汉语借词的观察也可以看出黎族古时候与汉族的关系"。刘明真在《从黎族的亲属称谓看其婚姻制度的演变》（1992）一文中，通过对亲属称谓的分析描述了黎族婚姻制度的演变，并得出了"黎族亲属的称谓产生于亚血缘婚姻时代，因而也就染上较为浓厚的原始宗教色彩"等结论。高泽强的论文《黎语地名初探》（2001）则通过对地名的分析探索了黎族的历史来源和黎族的史前活动。

近代的黎语研究为后续深入研究奠定了坚实基础，也为本研究提供了丰富的语言资料和理论保障。

黎语文化调查研究属于文化语言学范畴。据邢福义的观点，文化语言学是研究语言和文化互相之间关系的科学，是语言学和文化学的交叉学科。文化语言学可以分为三个分支：普通文化语言学、比较文化语言学和具体文化语言学。因此，本研究又可归为具体文化语言学。

国外的文化语言学研究早于中国，更具系统性和深度。古印度人在研究《吠陀》中开始认识到语言在传递文化中的重要作用，并认为宗教只能凭借完美的语言形式来表现。大约在公元前 5 世纪，古希腊人开始从哲学角度认识并试图解释思维与词、事物与名称之间的关系，以柏拉图为代表。中世纪，欧洲产生了思辨语法（或哲学语法）。19 世纪，德国的历史比较语言学代表格林认为"我们的语言就是我们的历史"，洪堡特则认为"一个民族的言语是一个民族的精神，而该民族的精神也就是他们的言语"。历史比较语言学的出现和发展预示着文化语言学的诞生。20 世纪瑞士的结构语言学家索绪尔把语言看成了社会现象，且语言史和文化史总是交织在一起，法国的梅耶则认为语言是文化的一部分。美国的鲍阿斯创立了人类语言学，在《种族、语言与文化》中系统地研究了语言与文化的关系。美国的另一位语言学家萨丕尔在《语言论》中认为：在很大程度上人受语言支配，现在世界在某种程度上是不自觉地建立在该社会的语言规范的基础上的。同时，美国语言学家布龙菲尔德在《语言论》中论述了"语义上特殊的词源和文化变迁的痕迹可以互相参证"等问题。语用学同样注重语言和文化的关系，美国语用学家坦宁在《跨语言交际中的语用学》中研究了讲话的时间、内容、速度和停顿等八个方面与文化之间的关系。符号学则把语言作为文化的象征，日本池上嘉彦的《符号学入门》是一代表。

国外文化语言学的研究成果异常丰富，同时也影响着中国的当代文化语言学。国内正式提出文化语言学这一学科迄今不到30年。实际上，华夏民族对于语言与文化关系的觉察并不晚。在《论语》中，孔子讨论了"一言兴邦"等问题；《左传》中有"止戈为武"的文化解释；《尔雅》则以汉语词汇的形式诠释了当时的社会文化；许慎在《说文解字》中则有"盖文字者，经艺之本，王政之始"的观点；《方言》则以方言的形式再现了当时的地域文化；宋代，王安石在《字说》中以当时的文化背景对大量汉字进行了重新解释；清初，顾炎武对人名学进行全面的研究，并对避讳进行了考察；阮元则认为"有声语言与天地万物的关系，正是推求语言文字与古代文化关系的前提"；梁启超在《国文语原解》中认为："通过综合研究语言文字演化及使用该语言文字的民族的思想与生活发展，考见这个民族社会文化的发展。"随着古文字学的建立，一些学者开始从古文字的角度研究古代社会文化，并取得了丰硕成果，影响至今。1947 年，潘懋鼎的论文集《中国语源及其文化》是一部研究词语文化的专著，也是第一部有关文化语言学的论文集；1950 年，罗常培出版了《语言与文化》，被视为文化语言学的"开山之作"；1985 年，陈建民在中国社会科学院研究生院开设了"文化语言学"课，首次提出"文化语言学"这一术语，并进行了界定。其后，学者纷纷发表相关成果。吕叔湘有《南北朝人名与佛教》，周振鹤、游汝杰有《方言与中国文化》，申小龙有《语言研究的文化方法》，邢福义则有《文化语言学》等。应该说，国内的文化语言学在理论上已然成熟，并取得了丰硕的成果。

与汉语文化研究相比较，黎语起步晚。1956 年，欧阳觉亚等开始黎语的全面调查，出版的《黎语调查研究》为黎语研究的开山之作。该书较为全面地描写了黎语的几个主要方言，包括语音、词汇和语法，并进行了较为系统的比较。其后，刘援朝、苑中树、文明英、银题、吴安其、罗美珍、高泽强、黄鈜等学者从不同角度对黎语进行了探讨。应该说，黎语的本体已基本被摸清。受文化语言学的影响，黎语文化研究已现端倪。正如前文所举，有郑贻青《黎族的亲属称谓和人名》，欧阳觉亚、郑贻青的《从词汇上看台湾原住民族语言与黎语的关系》，黄鈜的《从黎语词汇看黎族社会的发展》，刘明真的《从黎族的亲属称谓看其婚姻制度的演变》，高泽强的《黎语地名初探》等。

与汉语相比，黎语文化研究尚不充分，亦不系统。迄今，黎语文化研究主要从词汇的角度进行。实际上，"语言的文化价值也决不仅仅局限于词汇所反映的文化意义，而且还涉及语音、语法、语言的结构类型、谱系分类以及语言的地区分布和文字问题"。（张公瑾语），另外，黎语文化研究仅限于十几篇论文，尚无一部专著。

丰富黎族文化研究。黎族是海南岛上人数最多的一个少数民族，也是最早来到海南的一个民族，后与多民族接触和交融，形成特有的黎族文化。随着华夏的强势浸染，黎族自身的文化日渐失落。不过，黎族古老文化的因子却深藏在语言之中，等待挖掘。

全面深入地探究黎语中文化因子有着重要的理论意义和实践意义。

可以深入揭示黎语的内在规律。目前，黎语研究主要采用描写的方法，这一方法可以客观地展现黎语内在的结构系统，却不能解释该结构系统的内在原因。深入探究黎语与文化的关系，可弥补描写语言学的不足。

可以丰富文化语言学的研究资料。黎语文化调查研究属具体文化语言学，这一研究可以验证文化语言学的基本理论，并且可以发掘更多文化与语言关系的例证。

可以从微观的角度展现黎族渊源、历史和发展。语言往往沉淀着历史文化的印记。黎语的亲属称谓系统存在很多特殊现象，如母系称谓与父系称谓差异较小，小一辈往往不分性别，小辈的称谓往往带上称谓者的辈分等，这些现象反映出古黎族人家庭关系和结构。考察黎语的宗教词汇，可以发现这一类词汇较为庞杂，其原因就在于黎族宗教深受周边民族的影响。

本书主要依托已出版黎语资料及相关的语言资料，以词汇为突破口，从词汇系统、语音对比、构词法等角度进行文化挖掘。

在黎语词汇文化研究中，本书系统考察黎语中的核心词、外来词和固有词，分类考察各类语义场和各类词汇系统所蕴含的文化，对个别特殊词进行文化考证。

研究没有单纯独立地对黎语语音进行分析，但语音分析却贯穿始末。语音的分析与比较目的在于探究黎语的同源词、同源词之间的语义关系，进而分析其中的文化现象。语音研究不仅限制于黎语内部，而且拓展到与同族语的语音比较、与汉语的语音比较，进而揭示黎语的渊源，考察民族之间的关系。

黎语语法涉及相对较少，主要集中于黎语的构词法，目的集中于探究词源，兼及黎族特有的思维方式。

本书主要采用以下一些研究方法。

田野调查法。即深入黎族聚集区，进行黎语及其文化调查，获得一手资料，为后续研究提供坚实基础。

文化背景透视法。即探究语言现象背后的文化，从而了解其渊源，推测其未来。这一方法现已被广泛地运用到词义、词汇、文字的文化解读上。

文化差异比较法。即比较黎语与其他民族语言在结构、语法和使用上的异同，进而分析其中的文化根源。

学科交叉研究法。即立足语言学，与其他学科多向交流，吸取其他学科的研究成果和分析方法。这些学科主要有历史学、文化学、民族学、民俗学等。

语言文化研究不同于纯粹的语言研究。纯粹语言研究的对象相对固定，内容相对封闭，故研究相对客观，研究结果更具科学性。语言文化是交叉学科，在研究中，容易偏离研究对象，难以把握研究内容。处理不好，容易出现过多的臆测。虽然如此，语言文化研究并非一门伪科学，值得进行理论探索，值得用该学科去解决相关问题。

为此，本研究仅从语言角度进行阐发，尽量做到不过多地推测，不牵强地与现实映照，不预先设定观点，然后在语言中牵强地寻找证据。

语言是时间积淀的产物，所反映的文化非一时一地。语言文化研究也只是从一个角度提供一些文化线索，为相关研究提供支持。黎族没有用黎语写成的历史文献，因此，我们所能利用的只有汉语写成的相关文献资料。这些文献的价值虽不可低估，但也不可盲目相信。更不利的是，我们并不能从这些文献探究黎语的演变。今天所听到的黎语不一定是历史上的黎语，用今天的黎语去考证历史一定会出现偏颇。故本书必然会出现一些不正确的观点和推断。

第一章 黎语与黎族族源

人们研究问题，习惯于追根溯源。族源是民族研究的首要问题，弄清楚了，往往能顺势解决一系列诸如历史、文化、民俗等相关的民族问题，有抽丝剥茧的效果。族源在民族诸问题中既是最需要解决的，往往也是最难解决的。黎族是一个没有文字的民族，没有像汉族那样留下卷帙浩繁的文献，摆在我们面前的只有黎族人的传统民族、体态相貌、民歌故事、黎语和散落在其他民族文字资料中的点滴记录。这给黎族族源问题的解决带来了很大困难。

族源研究有多种途径，族称是其中重要的一条，因为族称的命名依据与内涵可以很好地诠释一个族群对该民族的认同以及民族彼此之间的关系。费孝通："民族族称的规律是从他称转为自称。生活在一个共同社区之内的人，如果不和外界接触就不会自觉地认同。民族是一个具有共同生活方式的人们共同体，必须和非我族类的外人接触才发生民族的认同，也就是所谓的民族意识，所以有一个自在到自赏的过程。"（1989）

第一节 黎族族源的相关研究

考古学角度。"海南岛地区的原始文化遗址，根据所表现的文化性质来看，它与广东大陆及东南沿海地区是同属一个文化系统的"，"关于海南岛原始文化的相对年代问题，如文昌昌田坡、陵水大港村等处纯出夹砂粗陶的，可能为时较早，约相当于中原殷周之际或者稍晚一些"。（广东省博物馆，1960）

人体生物学角度。"1934 年春，中国科学院生物研究所刘咸教授深入黎族村寨调查，观测了 303 个黎族人的体质，他从这些人体测量材料的分析比较中发现，有一部分黎族在血统上与马来人有密切关系，同时还掺杂有少数南洋岛各民族的成分，他指出：现今黎族之来源，似非一源而为多源……黎族所具之体性及测量数值与僲族及正马来族最称近似……"（高泽强，2008）

人类学角度。"海南黎族的来源既非纯由古越族发展而来，亦非由南洋古代民族迁徙而来，而是由海南岛上的远古土著居民为主体，兼融古代驼越人、南越人、壮人和汉人等民族成员的成分逐渐发展演变而来。"（孙秋云，1991）

民俗学角度。"从黎族的生活习俗来看，和古代越族有极相似之处。例如古代越族'文身断发'（《史记·越王勾践世家》），而黎族'男文臂腿，女文身面'（《定安县志》卷九《黎岐志·黎俗》），和古越族相同。清人屈大均在《广东新语》中就断言：海南岛的黎族就是'髯发文身之越人'。"（杨德春，1984）

考古学目的在于论证两个问题：一是黎族在海南岛上的历史；二是黎族与大陆南越民族之间的关系。但是，考古并未很好地解决这些考古发现与黎族的必然联系。黎族在岛上的历史也只是一种猜测。人体生物学能科学准确地反映人种问题，但人种问题与民族问题并不能等同。同一人种可以形成不同的民族，同一民族也可以是不同的人种。

所谓的民族，是文化、语言、历史与其他人群在客观上有所区分的一群人。因此，民族的划分更应该从文化、语言和历史的角度去考察。由于缺乏文献，黎族的历史难以清晰地被描写出来。能活生生地展现出来的只有民俗文化、生活方式及其语言。在这几种要素中，民俗文化、生活方式容易在历史的长河中发生变化，而语言则相对稳定。

第二节　其他民族对黎族的称谓

要谈黎族的族源问题，必然要涉及黎族的族称。族称是一个民族最根本的标志，也是外化为语言形式的一种符号。

在黎族的文化研究中，这一问题不可回避。黎族的族称有自称和他称之别。自称是民族的自我认同，因方言语音的差异而往往产生地域上的变异；他称，即黎族以外的民族或集团对黎族的称呼。

黎族自称"łai¹"（详见后文分析）。不同于自称，黎族在历史上的他称较为复杂（这里只谈汉文资料所反映的称谓），且通常与南方诸民族的称谓混沌不分。

离耳、雕题、贯胸国、儋耳。《山海经》中保留了很多南方民族的称谓。《山海经·海内南经》"伯虑国、离耳国、雕题国、北朐国皆在郁水南"，《山海经·海外南经》"贯匈国在其东，其为人匈有窍"，《山海经·大荒北经》"儋耳之国，在北海之渚中"；《礼记·王制》"南方曰蛮，雕题交趾"。秦汉以后，相关文献也有类似的称谓。《汉书·地理志下》（卷二八）"自合浦徐闻南入海，得大州，东西南北方千里，武帝元封元年略以为儋耳、珠厓郡。民皆服布如单被，穿中央为贯头"，《后汉书·南蛮传》"朱崖、儋耳二郡在海洲上，东西千里，南北五百里。其渠师贵长耳，皆穿而缒之，垂肩三存"，杨孚《异物志》"儋耳，南方夷，生则镂其皮尾相连，并镂其耳匡，为数行，与颊相连，状如鸡肠，下垂肩上"。这些称谓大都与当地人的形貌相关，诸如耳、额、胸等。一个族群被深入了解前，外族关注的焦点必然在其特有的相貌与服饰。

蛮、俚（里）、僚（獠）。《礼记·王制》："南方曰蛮，雕题交趾。"《后汉书·南蛮西南夷列传》："武帝末，珠崖太守会稽孙幸调广幅布献之，蛮不堪役，遂攻郡杀幸。"《新唐书·宋庆礼传》："岭南采访使洛州永平人宋庆礼谕崖州五州蛮皆降。"《琼州府志·沿革表》（卷一）："乾封后，琼州没山峒蛮。"《后汉书·南蛮列传》："建武十二年，九真微外蛮里张游，率种人慕化内属，封为归汉里君。"《隋书·何稠传》："开皇末，桂州俚李光仕聚众为乱，诏稠召募讨之。"《广东通志》："岭南节度使赵昌降辑陬荒，琼管儋、崖、振、万安州峒俚来归。"《广志》有："僚在牂牁、兴古、郁林、苍梧、交趾，皆以朱漆皮为兜鍪。"《旧唐书·列传第六十二·李复传》："琼州久陷于蛮獠中，复累遣使喻之，因奏置琼州都督府以绥抚之"。蛮，《说文解字》："南蛮，蛇种。"释名曰："越、夷蛮之国也。"《玉篇》："南夷名。"《周礼·夏官·大司马》："方五百里曰蛮畿。"孔颖达疏："蛮者縻也，縻系之以政教也。""蛮"施用于南方民族之理由此可见，此已与政治治理相关。俚，《汉书·司马迁传》："辨而不华，质而不俚。"有鄙俗之义，以为南方民族之称当由此而得。獠，《尔雅·释天》："宵田为獠。"郭注："今江东呼猎为獠。"《说文解字》："猎也。"《广韵》："夜猎也。"《周书·异域传上·獠》："獠者，盖南蛮之别种，自汉中达于邛笮，川洞之间，在所皆有之。"

雒民、瓯骆、骆越。《水经注》（卷三七）："《交州外域记》曰：交趾昔未有郡县之时，土地有滩田。其田从潮水上下，民垦食其田，因名为雒民。"《史记·南越列传》："苍梧王赵光者，越土同姓，闻汉兵至，及越揭阳令定自定属汉；越桂林监居翁谕瓯骆属汉：皆得为侯。"邱浚《南溟奇甸赋》："兹地在荒服之外，而为骆越之域。"

上述的族称可以说明以下几个问题。

黎族与汉族、南方诸民族之间的关系。宋以前，汉族（或古"中国之人"）并未将黎族从南方民族单列出来，一般笼统称之，比如在《山海经》中统称为"南方之族"。从语言与文化关系角度看，概念区分的细腻程度与人对该概念认知、重视度有密切关系，即事物越重要，认识越深，其分类一般越细。宋以前的笼统称呼当有两个原因：其一，政治原因，即当时中央政府对南方的政治影响相对薄弱，很多地区处于独立自由状态。从目前史料看，汉武帝元封元年（前 110 年）中央政府才正式在海南岛设置郡县，《汉书·地理志》（卷二八）"武帝元封（前 110 年）略以为儋耳（治今儋州市东北），珠崖（治今海口东南）郡"。虽建立了行政机构，但管理仍很松散。《三国志·吴书·薛综传》："长吏之设，虽有若无。"黎族先民所处的海南地处边陲，孤悬海外，要在这样一个地方构建行政规划，并进行有效管理，需要强大政治、军事和经济力量。即使到了隋唐时期，也难以达到。事实上，海南黎族在当时并未真正纳入中央政府的治理规划中，难以取得应有的政治地位并获得广为人知的独立族称。其二，黎族先民与南方民族关系密切，或仍为一共同体，或独立不久，彼此的民情风俗并未呈现出鲜明的区别特征，并未独立地与中原文化形成对立。传世的汉文献在谈及南方民族生活习俗、宗教信仰时，往往没有指向具体的某一个民族，较为笼统，从侧面说明了黎族与南方民族之间的密切关系。

中原人对南方民族的歧视。上述称呼可以分为两类：①以貌名族，如离耳、雕题、贯胸国、儋耳；②贬称，如蛮、俚（里）、僚（獠）。前者最早出现于《山海经》中，"离耳""贯胸"之类的表达带有明显的传奇色彩。传奇（或神话）可以从以下几个方面进行解读：①内在的合理性。"贯胸"并非真的贯胸，如果是，则非人了。"贯胸"只是衣着上的形似，此已有论述。②传奇（神话）产生的内在原因在于人类的陌生与困惑。一个事件经历较长的时空，往往演绎出一段精彩的故事或神秘的神话。在那个交通信息不发达的年代，远离政治文明中心的南方对于中原人而言，自然就是一个神秘的地方。正是南方与中原时断时续的艰难交往中孕育了一个个精彩的传奇。因此，"离耳"之类的描述恰恰表明中原人与南方民族之间的陌生与隔阂。③在中原文化中，这些传奇并不是真的神话、尊崇，而是将这种差异看作一种落后，甚至是对异族文化的一种贬低。"率土之滨，莫非王臣"，"中国"即世界中心，海南已属海外，甚至大荒之外。中原地区已建立成熟国家，有了较为规范的政治制度、经济制度和文化制度，面对南方这些奇风异俗，带来的是惊诧，这没有转化为尊崇，而是贬低。

应该说，"贯胸"之类的名称所暗含的歧视相对委婉，而蛮、俚（里）、僚（獠）等则如此的直接。这些充斥着歧视的称谓固然是中原人对固有文化的一种骄傲，但与"贯胸"之类相比，则反映出中原人与南方人更加密切的关系。一般认为中央政权对黎族称"黎"出现在唐末，在宋代全面使用。《太平广记·宝四（杂宝上）》引《岭表录异》"紫贝即砑螺也。儋振夷黎海畔，采以为货"。在《宋史·蛮夷列传三》（卷四九五）中，黎族则正式列为"黎峒"。对于"黎"的来源，有不同的说法：①源于黎族的自称"ɬai¹"；②源于黎族所居处的环境"山"；③源于汉字"里（或俚）"的音变；④"ɬai¹"意为"主人、土著、本族人、自己人"（高泽强，2008）。不管"黎"的来源是什么，其已然没有了过去称谓所折射出的歧视。"黎"称谓的出现则表明该族群以民族的形式得到中原人的认同，意味着黎族人成为中央政府的庶民，而这一点正好发生在华夏民族日益强大、文化迅猛发展的唐宋时期。

值得注意的是，黎族周边民族或集团对黎族的称谓基本一致：

壮（pou⁴li²），布依（li⁴tsu²），临高（li⁴tsuk⁷），傣西（li⁴tsu⁴），傣德（li³su³），侗（li²su²），仫佬（li⁴tsu⁶），水（li⁴tshu²），毛难（li⁶tsu⁶）。[①]

上述称谓的共同点在于偏正语素都为"li"，不同在于中心语素和词序。壮语中心语素"pou⁴"当为壮语固有词，而其他民族语为汉语借词。壮语"li²"在后，当为壮侗语固有词序；而其他民族语的词序当受汉语的影响。"li²"的相同，表明这些民族对黎族的认同是一致的，且深受汉文化的影响。壮语的不同体现出的是壮族与黎族特殊的民族关系，即壮族与黎

---

① 本文所用的壮侗语族语言词汇来源为：中央民族学院少数民族研究室所编《壮侗语族语言词汇集》。

族交往历史更加悠久，关系更密切。从地理上看，壮族与黎族较为接近。据相关的文化研究，黎族的文化民俗与壮族有很多相似之处。

同时，黎族不同的支系自称也很统一：

保定（ɬai¹），中沙（ɬai¹），黑土（ɬai¹），西方（ɬai¹），白沙（ɬai¹），元门（ɬai¹），通什（ɬai¹），堑对（ɬai¹），保城（ɬai¹），加茂（ɬai¹）。

"黎族自称ɬai¹（音近塞），不同的方言或支系还有 tɬai¹（或 tɕai¹、dai¹、thai⁴）等不同的叫法，这些不同的叫法都是ɬai¹这个音的方言变读。""尽管有各种各样的名称，但黎族一般都有一个共同的民族自称ɬai。"（欧阳觉亚、郑贻青，1980）可见，黎族作为一个统一族群，其内部也形成了统一的认识。我们认为，正是这种统一触发了外族对该民族的一致认同。

第三节　黎族对其他民族的称谓

一　黎族对汉族的称谓

以下是诸民族对汉族的称谓：

黎（mo:i¹或 ma:i¹），壮（pou⁴kun¹；ha:n⁵ɕu²），布依（pu⁴ha⁵），临高（han²tsuk⁷），傣西（hɒ³），傣德（meu²xe⁵），侗（ka⁴），仫佬（mu⁶ca:ŋ³kwən¹），水（ka⁴；ȵin¹），毛难（ʔai¹cin¹；ha:n⁴tsu⁶）。

黎族对汉族的称谓"mo:i¹"或"ma:i¹"不同于其他民族，是黎族独有的一种称谓。从这一点上看，黎族对汉族的认知并未受到这些民族的影响，应该是独立认识的结果。

以下是黎语各方言点对汉族的称呼：

保定（mo:i¹），中沙（mo:i¹），黑土（mo:i¹），西方（ma:i¹），白沙（muai¹），元门（mu:i¹），通什（mu:i⁴），堑对（ma:i¹），保城（ma:i⁴），加茂（muə¹）。

很显然，各方言点的读音虽有差异，但当同出一源，大体读为"mo:i¹"或"ma:i¹"。

很多民族对汉族的称谓与"汉"相关，黎族的这一称谓是否与"汉"相关，答案是否定的。汉族的"汉"上古音在元部，郑张尚芳构拟的音为"hna:ns"；中古音为晓母，翰韵，一等，开口。黎族这一称谓的读音显然与"汉"的古今音没有联系，即"mo:i¹"或"ma:i¹"不源于汉语。

对于"mo:i¹"或"ma:i¹"的源头。学界存在不同的看法。欧阳觉亚在其《黎语调查研究》一书中未专门讨论该词，在分析美孚黎中提到"侾黎称之（按：美孚黎）为 mo:i¹fou¹，音译'美孚'，是'下面的汉人'的意思"（欧阳觉亚、郑贻青，1980），即认为"mo:i¹"有汉人的意思，但未深入分析构词理据，亦未梳理其源流。《黎汉词典》中罗列该词条："mo:i¹，汉族（兼指其他民族）。"也仅解释了词义。

高泽强认为"（黎族）把其他的民族一律称为'美[mo:i]'或'迈[mai]'，'美'即是'客人、外人、外族'之意。这有点类似中国人的'中国'和'外国'的概念，除了中国本身以外的一切国家都是外国。后来黎族接触的外族人多了，故往往在'美'（迈）称的后面冠上特指的对象之名来分清不同地域、不同民族之人，如'美海南'（海南汉族）、'美广州'（广州汉族）、'美苗'（苗族）、'美外国'（外国人）等"（2008）。这里较为具体地解释了"mo:i"原意及其用于"汉人"称谓的理据。

一个社会集团（或民族）称迁入个体或社会集团（或民族）为"外人"或"客人"的现象并非个例。比如中原人因某些社会原因而南迁到江西、福建和广东等地区，往往被当地人称为"客家人"，如江西赣南的"客家人"，壮族人称迁入的汉族人为"hek⁷"（客人，外面的人），布依族称汉族为"pu⁴ha⁵"（与客人"pu⁴he⁵"一词读音基本相同）。从这个角度看，高泽强的观点是很有道理的。

在汉语中，"客"具有丰富的含义。《说文解字》："客，寄也。从宀各声。"因为寄，人与人之间形成了各种不同的关系，赋予该词多种内涵，也常淡化了"寄"的含义。恒长的亲友关系，《易•需卦》："有不速之客三人来，敬之终吉。"临时的友好关系，《韩非子•喻老》："翟人有献丰狐玄豹之皮于晋文公，文公受客皮而叹曰：'此以皮之美自为罪。'"政治关系，比如又有新王朝对旧王朝后人的称呼，《诗•周颂•有客》："有客有客，亦白其马。"朱熹集传："客，微子也。周既灭商，封微子于宋，以祀其先王，而以客礼待之，不敢臣也。"又可指他国或外地人在本国或本地做官者，秦李斯《谏逐客书》："此四君者，皆以客之功。由此观之，客何负于秦哉？"阶级关系，《韩非子•内储说上》："中山之相乐池以车百乘使赵，选其客之有智能者以为将行。"商贸关系，有旅客、顾客之义，南朝宋谢灵运《九日从宋公戏马台集送孔令诗》："归客遂海嵎，脱冠谢朝列。"生产关系，指佃户，庄客，汉应劭《风俗通•怪神•世间多有伐木血出以为怪者》："田中有大树十余围，扶疏盖数亩地，播不生谷，遣客伐之，木中血出。"地缘关系，汉应场《侍五官中郎将建章台集诗》："往春翔北土，今冬客南淮。远行蒙霜雪，毛羽日摧颓。"

汉语"客"一般只反映人与人之间一种关系，并未演变出族称。"mo:i¹"是否有"客"义，形成这意义的基础是什么？值得探讨。

1. 在黎语中，"mo:i¹"是否真的具有"客人"或"外人"、"外族"的意义？

为此，笔者对现有黎语资料进行了查询，并未发现"mo:i¹"有"客人""外人""外族"等意思。在黎语中，"客人"一词各方言点的读音为：

保定（bou³ʔa:u¹），中沙（bau³ʔa:u¹），黑土（bau³ʔa:u¹），西方（ɣa:ŋ¹ʔa:u¹），白沙（fa:u⁴），元门（fha:u⁵），通什（me:ʔkho:t⁷），堑对（fa⁵ʔa:u¹），保城（fa:n¹ʔa:u¹），加茂（fuən¹lou⁵）。

很显然，这些读音与"mo:i¹"不相通，没有同源关系。在黎语系统中，即使"mo:i¹"表"客"义，当有不同来源。在《黎汉词典》《黎语调查研究》中，未收入"外来者"之类的词，但有一个表"外"义的词，其在各方言区的读音为：

保定（zɯ:n¹），中沙（zɯ:n³），黑土（zɯ:n¹），西方（zɯŋ¹），白沙（tshɯ³ziŋ³），元门（kɯ³tsin⁶），通什（łɯ:n⁴），堑对（łɯ:n⁴），保城（łɯ:n⁴），加茂（kɯ³lɔ:u⁴）。

同样与"mo:i¹"没有语音上的联系。是否"mo:i¹"作为"客人"、"外人"或"外族"义而发生了音变，意义产生了引申。为此，我们检索了《黎汉词典》和《黎语调查研究》中与"mo:i¹"有近似读音的词，主要有：

做（mo¹），辫子（me²），歪（ma:i²），甘蔗（ma:i²），原地（mo:n¹），涂（mo:ŋ¹），依靠（mo:ŋ²）。

从语义上看，这些词语与高泽强所列出的词义之间缺乏必然的联系，与黎族对汉族的称谓"mo:i¹"当无渊源关系。

可见，在已出版的黎语词典中，并未收入表"客人"或"外地人"的读音类似于"mo:i¹"的词。笔者单独就"mo:i¹"访问了几位来自不同地区的黎族学生，都说"mo:i¹"除了表示汉人的意思，没有其他的意义。

2. "mo:i¹"在构词中是否蕴含"客人"或"外人"、"外族"的意义？

在黎语中，"mo:i¹"这一音节也参与构词。依据构词功能，分为两类：

（1）作为偏正结构的中心语。

补锅匠：mo:i¹bu¹thau¹，其中"bu¹"义"修补"、"thau¹"义"锅"，美孚黎族：mo:i¹fou¹，分析见前文。

军队（国民党）：mo:i¹ze:ŋ¹。据调查，"ze:ŋ¹"在这里表示颜色（黄色），即穿着黄色衣服的汉人。

洋人：mo:i¹hwan³。在黎语中，"hwan³"有"番"之义。

以上复合词来自《黎汉词典》，但该词典并未就这些语词的各音节（或语素）进行说解。经我们初步研究，在这些构词中，"mo:i¹"为偏正结构的中心语。第1—3例中"mo:i¹"可以理解为"汉人"，也可以理解为"外来者"。第4例则只可理解为"外来者"。

（2）作为偏正结构的修饰或限定成分。

毛毯：ha:u³mo:i¹。"ha:u³"义为被子；据一位黎族学生，此"mo:i¹"

为汉语"毛"的借音。也就是说，该语素与"汉人"或"外来者"无关。

麻雀：taɬ⁷mo:i¹。"taɬ⁷"义为鸟；据调查，此"mo:i¹"与鸟的习性相关。

大雁：taɬ⁷nau²mo:i¹。大雁有南迁的习性，此"mo:i¹"很可能与"外来"之义相关。

可见，黎语复合词中的"mo:i¹"蕴含"非黎族人"或"外来者"之义。

综上，在黎语现存的研究成果中，作为词的"mo:i¹"只有"汉人"之义，作为构词语素蕴含了"外来者"之义，但"客人"之义却并不明确。

可见，从黎语内部很难说清"mo:i¹"的"汉人"义与"客人"义或"外人"义之间的关系。笔者颇为迷惑，高泽强有关"mo:i¹"有"客人"之义的论述不知来自何处。由此，我们推测，"mo:i¹"当有其他来源。

3. "mo:i¹"的"客人"义是否源自古壮侗语？

以下是同族语中表"客人"义的语词：

壮（hek⁷），布依（pu⁴he⁵），临高（xek⁷），傣西（xɛk⁹），傣德（pi⁶lɔŋ⁴），侗（qhek⁹），仫佬（mu⁶khɛ:k⁷；khɛ:k⁷；khɛ:k⁷çəŋ¹），水（hek⁷），毛难（ʔai¹hɛk⁷；hɛk⁷）。

据欧阳觉亚的研究，"黎语的鼻音声母 m、n，在壮、傣、侗、水语中一般都读 m、n"。从语音上看，上述"客人"与"mo:i¹"没有相通的可能。即"mo:i¹"如表"客人"，也当不来自共同语的相关词。

在《壮侗语族语言词汇表》中，收入了"异乡人"一词，兹列举如下：

壮（vun²leŋ⁵ʔɯŋ⁵），布依（hun²pɯ:ŋ²fuɯ⁴），临高（kak⁸hiaŋ³kə³leŋ⁴huŋ²），傣西（kun²mɣŋ²pɣŋ⁶），傣德（kon²ɯəŋ²pən⁶），侗（ȵən²sən¹tui⁶），仫佬（ʔuk⁷hja:ŋ¹çəŋ¹；hoŋ⁶koŋ³），水（ʔai¹ʔnuk⁷），毛难（zəŋ¹seŋ²khe¹）。

"异乡人"一词，这些民族都采用了复合词的形式，即在词形结构上不同于"mo:i¹"，故无渊源关系。上述词中的各语素也与"mo:i¹"无关。

4. 是否借源于汉语中的"客人"或"外"？

"客"的上古音为：溪母，铎韵；中古音为：溪母，陌韵，二等，开口。

从汉语语音发展来看，"溪母"不可能发展为唇音"m"。处南方的现代粤语读为"x"。"mo:i¹"在语音上与汉语中的"客人"没有关系。

海南汉语方言在历史、地域上与黎语关系较为密切。"mo:i¹"与海南方言中的"客"是否有关？答案是否定的。以下是《海口方言词典》中与"客人"义相关的词条：

客车：xɛ⁵⁵sia³⁵，公路上专门载旅运旅客的汽车。

客团：xɛ⁵⁵sia²¹⁴，来往各地做小买卖的商人：～赊货去村卖。

客厅：xɛ⁵⁵hia³⁵，接待客人的大房间。

客铺：xɛ⁵⁵fou³⁵，客栈，设备简陋的旅馆。现在称"旅店"。

海口方言"xɛ⁵⁵"在语音上与古汉语一脉相传，与"mo:i¹"无语音上的联系。在该方言中，与"mo:i¹"语音近似的读音有：mai³⁵，贺，祝贺；mɔi²¹⁴hi²¹年年，每一年。这些词语音虽然近似，但语义上并不相同，同样不存在任何关系。

"外"上古音为：疑母，月部，入声；中古音为：疑母，泰韵，去声。海口话读为"hua³⁵"。即汉语"外"与"mo:i¹"同样无借用关系。

初步推断，"mo:i¹"与汉语没有借用关系。

5. 是否源于临高话中的"客人"？

刘剑三的《临高汉词典》收录了三条与"客"相关的词条：

（1）mɔ¹，客人，dɔŋ³～等候客人。mɔ¹voi² 客人；宾客：huk⁷jan³dɔŋ³³～。摆下酒席等候宾客。

据刘剑三，"mɔ¹voi²"中的"voi²"没有实在的意义，有强调的作用。

（2）xek⁷，客。①客人：siŋ³～请客。②旅客：sia¹nə⁴fu⁴wən²dap⁷～这辆车不搭客。③顾客：vən²nɔi⁴fan²diam²～mən²tiu³今天饭店客不少。④指海南话，即海南闽语：mən²tɔk⁷kaŋ³～不会讲海南话。

该词声母和韵尾与汉语古音相同，为汉语借词。刘剑三有同样的认识，并强调"xek⁷"往往只用于生意中的顾客。在《壮侗语族语言词汇集》中，临高话"客人"亦记为"xek⁷"。

（3）xek^8（客），xek^{8}sia^{3}客车；xek^{8}sian^3（客商）；xek^{8}jin^{1}客人；xek^{8}kia 客家。

（2）与（3）记录中"客"元音微别，调类不同，应同源。令人豁然开朗的是（1）。从具体使用上看，"mɔ^1"和"xek^7"有相通之处。在一种语言中，一个义项，两个词，往往存在不同的来源。后者为汉语借词，那么前者当为临高话固有词，或来自更早的共同语。因此，"mɔ^1"应该是一个较为古老的语词。从语音和语义上看，黎语中的"mo:i^1"与该词都能相通，极可能存在借用关系或同源关系。从临高人在海南的历史及其与黎族人的关系来看，这种关系也可讲通。

临高县是临高人主要聚居地。"地势平缓，土地肥沃，且隔海与大陆相望，为渡海入琼的先登之地。从很早的时候起，就有汉人定居于此。东汉建武元年（公元 25 年），青州人王氏举家迁居高山岭下的东春村，其子王祈死后，邑人于山上建苗来祭祀，该庙被称为'祖庙'，至今尚存。"（刘剑三，2000）临高话在历史文献中有相关记载，"据《正德琼台志》，其时'语有数种'，即'官语、西江黎语、客语、土军语，地黎语和番人语'。据今人考证，'官语'乃今之汉语北方方言，'客语'乃今之海南话，'土军语'乃今之儋州话，'地黎语'乃今之黎语，'番人语'乃今之回辉话，而'西江黎语'，则是 80 年代以来语言学者所称的'临高话'"。"后两种土语（琼山土语和澄迈土语）（按临高话的地域分支）……为了显示区别，他们把海南话称为'客语'，把自己的话称为'村话'，周围的人则称之为'黎语'。"（刘剑三，2000）

临高人至少在汉代已移居海南，生活在同一岛屿，与黎族交流不可避免，这意味着与黎族有两千多年的交流史。外族人对临高人的看法也可以看出这一点，如上文所提到的称临高语为"西江黎语"。在后来者的眼里，临高人似乎等同于黎族。

临高话在当地颇为强势。"由于本地话即临高话势力很强，操其他话语的人进入该县时间久了，往往都会学会本地话，即使他本人还顽强地讲自己的母语，但到了第二代，一般都会讲一口地道的本地话。"（刘剑三，2000）按与语言接触理论，强势语言往往对所接触的语言产生深刻影响。在黎族人的交往中，临高话将对黎语施以影响。

随着汉人陆续南迁，渡海来到海南，首先接触的很可能就是临高人。因临高人本身为外来者，且部分本为汉人。面对这些新来者，呼之为"客"（即"$mɔ^1$"或"$mɔ^1voi^2$"）也就在情理之中。也因为该族群的这一特点，"$mɔ^1$"或"$mɔ^1voi^2$"没有上升为临高人对汉人的族称。黎语在与外来汉人的接触交往中，借用了临高人所使用的称谓。因其民族的独立性，故而将这一称谓演变为汉族的称谓。在长期使用这一称谓中，最终模糊了该词在临高语中的义项"客人"。

黎语"$mo:i^1$"的考释，从一个侧面展现了黎族、临高人、外来汉族的交往史。

6. 临高人"$mɔ^1$"或"$mɔ^1voi^2$"的来源

刘剑三认为"临高语的词汇，除了大量与侗台语诸语言同源的词外，还有数量相当多的汉语词和少量临高语特有的语词。在侗台诸语言同源的词中，与壮傣语支语言尤其是与壮语同源的词最多，与侗水诸语言同源的次之，与黎语支同源的也有一些"（刘剑三，2000）。

因此，"$mɔ^1$"或"$mɔ^1voi^2$"可能有以下几个来源：汉语借词、侗台语诸语言同源词、临高话特有词。从前文所列的资料来看，"$mɔ^1$"或"$mɔ^1voi^2$"与汉语及其侗台语诸语言所使用的"客人"一词没有同源或借用关系。"$mɔ^1$"或"$mɔ^1voi^2$"要么是临高话特有词，要么来源于汉语和壮侗语族语言中的"客人"以及其他相关词。

前文论述已经否定了"$mɔ^1$"与汉语及同族语所使用的"客人"的同源或借用关系。为此，我们进一步比对了同族语的相关语词，最后发现了一个表"新"义的词：

侗（$məi^5$），水（mai^5），壮（mo^5），布依（mo^5），临高（nau^4），傣西（mai^5），傣德（$mauɯ^5$），仫佬（mai^5），毛难（mai^5），黎（$pa:n^1$）。

　　除了临高话和黎语，上述壮侗语的读音基本一致。这些读音与临高话的"mɔ¹"相似；"新"与"客"、"外来"在语义上相通，即外来者或客人相对本地人而言，当为新人。在壮侗语部分语言中，"新"已用于相关人的构词。

　　新郎：侗（sa:u⁴məi⁵），水（ha:u⁴mai⁵），壮（kɯi²mo⁵），布依（kɯ：i²mo⁵），傣西（xɣi¹mai⁵），仫佬（la:k⁸kɣa:u⁴mai⁵）。

　　新娘：侗（ma:i⁴məi⁵），水（ça²mai⁵），壮（pau⁴mo⁵），布依（pau⁴mo⁵），傣西（pai⁴mai⁵），仫佬（la:k⁸ma:i⁴ mai⁵）。

　　例如侗语"sa:u⁴məi⁵"（新郎），"sa:u⁴"义为丈夫，表"新"义"məi⁵"用于修饰"sa:u⁴"。其他语言的构词法类同，此不赘述。

　　基于临高话、黎语与壮侗语之间的关系，临高话中的"mɔ¹"（或作"mɔ¹voi²"）当源自古壮侗语。因其"新"义而用于称呼外来者（事实上是指南迁入岛的汉人），转义为"客人"义。黎族在与汉人的密切接触中，未自造新词，而是直接借用临高人的称谓。因临高人大部分为内地汉人，并没有把自己看作异族，故"mɔ¹"也就不可能引申出"汉人"义，黎族则因其他族属性而发生了这一引申。

　　7. 黎汉民族关系的思考

　　黎族对汉族的称谓"mo:i¹"不源自"汉"①，却借自临高话的"mɔ¹"或"mɔ¹voi²"，值得进行民族学上的思考。

　　汉族历史上值得注意的几个族称有"秦人"、"汉人"和"唐人"。在《史记》中，汉人被外族称为"秦人"，《史记·大宛列传》："闻宛城中新得秦人知穿井，而其内食尚多。"《汉书·匈奴传》："于是卫律为单于谋。穿井筑城，治楼以藏谷，与秦人守之。""秦人"之称因秦朝而得名，也因秦朝短命而为"汉人"所替代。这一称呼因汉朝而得名。汉代是一个统一的集权制国家，在军事、政治、经济和文化诸多领域都取得

---

　　①"汉"上古音在元部，晓母，去声；中古音为：晓母，翰韵，去声，开口。黎族对汉族的称呼与"汉"的古音没有必然联系。

了辉煌的成就。因其强大，周边民族在与中原人交往中形成了"汉"这一族称，并扎下了根。即使唐朝一度强盛，且让中国人有了"唐人"之称，但终究没能替代"汉"。《辽史·地理志》："辽迁扶余人于京西与汉人杂处，迁渤海人于京西北与汉民杂处。"《旧五代史·张砺传》："砺，汉人也！衣服饮食与此不同，生不如死，请速就刃！"南宋诗人汪元量《湖州歌》："汉人歌罢楚人歌。"《幽州歌》："汉儿辫发笼毡笠。"清王士祯《池北偶谈·汉军汉人》："本朝制以八旗辽东人号为汉军，以直省人为汉人。"

具有悠久历史且被广泛认知的族称"汉"却未能成为黎族对汉族的称谓，当有以下两个原因。

（1）政治组织较为松散且实力弱。从史料来看，"汉"早期是因汉朝而被周边民族所认同，而这些民族一般较为强大，且相对独立，并形成较为统一的政治集团，其实力往往可与汉朝相抗衡。在南北朝时期，一些周边民族甚至居于统治地位。正是这种政治格局，促成了"汉"由一个朝代名转变为族称。黎族则不同，经济较为落后，且未形成统一而有力的政权组织。南宋赵汝适《诸番志·海南》："黎之峒落，不知其几千百也。咸无统属，峒自为雄长。""黎"在唐宋以后才成为黎族的族称可以说明这一点。在历史上，黎族与汉族之间从未形成对等的关系，一直处于被统治的地位。据史料记载，汉朝已开始在海南设立行政区划，《汉书·地理志》："自合浦、徐闻南入海得大州，东西南北方千里，武帝元封元年（前 110）略以为儋耳、珠崖郡……"处于被统治地位的黎族人与汉人同为中央政府的子民，加之文化的落后，阻碍了其对来琼汉人的民族认知，故而称之为"客""外来者"，而不是"汉"。

（2）海南岛长期呈现诸民族杂居的格局。一般认为黎族是海南岛最早的居民和开拓者，其后又有临高人、苗族人、回族人、汉人等族群陆续迁居此地，出现民族杂居的格局。南宋赵汝适的《诸番志·海南》："民与黎、蜑杂居。"民族间长期的交往，相互融合，逐渐淡化了各自的民族属性。汉人迁居黎族地区，最终变成了黎人；黎族人与汉人交往，最终变成汉人。在黎族的发展历史上，有所谓的"生黎"和"熟黎"之分，"熟黎"即深受汉文化影响的黎族。比如上文所提到的美孚黎（mo:i¹fou¹），即是"下面的汉人"的意思。清代张庆长《黎岐纪闻》有"唐相李德裕贬崖州，其后有遗海外者入居崖黎，遂为黎人，其一村皆姓李姓"。黎、汉两族的融合由此可见。在海南岛上，人们对人的划分往往以岛内和岛外为标准。汉人迁居海南岛相对较晚，相对于已定居海南的人而言，冠以"外来者"或"客"也符合逻辑。"mo:i¹"借源自临高话，表明汉人入琼后最先接触的是临高人，进而与黎人交往。由此，黎人将临高人对外来汉人的称呼继承了过来，并上升为对汉族的族称。

黎族对汉族的称谓"mo:i¹"从微观角度反映出两个民族的关系，从微观角度反映出黎人对汉人的特有认知，同时也凸显了族称在民族研究中的重要价值。

二　黎族对其他民族的称谓

壮族（tu:ŋ¹tok⁷），仫佬族（mo²la:u³tok⁷），水族（tui³tok⁷），毛难族（mo³na:n¹tok⁷），布依族（bu¹ʔi²tok⁷），临高人（ʔu²ʔa:u¹li:m³），傣族（tha:i²tok⁷），侗族（thoŋ³tok⁷）。

这些族称都包含语素"tok⁷"。《黎汉词典》："tok⁷，族，民族"，"min³tok⁷，民族"。"族"，中古音为从母，屋韵。在海口方言中，从母可读为"t"，屋韵可读为"ok"。在《黎语调查研究》中的词汇材料收录了一个汉语新借词"min³tok⁷"，即认为"tok⁷"为汉语借词。

壮族（tu:ŋ¹tok⁷）中的"tu:ŋ¹"在语音上与汉语"壮"通，为汉语借词。仫佬族、水族等称呼也是如此。上述族称语素顺序与汉语相同。

透过这些族称，可以有以下几点认识：

第一，黎族对现代民族的理解源于华夏文化，并运用于周边民族。

第二，黎族对各民族的民族认同应该发生得较晚，但这并不是说与这些民族交流很晚。从区位和南方历史来看，黎族与南方诸民族的关系应该很密切，现有研究一般认为他们有共同的族源。关系的密切、文化的相似使得族群之间不易形成鲜明的对立，故而难以出现代表民族关系的称谓。

第三，黎族对周边其他民族的称谓并无特别之处，而唯独对汉族有专有的称谓"mo:i[1]"，这充分反映出这两个民族关系的特殊性。这种特殊性当与中原文化的强势与南方民族文化相对落后密切相关。

第四节　黎语核心词与民族关系

"核心词"这一概念源于西方。美国语言学家莫里斯·斯瓦迪士于 20 世纪 40 年代从统计学的角度，通过分析不同的语言，得出 200 多个核心词列表。他认为，所有语言的词汇基本上包含这 200 多个语词。一直以来，这 200 多个核心词是学者语言调查研究中默认的一个参考标准。

核心词具有稳定性和能产性，最能反映语言概貌。因此，该类词通常用于语言教学和语言比较研究。在比较研究中，核心词相似度一般能表明几种语言之间的关系，进而研究民族之间的关系。国内学者已有相关尝试，比如陈保亚的《从核心词分布看汉语和侗台语的语源关系》。

一般认为，黎语属壮侗语族的黎语支。语言系属研究依赖语言的系统比较，黎语的属系也是如此。"现在我们把黎语与同族语的一些语言作了一番比较，比较的结果表明，黎语与壮、傣、侗、水等语言有很多相同或相似的地方，足以证明它是壮侗语族中的一个语言，同时，它又有许多独自的特点，因而使它明显区别于其他语言而自成一支。"（欧阳觉亚、郑贻青，1980）欧阳觉亚分别从语音、词汇和语法几个角度进行了比较。

下面是壮侗语族部分核心词的比较。

表 1-1　天文地理类

	黎语	壮	布依	临高	傣西	傣德	侗	仫佬	水	毛难
天	fa³			fa³	fa⁴	fa⁴				
日	tsha¹van¹			da¹vən²	Ta¹van²	van²	ta⁵ man¹	thəu⁵ fan¹	da¹ wan¹	la:k⁸ van¹
月	ŋa:n¹	du:n¹	zoŋ⁶di:n¹		dɣn¹	len⁶	kwa:ŋ¹ ɲa:n¹	kɣa:ŋ¹ njən²	nja:n²	ni⁴njen²
星	ra:u¹		da:u¹dai⁵	da:u¹di⁵	dau¹	la:u⁶				
云	də:k⁷fa³	fu³	vuɯ³	ba⁴	fa³	mɒk⁹	ma³	wa³	wa³	fa³
雨	fun¹	fun¹	Hun¹	fun¹	fun¹	fon¹			wən¹	fin¹
火	fei¹	fəi²	fi²	vəi²	fai²	fai²	pui¹	fi¹	wi¹	vi¹
烟	ho:n¹	hon²	hɔn²	kuan² duai⁴	xɒn²fai²	xɒn²	kwɒn²	fi¹kwɒn¹	kwan²	kwan²
水	nom³	ɣam⁴	zam⁴	nam⁴	nam⁴	Lam⁴	Nam⁴	nəm⁴	nam³	nam³

注：黎语的相关词全部列出，其他同族语只列出有同源关系的词。

表 1-1 显示：黎语的天文地理类词在同族语中都能找到同源词，与黎语相似度高的前三种语言为：傣西、傣德、临高。

表 1-2　人体器官类

	黎语	壮	布依	临高	傣西	傣德	侗	仫佬	水	毛难
头	gwou³	ɣau³	tɕau³	hau³	ho¹	ho¹	ka:u³	kɣo³	qam⁴	ko³
眼	tsha¹	ta¹	ta¹	da¹	ta¹	ta⁶	ta¹	la¹	da¹	nda¹
嘴	pom³	pa:k⁷	pa⁵	bak⁷	pa:k⁹	pa:k⁹	ʔəp⁷	pa:k⁷	pa:k⁷	pa:k⁷
胡子	pɯ:m³	mum⁶	mum⁶	mum⁴			mut¹⁰	mut⁸		
脚	tɕet⁷	tin¹	tin¹		tin¹	tin⁶	tin¹		tin¹	ti:n¹
血	ɬa:ʈ⁷	lɯ:t⁸	li:t⁸		lɤt⁸	lət⁸				
骨	vu:k⁷	do:k⁷	do⁵		duk⁷	luk⁷	la:k⁹	hɣa:k⁷	ʔda:k⁷	da:k⁷
齿	fan¹	fan²	fan²				pjan¹	fan¹		
舌	ɬi:n³	lin⁴	lin⁴	lin⁴	lin⁴	lin⁴				

注：表中只罗列了各语族具有同源关系的词。

表 1-2 显示：黎语的人体器官类词在同族语中都能找到同源词，与黎语相似度高的前三种语言为：壮、布依、侗。

以下表中，黎语的相关词全部列出，其他同族语只列出有同源关系的词。

表 1-3　颜色

	黎语	壮	布依	临高	傣西	傣德	侗	仫佬	水	毛难
红	de:ŋ³ ga:n³	hoŋ² diŋ¹	diŋ¹	hoŋ liŋ¹	dɛŋ¹	lɛŋ⁶	ja⁶	la:n³	ha:n³	la:n³
绿	khi:u¹ lok⁸	heu¹	lək⁸	luk⁸ heu¹	xeu¹	xeu¹	su¹	həu¹	çu¹	ju¹
黄	ze:ŋ³	hen³ li:ŋ¹	hen³	laŋ¹	lɤŋ¹	ləŋ¹	ma:n³	ŋa:n³	ko⁶ ma:n³	ma:n³
黑	lok⁷ dam³	dam¹	fon⁴	lam¹	dam¹ kam¹	lam⁶	nam¹	nam¹	ʔnam¹	nam¹
白	kha:n¹ gau²	ha:u¹ pi:k⁸	ha:u¹	fiak⁸	xau¹ phɤk⁹	phək⁹	pa:k¹	pa:k⁵	pa:k⁸ kwa³	pok⁸kwa³

表 1-3 显示：黎语的颜色类词在同族语中都能找到同源词，所列语言全部同源。

表 1-4　称谓

	黎语	壮	布依	临高	傣西	傣德	侗	仫佬	水	毛难
父	pha³ pha³za¹	po⁶	po⁶	beʔ⁸lai³	pɔ⁶	te⁶ ʔu³; po⁶	pu⁴	pu⁴	pu⁴	tɛ²
母	pai³ pai³za¹	me⁶	me⁶	mai⁴lai⁶	mɛ⁶	me⁶	nɔi⁴	ni⁴	ni⁴	ni⁴
儿	ɬu:k⁷	luk⁸	luk⁸sa:i¹	lək⁸da³xiaŋ⁴	luk⁸tsai²	luk⁸	la:k¹⁰	la:k⁸	la:k⁸	la:k⁸
女	ɬeɯ¹	ta⁶luk⁸	luk⁸buk⁷	lək⁸ɯai⁴lək⁸	luk⁸jiŋ²	luk⁸sa:u¹	la:k¹⁰ɯ jək⁹	la:k⁸ ʔja:k⁷	la:k⁸ ʔbja:k⁷	la:k⁸ za:u⁴

表 1-4 显示：黎语的称谓词在同族语中都能找到同源词，所列语言全部同源。

表1-5 数字

	黎语	壮	布依	临高	傣西	傣德	侗	仫佬	水	毛难
一	tsɵɯ³ tshɵɯ³	deu¹ ʔit⁷	deu¹ ʔit⁷	ʔit⁷ hə³	nuŋ⁶ ʔet⁷ deu¹	ləŋ⁶	ʔi¹ ʔət⁷	na:u³ ʔjət⁷	to² ʔda:u³ ʔjat⁷	tɔ² deu² ʔjit⁷
二	ɬau³	so:ŋ¹ ŋei⁶	so:ŋ¹ ŋi⁶	ŋi⁴ ŋəi⁴	sɒŋ¹	sɒŋ¹	Ja² n̠i⁵	ɣa² n̠i⁶ hɣa²	ɣa¹ n̠i⁶	Ja² n̠i⁶
三	fu³	sa:m¹	sa:m¹	tam¹	sam¹	sa:m¹	sa:m¹	ta:m¹	ha:m¹	sa:m¹
四	tshau³	sei⁵	si⁵	ti³ tə³	si⁵	si⁵	si⁵	ti⁵	çi⁵	si⁵
五	pa¹	ha³ ŋu⁴	ha³	ŋo⁴ ŋa³	ha³	ha³	ŋo⁴	ŋo⁴	ŋo⁴	ŋo⁴

表1-5显示：黎语的数词在同族语中无同源词。

（1）黎语当属壮侗语族。表1-1至表1-5显示，语言中的几个基本语义系统或多或少存在同源关系。黎语有关天文地理类的词共有9个与壮侗语存在同源关系，人体有9个，颜色5个，称谓4个，数字5个。这些同源词的存在基本能反映黎语与壮侗语同源的关系。语言同源的背后则往往是民族的同源。

（2）虽然黎语与壮侗语存在一定量的同源词，但在整个词汇系统中所占比例却很小。现代黎语是一种成熟的语言，业已形成独特的词汇系统。从整个词汇系统的差异来看，黎族脱离共同民族当有较长的历史，这是一个独立发展又与周边民族互相影响的过程。在这个过程中，部分原始固有词在社会发展和民族接触中逐渐消失。伴随着新事物的不断涌现，黎语依据自身语言特点创造出大量新词。在与外族的文化交流中，大量外来词融入黎语词汇系统。黎语在新陈代谢中最终形成了今天的词汇系统。

（3）不同词义系统在同族语中的相似度并不平衡。在所列的各词义系统中，黎语称谓系统和颜色系统与壮侗语全部同源，相似度最高，数字相似度最低。这当与人的认知相关。人是社会的产物，社会的基点当是父母

等至亲。人对社会的理解开始于父母。人类语言是社会的产物，也是理解
社会的工具。语言的形成与发展固然与社会的发展相一致。因此，父母等
亲属称谓当是语言最为原始的要素。称谓系统相似度高也就在情理之中，
这也进一步反映出黎族与大陆南方诸民族之间的同源关系，数字相似度最
低则体现出黎族较早地脱离了这些民族。

第二章　黎语与黎族家庭

　　第二、第三章将从黎语角度探究黎族的人、家庭和社会。人是社会的最小单位，人聚集在一起则形成各类社会团体，其中有以血缘和亲缘为基础的家庭、以教育为目的的学校等，这些团体共同构成复杂的社会。人类社会发展的阶段不同，其包含的团体也不同。一般来说，社会越发达，其所拥有的社会团体则越多越复杂。家庭这一小团体是最早产生的，也是最稳定的。

　　不同民族、不同时代的家庭存在不同的特征，这些特征可以间接地反映在语言诸要素中，尤其是亲属称谓词。语言的各要素都随社会的发展而不断发展，但亲属称谓则具有较强的稳定性，因此该类词可以作为研究民族历史文化的重要资料。

第一节　黎语中的人"ʔaːu¹"

　　要理解社会，首先要理解"人"这一概念。社会是由人构成的一个系统，其本质最终都体现在人的身上。各民族对"人"的理解各不相同，这些都体现在与"人"相关的语词上。不同语言中的"人"具有不同的词源和词形，对其进行深入探究可以从微观角度了解该民族对"人"的理解，进而理解其社会文化。"人"是一个较为抽象的概念。现代意义上的"人"是指人类对自我群体的认同，是区别于人类以外事物的符号，也是一个集体概念。

华夏文化中的"人"有着丰富的内涵。许慎《说文解字》："人，天地之性最贵者也……象臂胫之形。"这里指出了人的重要地位，并分析了"人"字的构型。《释名》"人，仁也，仁生物也"，刘熙则从字音角度，探究了人的内涵。《礼记·礼运》："人者，天地之德，阴阳之交，鬼神之会，五行之秀气也。"这一分析则玄之又玄。在华夏民族的文化中，人们从来没有停止过对"人"的探究。

黎族没有自己的文字，不能像汉字那样以视觉符号的形式表达其对人的理解，只能赋之以语音的形式。黎语"人"作"?a:u^1"或"$\text{?u}^2\text{?a:u}^1$"。

一　产生的时代背景

黎语各方言土语中的"人"：

保定（$\text{?u}^2\text{?a:u}^1$），中沙（$\text{ŋa}^1\text{?a:u}^1$），黑土（$\text{ha}^3\text{?a:u}^2$），西方（$\text{ŋɯ}^3\text{?a:u}^1$），白沙（ŋa:u^4），元门（ɱa:u^5），通什（$\text{ha}^3\text{?a:u}^1$），堑对（$\text{ha}^{35}\text{?a:u}^1$），保城（$\text{hɯ}^3\text{?a:u}^1$），加茂（$\text{ɬai}^4$）。

从语音上看，保定、中沙、黑土、西方、白沙、元门、通什、堑对、保城具有同源关系，只有加茂点不同。即"人"一词在黎语内部较为统一。

同族语中的"人"：

壮（vun^2），布依（hɯɯ^7），临高（$\text{leŋ}^4\text{hun}^2$），傣西（kun^2），傣德（kon^2），侗（ɳən^2），仫佬（çən^1），水（zən^1），毛难（zən^1）。

上述词中的声母"v""h""k""ɳ""z"与黎语"?"当没有同源关系。欧阳觉亚认为："黎语'?'声母与壮、傣、侗、水等语言同源的不多，相同的词各语言也读'?'。"（欧阳觉亚、郑贻青，1980）不同于黎语，壮、布依、临高、傣西、傣德、侗、仫佬、水、毛难这些民族语言中的"人"却存在语音上的联系。

黎语"人"从语言上看与这些民族没有同源关系，当产生于黎语与共同语分裂后。这也说明黎族人迁居海南后与内陆南方民族的文化交流并不充分。

二　黎语"人"的内涵

从目前掌握的资料来看，黎语"人"的内涵已经很难从语音形式上进行推断。

值得注意的是，加茂方言点"人"一词的发音为"ɬai⁴"，与黎族族称的发音相同。"加茂黎自称ɬai⁴（青年人变读 thai⁴），即'黎'的意思（另外还有'人'的意思）。"（欧阳觉亚、郑贻青，1980）"黎族"即"人"，这不禁让人联想到华夏民族的"夏"。"夏"古文字作"𦰩""𤯔"等形，描绘了人头和手脚，为人的形象。《说文解字》："夏，中国之人也。"如果加茂方言中"人"与"黎族"两个语词之间存在必然联系，那么这与"夏"语义变化有着异曲同工之妙。

或者可以这样说，族群（民族）的认同源于对自身"人"的认同，抑或"人"的认知源自族群的认同。从逻辑上讲，原始人当最先意识到人与自然的不同，将两者构成主客对立。这种对立进而演化为与外族的对立，即将自身的这种认同上升为族群的层面，转化为族称。

与"人"相对的概念则是"自然""动物""植物"等。与"人"一样，这些概念相对抽象，是对外在客观世界的概括认知。不同民族在不同的时代都存在差异。在黎语中，"自然"一词为"tshi¹zi:n³"，动物为"tha:ŋ¹vu:t⁷"，植物为"tsek⁷vu:t⁷"，很显然全部为汉语借词。"自然"这一词形在上古汉语中已经存在，但并非现代汉语的"自然"。现代汉语的"自然"、"动物"和"植物"是现代科学发展的产物，形成于近现代。对于古黎族人而言，要认知这些概念显然不符合认知的发展规律，也不符合黎族的历史发展。在黎语中，动物和植物大都是具体的动物名和植物名。从这一点来看，历史上的黎族对世界认知存在局限性。近代，华夏文化对黎族的影响尤为强烈，特别是现代文明。因此，黎族人对这些概念的认知完全源自华夏文化。

不同于上述这些概念，黎族先民已从自然中提取了"人"的这一概念，并物化为语言符号。

因文献的缺乏，我们已不能从历史文化角度过多地对黎族"人"进行阐释。在黎语系统中存在一些以"ʔa:u¹"为构词语素的词。透过这些词的词义和用法，"人"的内涵可知一二。

（1）别人：a:u¹ɯ³gwai²，其中"ɯ³gwai²"义为"别的"。

（2）富人，财主：a:u¹ve:ŋ¹，其中"ve:ŋ¹"义为"富裕"。

（3）黑人：a:u¹lo:k⁷，"lo:k⁷"义为"黑色"。

（4）大人，成年人：a:u¹loŋ¹，"loŋ¹"意为"大"。

（5）病人：a:u¹tshok⁷，"tshok⁷"义为"病"。

（6）老人家：a:u¹za¹，"za¹"义为"老，老迈"。

（7）前人：a:u¹ka:u³，"ka:u³"义为"早"。

（8）客人：bou³a:u¹，"bou³"义为"村子，家乡""煮"。

（9）罪犯：va:n²a:u¹，"va:n²"义为"犯罪"。

（10）犯人：tsho¹a:u¹，"tsho¹"义为"错，犯法"。

（11）死尸：thui¹a:u¹，"thui¹"义为"烂，腐烂，尸体"。

（12）养子：ɬɯ:k⁷u:ŋ¹a:u¹，"ɬɯ:k⁷u:ŋ¹"义为"姑娘，闺女"，"ɬɯ:k⁷"义为"儿子，孩子，人"。

（13）人影儿：sɯ²hjau³a:u¹，"sɯ²hjau³"义为"影子，阴影"。

（14）人们，第三人称：khun¹a:u¹，"khun¹"义为"他们，复数词缀，群，一大堆"。

（15）人命：mi:ŋ²a:u¹，"mi:ŋ²"义为"生命，命运"。

从语义上看，语素"a:u¹"关涉到人的各类特征：经济地位、政治地位、外部特征、年龄特征、身份特征等。这些含"a:u¹"词表明黎语"人"的内涵已相当丰富。

从结构上看，上述 15 个语词可分为两大类：一类以 "aːu¹" 为中心语，一类以 "aːu¹" 为修饰语（或限定语）。第（1）—（12），"aːu¹" 为中心语，第（13）—（15）为修饰语（或限定语）。在这些词中，"tshoˡaːu¹"（犯人）和 "vaːn²aːu¹"（罪犯）两个词的结构值得注意。从语义上看，两者为偏正关系；结构上，却有别于黎语构词的一般规律：中心语在前，修饰（或限定语）在后，而是置中心语 "aːu¹" 在后。这显然受汉语词序的影响。"tsho¹" 和 "vaːn²" 从语音上看当源自汉语的 "错" 和 "犯"。故黎语 "犯人" 一词是在汉语影响下而产生的。

"人" 是一个既具体又抽象的概念。所谓具体，在于这一个概念是我们所熟知的自我存在；所谓抽象，是这一概念是对具体人的概括，具有丰富的内涵。黎族虽然没有丰富的传世文献，但黎族人已在这些构词中含蓄地表达了其丰富的内涵。

综上，"人" 这一概念在黎族文化中是一个独立形成的过程，与同语族及其汉语没有渊源关系。不过，黎族人并未以 "人" 为中心形成一个完整的语义系统，即没有独立地形成与之对立的 "自然" "动物" 等概念。这一民族对 "人" 的认知仍处在不断完善和丰富的过程中，而这一过程正受到周边民族文化的影响。

第二节　黎语中的家 "ploŋ³"

家是最小的一个社会单位。家庭的运行在很大程度上决定了社会的运转，其特点是社会性质的重要体现。要研究社会，必然要研究家。

在华夏文化中，"家" 具有丰富的内涵。最早当为居住之所，《庄子·山木》："夫子出于山，舍于故人之家。"《说文解字》："居也。" 又引申为建筑一部分，《诗·大雅·绵》："古公亶父，陶复陶穴，未有家室。"

毛传："室内曰家。"《尔雅·释宫》："牖户之间谓之扆，其内谓之家。"这一引申代表着汉人居家建筑的发展。后则引申出与婚姻家庭相关的意义，《礼记·乐记》："修身及家，平均天下，此古乐之发也。"此为家庭。又《诗·周南·桃夭》："之子宜归，宜其室家。"此者与婚姻密切相关。《左传·桓公十八年》有："女有家，男有室，无相渎也。"后又引申为古政治上的行政区划。《左传·襄公二十九年》："大夫皆富，政将在家。"此所谓的大夫之邑。进而引申为文化上的派别。《前汉·武帝纪》："表章六经，罢黜百家。"可见，汉语"家"涉及建筑、婚姻、政治、文化诸多领域，这与发达的华夏文化密切相关。

一 黎语"家"的源流与变化

黎语"家"作"ploŋ³"。《黎汉词典》："1. 房屋，tsɯ² hom¹ ploŋ³，一所房子。2. 家，peɯ¹ ploŋ³ 回家；ŋop⁷ ploŋ³ 想家。"以下是《调查》所收录的各方言土语的"房子"一词。

保定（ploŋ³），中沙（luŋ¹），黑土（rɯ:n¹），西方（ploŋ³），白沙（ploŋ³），元门（ploŋ³），通什（ploŋ³），堑对（poŋ³），保城（ploŋ³），加茂（ɬɯ²）。

这些方言土语中的"房子"从语音上看当同源，是各方言区共有的概念。值得注意的是，欧阳觉亚在该词条中并未表述为"家"。"房屋"与"家"，前者具体，后者抽象。

按语义的普遍发展规律，当先有"房屋"义，后有"家庭"之义。这当与汉语"家"有着相同的发展路径。汉字"家"从"宀"，即为房子。房子是构成家的重要物质基础，没有房子何来的家？类似汉语，黎语"ploŋ³"的"家"义当源于"住宅"义。这应该是人类社会发展的常见现象。"ploŋ³"是否与周边民族语言有渊源关系？

同族语中的"家"：

壮（vun²），布依（za:n²），临高（hun²），傣德（hən²），傣西（hən²），侗（ja:n²），仫佬（ɣa:n²），水（ɣa:n²），毛难（ja:n¹）。

从语音上看，上述民族"家"一词彼此存在渊源关系，但黎族没有。可见，黎语"家"当产生于与上述民族分离之后，是黎族独立发展的产物。

二　含"家"的黎语词与家族文化

《黎汉词典》中收录了 30 余个含"ploŋ³"语素的词，主要表"房屋"或"家庭"义。这些词暗含了黎族"家"的丰富内涵及其历时演变。

建筑材料的演变。"ploŋ³hja¹"，义为"茅房"，其中"hja¹"义为茅草，即用茅草盖的房子。茅草，自然所产。海南气候温润，更易采得。历史上的黎人经济落后，生产技术不发达，建筑所用材料自然简易。就地取材，筑成简易之居，故在情理之中。又"ploŋ³thau³"，义为"凉棚"，其中"thau³"义为放牧，为黎人外出劳作时的临时居住之所。可见，房屋在黎族社会已不仅用于日常居住，也用于劳作休憩之所。又有"ploŋ³ŋe²"，义为瓦房，"ŋe²"义为瓦。瓦的出现意味着生产技术进步和经济的发展，这当中也可能有受外来生产技术的影响，比如汉人制造工艺。汉语"瓦"一词古义指用泥烧制的器具，泛指陶制品，后特指用于屋顶防雨的建筑材料瓦房。从黎族历史来看，黎人陶器的使用有相当悠久的历史，不一定是受到中原文化的影响。"瓦"古音：疑母，假开二，麻韵，与"ŋe²"相通。我们认为，黎人在建筑上使用瓦当受到汉人建筑的影响。又有"tshai¹ploŋ³"，tshai¹意为"木材"，木材为黎人建筑材料之一。

家居功能区的分化。浴室，作"ploŋ³a:p⁷"，其中"a:p⁷"义为洗澡；厨房，作"ploŋ³ro:ŋ²tha²"，其中"ro:ŋ²"义为"煮，炸"，"tha²"义为"饭"。卧室，作"ploŋ³kau²"，"kau²"义为"躺，睡"。阁楼，作"phe¹ploŋ³"，"phe¹"义为"凉棚"。随着社会的进步，黎人家居得到不断发展，功能分区愈加细化。

住宅结构的日益复杂。檐作"phui³ploŋ³"；门楣作"de:ŋ¹ploŋ³"；椽子作"ru:n¹ploŋ³"，"ru:n¹"义为"椽子"；门斗作"tshu:ŋ³ko:t⁷ploŋ³"，"tshu:ŋ³"义为"洞，孔"，"ko:t⁷"义为"盖子，塞子"；门板作"ko:t⁷ plɔŋ³"。这些住宅结构词反映出黎族人建筑结构的完善，也是建筑技术发展的结果。虽然此类语词总体不多，但总归是一种进步。

在含语素"plɔŋ³"的语词中，值得注意是"plɔŋ³kui³"（汉常音译为"隆闺"）。

据黎族民俗，小孩十四五岁以后，不论男女都要另建小屋（俗称"隆闺"）作卧室，"黎寨里有许多小巧别致的茅屋，有的依附在一幢幢大茅屋的旁边，有的孤零零地立在村旁，每当夜幕降临，笑声、歌声、鼻箫声就从这些茅屋里传出，那柔和缠绵的歌声延续到东方发亮"，"隆闺是男女青年倾心向往的地方，他们在这里对唱山歌，玩乐器，诉说衷肠，共同用心血浇灌爱情之花"（邢植朝，2002）。"隆闺"成为黎族人婚姻家庭的一个起点。隆闺"plɔŋ³kui³"，由"plɔŋ³"和"kui³"两个语素构成。"plɔŋ³"此处仍可理解为"房，家"；kui³，《黎汉词典》中义"季节"，似与"隆闺"义无联系。据黎族文化，"隆闺"义为"不设灶的房子"。语素"kui³"似乎与"灶台"义相关。因"kui³"无定论，"plɔŋ³kui³"构词理据存疑。不过，"plɔŋ³kui³"中"plɔŋ³"已足以表明房子与婚姻的密切关系。

在黎语中，语素"plɔŋ³"不仅存在于有关房屋性质、结构及其发展的语词中，也存在于与"家庭"相关的语词中。婆家，黎语作"plɔŋ³puɯ¹veːŋ¹"，其中"puɯ¹veːŋ¹"义为"主人"，汇合其义则为"主人的家"。婆家即"主人"的家，男女在婚姻中的地位由此可知，这与华夏文化的婚姻有类似之处。娘家，作"plɔŋ³ta³"，其中"ta³"意为"外祖母，外婆，姥姥"。邻居作"goːm¹plɔŋ³thoːŋ³"，"goːm¹"义为"并排，合并，靠拢"，"thoːŋ³"义为"同伴，人"。该词则表明了黎人聚居的存在。

第三节　黎语的亲属称谓系统

称谓是人与人交流中产生的彼此称号，是考察社会关系的重要依据。在华夏文化中，称谓异常丰富。不同人有不同称谓，同样是两个人在不同环境、不同时代，其称谓也不相同。亲属称谓是称谓系统中重要的一种，是称谓发展的源头。对亲属称谓系统考察，可以深入了解家族成员之间的特定关系，可以揭示家庭的组织结构。

黎族的亲属称谓从曾祖父（phut^7）、曾祖母（tsɯt^7）到孙子（łɯːk^{7}fou^3），从叔伯到兄弟，从外祖母到表兄妹已形成完整的系统（欧阳觉亚、郑贻青，1980）。这表明黎族家族的结构系统已经成熟，且与当前各民族称谓系统大体相当。

不过，黎族称谓从内在系统的角度看仍存在一些特点。《从黎族的亲属称谓看其婚姻制度的演变》认为："通过上述粗浅的论述，证明了黎族的婚姻制度和其他民族的婚姻制度一样，经历了杂乱群婚、血缘婚、亚血缘婚、对偶婚和一夫一妻五个发展阶段。另外，通过其'父母称'和人名更换的习惯及其和原始宗教的关系，可以发现其兄弟转让婚存在的可能。"（刘明真，1992）下文将从历时和共时的角度对相关词进行系统比较，以期能发现更多的文化现象。

一　黎语亲属系统与家族的形成及发展

黎语亲属称谓比较将从以下两个角度展开：方言土语之间亲属词的比较；同一方言土语的亲属词之间比较。主要探究以下两个问题：亲属称谓词的来源；亲属称谓的发展变化。目的在于揭示黎族家庭的形成、构建与发展。

1. 曾祖辈（直系）：曾祖父与曾祖母

曾祖父：保定（phut^7），中沙（phut^7），黑土（phut^7），西方（phok^7），白沙（phok^7），元门（phət^7），通什（phut^7），堑对（phut^7），保城（phut^7），加茂（pə:u^{4}tuən^4）。

曾祖母：保定（tsut^7），中沙（tsut^7），黑土（tsut^7），西方（tsək^7），白沙（tsut^7），元门（tət^7），通什（tsut^7），堑对（tsut^7），保城（tsu:ʔ^7），加茂（tsə^{2}tuən^4）。

（1）加茂方言有别于其他方言点。该方言点的曾祖父作"pə:u^{4}tuən^4"，曾祖母作"tsə^{2}tuən^4"，皆由两个语素构成，其中语素"pə:u^4"和"tsə^2"在该方言中分别表"祖父"和"祖母"，"tuən^4"为限定成分，相当于"曾"。语素顺序符合黎语语法特征：中心语在前，限定语在后。保定等方言点除上面所列举的语词，另有一种表达："phau^{3}za^1""tsaɯ^{3}za^1"，其中"phau^3"与"tsaɯ^3"分别表示祖父与祖母，"za^1"表"老"义，同样采用了复合构词法，此与加茂同。加茂方言与保定方言的构词体现出曾祖辈与祖辈之间的关系，表明"曾祖辈"的称谓源自"祖辈"。

（2）"phut^7"和"tsut^7"等称谓当源自"phau^{3}za^1"和"tsaɯ^{3}za^1"，前者为后者的省读。从语音上看，"phut^7"与"tsut^7"很可能由"phau^{3}za^1"和"tsaɯ^{3}za^1"缩约而成，即"phut^7"和"tsut^7"当晚于"phau^{3}za^1""tsaɯ^{3}za^1"产生。据此，则黎族各方言的曾祖辈的称谓全部源自祖辈。

（3）父系曾祖辈与母系曾祖辈的称谓无关联。在黎语中，外曾祖父作"tshi:t^{7}tsha^3"，外曾祖母作"ti:t^7"，与"曾祖父"和"曾祖母"没有共同的语素，即父系和母系的曾祖辈在黎族家族系统中是两个完全不同的概念，区别清晰。这里附带说明，"tshi:t^{7}tsha^3"一词中，"tsha^3"表"外祖父"，即"外曾祖父"的构词是以"外祖父"为基础，这与"曾祖父"和"祖父"构词关系同。

由上文可知：

（1）黎族称谓系统存在曾祖辈的称谓。

（2）父系与母系的曾祖辈区分明显。

（3）曾祖辈的称谓与祖辈的称谓存在联系，即曾祖辈的称谓是以祖辈为基础。可以得出以下结论：黎族家庭结构已上至曾祖父，这是一种较为成熟的家庭结构。

与同族语的比较：

曾祖父：壮（koŋ^{1}ke^5），布依（pau^{5}ha:u^1），临高（kuŋ^{2}jai^4），傣西（pu^{5}ɯɒn^5），傣德（pu^{5}len^1），侗（ma:ŋ^6），仫佬（ma:ŋ^{6}koŋ^1），水（qoŋ^{5}ma:ŋ^6），毛难（koŋ^{5}ma:ŋ^6），黎（phau^{3}za^1）。

曾祖母：壮（me^{6}ke^5），布依（ʑa^{6}ha:u^1），临高（fɔ^{2}jai^4），傣西（ja^{6}mɒn^5），傣德（ja^{6}len^1），侗（sa^{4}ma:ŋ^6），仫佬（ma:ŋ^{6}pwa^2），水（qoŋ^{5}ja^4），毛难（pa^{2}ma:ŋ^6），黎（tsha^{3}za^1，又 tsaɯ^{3}za^1）。

曾外祖父：壮（koŋ^{1}ke^5），布依（pau^{5}ta^{1}tɕe^5），临高（无），傣西（无），傣德（pu^{5}len^{1}la:i^2），侗（ma:ŋ^6），仫佬（səu^{2}koŋ^1），水（qoŋ^{5}ma:ŋ^6），毛难（无），黎（tshi:t^{7}tsha^3）。

曾外祖母：壮（koŋ^{1}ke^5），布依（pau^{5}ta^{1}tɕe^5），临高（无），傣西（无），傣德（pu^{5}len^{1}la:i^2），侗（sa^{4}ma:ŋ^6），仫佬（seu^{2}pwa^2），水（qoŋ^{5}ja^4），毛难（无），黎（ta^{3}za^1，又 ti:t^7）。

比较可以得出：

（1）黎族此类称谓与这些亲属语言不同源，即这些称谓是黎族社会独立发展的结果。

（2）黎族与亲属语存在的差异。不同于黎族，壮族、侗族、水族的曾祖父与曾外祖父的称呼相同，侗族、水族的曾祖母与曾祖父的称呼相同，即这些民族的祖辈已模糊了男女之别和姻亲之别，只需凸显"长辈"这一特征，此类称谓显然不明晰，称谓系统原始性的一种表现。黎语曾祖辈存在男女之别和姻亲之别，相对成熟。

（3）黎族与亲属语的相似点：曾祖辈与祖辈称谓存在衍生关系。曾祖辈与祖辈称呼在语音上都存在联系，都是在祖辈称谓的基础上添加限定语素构成。可见，曾祖辈称谓以祖辈为基础是这些民族普遍存在的现象。黎族有一种称谓避讳：祖父或祖母在世时，黎族祖父、伯祖、叔祖都同称"phou³"，祖母、伯祖母、叔祖母都同称"tsaɯ³"；去世后，为了避讳，对其余的人一律改用曾祖一辈的称谓。这种避讳实际上表明曾祖辈与祖辈的称呼并没有严格界限。

可以明确的一点是：关系越疏远，称谓界限越不明晰。

2. 祖辈（直系）：祖父、祖母、外祖父和外祖母

祖父：保定（phou³），中沙（phaɯ³），黑土（phaɯ³），西方（phaɯ³），白沙（phaɯ³），元门（baɯ³），通什（phaɯ³），堑对（phaɯ³），保城（pə:u⁴），加茂（pə:u⁶）。

祖母：保定（tsaɯ³），中沙（tsaɯ³），黑土（tseɯ³），西方（tsaɯ³），白沙（tsaɯ³），元门（teɯ³），通什（tsaɯ³），堑对（tsaɯ³），保城（tsaɯ³），加茂（tsə²）。

外祖父：保定（tsha³），中沙（tsha³），黑土（tsha³），西方（tsha³），白沙（tsha³），元门（tsha³），通什（tsha³），堑对（da: ?⁷），保城（tsha³），加茂（tə¹）。

外祖母：保定（ta³），中沙（ta³），黑土（na³），西方（ta³），白沙（ta³），元门（ta⁶），通什（ta⁶），堑对（nia⁵），保城（nɔ³），加茂（nɔ³）。

（1）上述四个称谓各方言土语基本相同，表明该称谓在黎族内部较为统一。

（2）父系祖辈与母系祖辈存在姻亲之别。父系的祖父、祖母用词与母系完全不同，这表明黎族称谓在祖辈上已存在父系与母系的区别，这不同于旁系（详见后文分析）。在黎语中，外祖父、外祖母的称谓等同于"岳父""岳母"，即对岳父、岳母的称谓随自己子女的称呼。除了岳父、岳母，内兄（妻兄）和内弟（妻弟）也是如此。

与亲属语的比较：

祖父：壮（koŋ¹），布依（pau⁵），临高（kuŋ²），傣西（pɒ⁴pu⁵），

傣德（loŋ¹），侗（qoŋ³），仫佬（koŋ¹），水（qoŋ⁵），毛难（koŋ⁵），黎（phou³）。

祖母：壮（pu²；me⁶ke⁵），布依（ʑa⁶；nai⁶），临高（fɔ²），傣西（mɛ⁶ja⁶），傣德（ja⁶），侗（sa⁴），仫佬（pwa²），水（ja⁴），毛难（pa²），黎（tsaɯ³）。

外祖父：壮（koŋ¹ta⁵），布依(ta；va:i¹kuŋ⁸)，临高（da⁴），傣西（pɒ⁶thau³），傣德（loŋ¹la:i²），侗（ta¹），仫佬（ŋwa:i⁶koŋ¹），水（qoŋ⁵），毛难（ta¹），黎（tsha¹）。

外祖母：壮（me⁶ta:i¹），布依（ta:i¹；pɔ⁴），临高（ne³），傣西（mɛ⁶thau³），傣德（ja⁶la:i²），侗（te¹），仫佬（ŋwa:i⁶pwa²），水（ja⁴），毛难（tɛ¹），黎（ta³）。

（1）祖辈称谓与部分亲属语存在同源的可能。从语音上看，黎族祖父、祖母称谓词与布依族相近，与其他民族语不同。

（2）外祖辈与部分亲属语存在同源关系。从语音上看，黎族称谓外祖父、外祖母与布依、临高、侗、毛难较为相似，与壮族部分音节相似。总体上看，这些亲属语应该存在同源关系。

（3）在父系祖辈与母系祖辈称谓从属关系上，黎族不同于亲属语。黎族父系祖辈与母系祖辈的称呼都为单音节词，且语音不相通，不存在从属关系。其他民族大都存在相同的语素，比如壮语祖父为"koŋ¹"，外祖父为"koŋ¹ta⁵"，傣德、仫佬族亦是如此。可见，这些民族"外祖父"称谓的形成是以"祖父"为基础，即母系祖辈从属父系祖辈，这是父系社会结构的一大特征。从这一点上看，黎族称谓仍保留了母系社会的某些特征。

（4）与部分亲属语比较，存在祖辈称谓有无姻亲之别的不同。前文提到，黎族已存在姻亲之别。不同于曾祖辈，大部分壮侗语的祖辈已存在姻亲之别。部分仍不分，如水族的祖父与外祖父相同，祖母与外祖母相同。母系与父系的不分当是称谓原始的一种体现。

（5）祖辈称谓在各民族社会文化中有一个发展过程。家庭伦理的发展应该是这样的：一开始只有男女之分，并无父系和母系之别。随着社会的分化，家庭结构的日益复杂，父系与母系才逐渐对立起来，这一对立可能又经历了一个由平等发展到分主次的过程。由此形成各自相应的称谓。黎族当处在未分主次的阶段。

3. 父辈（直系）：父亲与母亲

父亲：保定（pha^3），中沙（pha^3），黑土（pha^3），西方（di^2），白沙（ba^3），元门（ba^3），通什（pha^3），堑对（pha^3），保城（pha^3），加茂（po^6）。

母亲：保定（pai^3），中沙（mei^3），黑土（mei^3），西方（pai^3），白沙（me^1），元门（mei^6），通什（pi^6），堑对（phi^6），保城（pi^6），加茂（ma:i^5）。

（1）在黎族内部，父母称谓非常统一。

（2）父母称谓源于男女性别之分。"pha^3"除了有"父亲"之义，也有"男性"之义；"pai^3"有"母亲"之义，也有"女性"之义。从逻辑上讲，"pha^3"应先有"男性"义，"pai^3"先有"女性"之义。

汉语的"父母"有着类似的发展现象。父，《广韵》："男子之美称。"《诗·大雅》："维师尚父。"郑笺："尚父，吕望也。尊称焉。"从文字上看，"父"像人执斧状，一说执斧劳作之人，即为男性，与"男"的构型理据相似。甲骨文和金文中有"父甲""父丁""父丙"之类的称谓，当指先辈中的男性。可见，男性是汉语"父"的早期意义。汉语"母"的"雌性"义至今仍存在很多构词中，如母鸡、母牛等。

人类社会发展具有相通性。人类社会之初，生育应该是备受关注的事，而与生育直接关联的则是男女性别。男女婚姻孕育后代，进而有了父母之称。《易·序卦传》："有男女，然后有夫妇。有夫妇，然后有父子。"黎语"pha^3"与"pai^3"的两个相关联的意义正是家庭形成过程在语言上的反映。在称谓系统中，最早形成的当是父、母两个称谓。

与同族语的比较：

父亲：壮（po^6），布依（po^6），临高（be?^{8}lai^3），傣西（pp^6），傣

德（te^6；ʔu^3；po^6），侗（pu^4），仫佬（pu^4），水（pu^4），毛难（tɛ^2），黎（pha^3）。

母亲：壮（me^6），布依（me^6），临高（mai^{4}lai^3），傣西（mɛ^6），傣德（me^6），侗（nəi^4），仫佬（ni^4），水（ni^4），毛难（ni^4），黎（pai^3）。

比较结果：

（1）父母称谓与亲属语存在同源的可能。"父亲"一词，除了临高话和毛难语，声母都为唇音，壮族与布依族相同，侗族、仫佬族和水族完全相同，存在同源的可能。"母亲"一词，壮、布依、临高、傣西、傣德和黎族同为唇音。

（2）黎语这两个词与这些亲属语的差异相对要大。假如黎语与这些亲属语存在同源关系，应该经历了较长的独自发展。

（3）黎语父母称谓词与亲属语语音的相似性，也可能与人类语言的共性有关。父、母亲两个词的声母为唇音是很多语言的特点，如汉语，甚至英语。

4. 其他上一辈

父辈（旁系，男性）：伯父，叔父，姑父（父姐之夫），姑父（父妹之夫），舅（母之兄），舅（母之弟），姨父（母姐之夫），姨父（母妹之夫）。

伯父，姑父（父姐之夫），舅父（母之兄），姨父（母姐之夫）称谓相同：保定（tshai^3），中沙（tshai^3），黑土（tshei^3），西方（tshai^3），白沙（tshɯi^3），元门（tai^5），通什（tshai^3），堑对（tshi^3-khuaʔ^8），保城（tshai^3），加茂（tsha:i^1）。

叔父，姨父（母妹之夫）称谓相同：保定（fo:i^2），中沙（feɯ^1），黑土（pheɯ^1），西方（feɯ^1），白沙（feɯ^1），元门（fheɯ^1），通什（fo:i^5），堑对（feɯ^1），保城（feɯ^1），加茂（pa^1）。

舅父（母之弟）：保定（tau^3），中沙（tau^3），黑土（nau^3），西方（teɯ^1），白沙（tau^5），元门（tau^3），通什（tau^6），堑对（thau^6），

保城（tau⁵），加茂（ni⁴）。

姑父（父妹之夫）：保定（zau³），中沙（zau³fau³），黑土（peu³zau³），西方（zo³ʔu²），白沙（zo³），元门（zo⁶），通什（zo⁶fau³），堑对（ma:i³de¹），保城（łeu¹fau³；zo³），加茂（tsi:u¹）。

特点：

（1）由两个层级体系构成：上一辈比父母大的同辈男性亲属和比父母大的同辈女性配偶与上一辈比父母小的同辈男性亲属和比父母小的同辈女性配偶是一个层次，该层次涉及父母同辈长幼之别；比父母小的同辈女性亲属和比父母小的同辈男性配偶又以姻亲关系及亲疏关系细分为下一个层级。

（2）上一辈比父母大的同辈男性亲属和比父母大的同辈女性配偶称呼相同，不区别姻亲关系。

（3）上一辈比父母小的同辈男性亲属和比父母小的同辈女性配偶称呼不完全一样，且区别姻亲关系及亲疏关系。

母辈（旁系，女性）：伯母，婶母，姑母（父之姐），姑母（父之妹），舅母（母兄之妻），舅母（母弟之妻），姨母（母之姐），姨母（母之妹）。

伯母，姑母（父之姐），舅母（母兄之妻），姨母（母之姐）称谓相同：保定（ki:n¹），中沙（ŋi:n¹），黑土（ŋi:n¹），西方（kiŋ¹），白沙（kiŋ¹），元门（tsen²），通什（ki:n⁴），堑对（khi:n⁴），保城（ki:n⁴），加茂（ŋiən²）。

婶母，舅母（母弟之妻），姨母（母之妹）称谓相同：保定（pei¹），中沙（pei¹），黑土（mi¹），西方（pei¹），白沙（pei⁴），元门（pei⁴），通什（pel⁴），堑对（phei¹），保城（ɓei¹），加茂（mi⁴）。

姑母（父之妹）：保定（fau³），中沙（fau³），黑土（peu³），西方（ku²），白沙（fau³；va⁵），元门（va²），通什（fau³），堑对（ma:i³），保城（fau³），加茂（fi⁴）。

特点：

（1）由两个层级体系构成：上一辈比父母大的同辈女性亲属和比父母大的同辈男性配偶与上一辈比父母小的同辈女性亲属和比父母小的同辈男

性配偶是一个层次，以长幼区别；比父母小的同辈女性亲属和比父母小的同辈男性配偶又以姻亲关系及亲疏关系细分为下一个层级。

（2）上一辈比父母大的同辈女性亲属和比父母大的同辈男性配偶称呼相同，不区别姻亲关系。

（3）上一辈比父母小的同辈女性亲属和比父母小的同辈男性配偶称呼不完全一样，区别姻亲关系及亲疏关系。

上一辈称谓比较的几个结论：

（1）黎语各方言区上一辈的称呼大体相同，表明这是黎族共有的社会伦理。

（2）黎族上一辈称谓中存在男女之别、长幼之别、姻亲之别和亲疏之别，但四者并不同时使用于上一辈各个层次的称谓中。男女之别存在于各层次的称谓中。长幼之别，父系或母系以父或母为参照区别长幼，比如父之兄不同于父之弟，母之姐不同于母之妹。比父母尊长的，则无姻亲之别和亲疏之别，如父之兄（伯父）、母之兄（舅父）、母姐之夫（姨父）。姻亲之别（父系、母系之别）存在于比父母小的弟妹之间，即父之妹不同于母之妹，父之弟不同于母之弟。在这些称谓中有三个单列称谓：舅父（母之弟）、姑母和姑父，姑母的配偶姑父在列，而舅父（母之弟）的配偶舅母（母弟之妻）没有不单列，这当是亲疏之别所致。

（3）单列称谓。前文所提单列称谓有三个：舅父（母之弟）、姑母和姑父。这表明这个位长辈在家族中具有独特的地位，不可混淆。

部分同族亲属语言存在类似的现象。

傣西：姑母（父姐）作"mɛ⁶loŋ¹"，姑母（父妹）作"mɛ⁶ʔa¹"；姨母（母姐）作"mɛ⁶loŋ¹"，姨母（母妹）作"ʔi¹na⁴"。比父或母年长的姑母（父姐）和姨母（母姐）相同，比父或母年幼的姑母（父妹）与姨母（母妹）不同。与黎族称谓系统相似。

水族：比父或母年长的姑父（父姐之夫）、舅舅（母之兄）、姨父（母姐之夫）都称为"luŋ²"，比父或母年幼的姑父（父妹之夫）、舅舅（母之弟）、姨父（母妹之夫）不完全相同，分别为"pu⁴ti³""tsu²""tsu²"，舅舅（母之弟）与姨父（母妹之夫）同。姑母（父妹）、舅母（母弟之妻）和姨母（母妹）不完全相同，姑母（父妹）作"ni⁴ti³"，舅母（母弟之妻）和姨母（母妹）同作"fai⁶"。可见，水族在上一辈称谓中不仅有长幼之别，而且在比父或母小的上一辈存在父系和母系之别。

毛难：姑父，舅舅（母之兄）同，作"luŋ²"，即无父系和母系之别。有长幼之别，舅舅（母之兄）与舅舅（母之弟）分别作"luŋ²""tsu²"；但姑父和姨父无长幼之别。不同于比父或母大的上一辈，比父或母小的上一辈称谓存在差异，姑母（父之姐）与舅母（母兄之妻）同作"pa³"，姑母（父之妹）与舅母（母弟之妻）分别作"ni⁴ti³""vai⁶"。

可见，黎族与周边民族上一辈中长幼之别普遍存在，即比父母大的与比父母小的称呼不同，比父母大的上一辈普遍不存在父系与母系之别，但比父母小的上一辈开始出现分化。不分化，意味这些长辈在小辈眼里具有同等地位，这当不符合黎族的社会规范。这些分化出来的称谓体现了这些人在家族中有着不同的地位，是家庭结构发展的结果。

5. 儿子，儿媳；女儿，女婿

儿子：保定（ɬɯ:k⁷），中沙（ɬɯ: ʔ⁷），黑土（dɯ: ʔ⁷），西方（ɬɯk⁷），白沙（ɬɯk⁸），元门（ɬɯʔ⁷），通什（di³），堑对（ɬɯaʔ⁷），保城（di³），加茂（ɬiək⁸）。

儿媳：保定（ɬɯ:k⁷liu¹），中沙（ɬɯ: ʔ⁷ liu¹），黑土（dɯ: ʔ⁷ liu¹），西方（ɬɯk⁷ liu¹），白沙（ɬɯk⁸ lɛu¹），元门（ɬɯʔ⁷ liu⁴），通什（di³ liu¹），堑对（ɬɯaʔ⁷ liu¹），保城（di³ liu¹），加茂（ɬiək⁸na:u⁵）。

女儿：保定（ɬɯ:k⁷pai³khau²），中沙（ɬɯ: ʔ⁷khau²），黑土（dɯ: ʔ⁷ mei³khau²），西方（ɬɯk⁷pɯ³kho²），白沙（ɬɯk⁸pai³kho⁵），元门（ɬɯʔ⁷pai⁴kho），通什（di³ɬɯ:ʔ⁷kho），堑对（ɬɯaʔ⁷phai⁶kho⁵），保城（di³pai⁴khə⁵），加茂（ɬiək⁸mɯ²ta:u¹）。

女婿：保定（ɬɛɯ¹），中沙（ɬɛɯ¹），黑土（ɬɛɯ¹），西方（ɬɛɯ¹），

白沙（ɬeɯ¹），元门（ɬeɯ¹），通什（ɬeɯ¹），堑对（ɬeɯ¹），保城（ɬeɯ¹），加茂（ɬa⁴）。

各方言土语基本相同。

值得注意的是：儿子与女儿的构词方式不同；儿媳与女婿的构词方式也不同。

（1）儿子与女儿的异同。黎语"儿子"有两种说法"ɬɯ:k⁷"和"ɬɯ:k⁷ pha³ma:n¹"，前者一个语素，为单纯词，后者为复合词。从词的发展角度看，"ɬɯ:k⁷pha³ma:n¹"当源于"ɬɯ:k⁷"，即加修饰语"pha³ma:n¹"（男性）。女儿作"ɬɯ:k⁷pai³khau²"，即加修饰语"pai³khau²"（女性）。我们认为，黎族早期社会家庭结构简单，女儿与儿子同为一个概念，并无男女之分。随着社会的发展，家庭结构日益稳固且复杂化，女儿嫁人，儿子娶妻，两者在家庭中的地位随即发生变化，区别便产生了，进而反映在儿女的称谓上。值得注意的是，"ɬɯ:k⁷"单用时，只表"儿子"，表明儿子在黎族家庭中的地位相对稳固，女儿的外嫁导致其地位的变化，故而在原本"ɬɯ:k⁷"的称谓上加上限定成分。这种变化应该发生在父系社会。汉语存在类似现象，比如"子"，甲骨文作"𤔈"，像小孩之形，开始并不分男女，如《诗经》"之子于归，宜其室家"，此"子"表女孩。在现代汉语中，"子"一般只表"男孩"。这应该是人类社会发展的一般规律。

（2）"儿媳"一词本为"liu¹"。儿媳"ɬɯ:k⁷liu¹"为复合词，"ɬɯ:k⁷"义为"儿子"，"liu¹"又"媳妇"之义，也可单独表"儿媳妇"。"ɬɯ:k⁷liu¹"当为后起词，即在"liu¹"的基础上添加"ɬɯ:k⁷"而成。依黎语语法，中心语"liu¹"当在前，即应为"liu¹ɬɯ:k⁷"，故该词当受到汉语构词法的影响，产生时间应该不久。黎语弟媳作"liu¹gu:ŋ¹"（详见后文分析），限定语"¹gu:ŋ¹"在后，符合黎语正常的构词法。

从社会发展上看，"liu¹"本义当为具体的"儿媳"义，后泛化为"媳妇"之义。这样，就不得不加修饰语"ɬɯ:k⁷"，以明确儿媳之义。这一称谓发展体现出家庭结构复杂化。

与同族语比较：

儿子：壮（luuk⁸），布依（luuk⁸sa:i¹），临高（lək⁸da³xiaŋ⁴），傣西（luk⁸tsai²），傣德（luk⁸），侗（la:k¹⁰），仫佬（la:k⁸），水（la:k⁸），毛难（la:k⁸），黎（łɯ:k⁷）。

儿媳：壮（luuk⁸pauu⁴），布依（luuk⁸pauu⁴），临高（lək⁸niaŋ；tin²fu⁴），傣西（luk⁸pai⁴），傣德（luk⁸pauu），侗（lja³），仫佬（la:k⁸ma:i⁴；hɣa:u³），水（la:k⁸ça³；ça³la:k⁸），毛难（la:k⁸lja），黎（łɯ:k⁷liu¹）。

女儿：壮（ta⁶luuk⁸，luuk⁶sa:u），布依（luuk⁸buuk⁷），临高（lək⁸mai⁴lək⁸），傣西（luk⁸jiŋ²），傣德（luk⁸sa:u¹），侗（la:k¹⁰mjek⁹la:k¹⁰pəi⁴），仫佬（la:k⁸ʔja:k⁷），水（la:k⁸ʔbja:k⁷），毛难（la:k⁸bi:k⁸），黎（łɯ:k⁷pai³khau²）。

女婿：壮（luuk⁸kuui²），布依（luuk⁸kɯ:i²），临高（lək⁸lɔ¹），傣西（luk⁸jiŋ²），傣德（luk⁸xoi¹），侗（la:k¹⁰sa:u⁴），仫佬（la:k⁸kɣa:u⁴），水（la:k⁸ha:u⁴），毛难（la:k⁸za:u⁴），黎（łeɯ¹）。

有两点认识：黎语“łɯ:k⁷”与同族语有同源关系；大部分同族语的“女儿”“女婿”“儿媳”的构词以“儿子”为基础，添加修饰语或限定语素发展而来，而黎族只有“儿子”与“女儿”存在关联。

6. 孙辈：孙子，孙女；外孙，外孙女

孙子（孙女）（祖父对孙辈的称谓）：保定（łɯ:k⁷fou³），中沙（han¹phau³），黑土（han¹phou³），西方（łuuk⁷fau³），白沙（łuuk⁸fou³），元门（tou⁴bau⁵），通什（łak⁷phau³），堑对（łuuaʔ⁷fau³），保城（di³pə:u⁶），加茂（łiək⁸kɯ²pə:u⁴）。

孙子（孙女）（祖母对孙辈的称谓）①：łɯ:k⁷zauu³。

外孙（外孙女）（外祖父对孙辈的称谓）：保定（łɯ:k⁷tsa³），中沙（łɯ: ʔ⁷tsa³），黑土（han¹tsha³），西方（łuuk⁷tsha³），白沙（łuuk⁸tsha³），元门（tou⁴tsha³），通什（łak⁷tsha³），堑对（无），保城（di³łak⁷tsha³），

---

① 《黎语调查研究》未列各方言区的读音。

加茂（$\text{ɬiək}^8\text{kɯ}^2\text{tə}^1$）。

外孙（外孙女）（祖母对孙辈的称谓）[1]：$\text{ɬuː:k}^7\text{na}^2$。

大部分方言土语的读音相同或相似。中沙、黑土方言点与其他方言点存在较大的差异，但构词方式与其他方言点相同，应有同源关系。

主要特点及简要分析：

（1）同一祖辈对孙子和孙女的称谓无男女性别差异。对晚辈称呼（尤其是小孩）不分男女，上文"ɬuː:k^7"（儿女）已体现出这一早期文化现象，这应该是很多民族共有的家庭文化现象。

（2）孙子、孙女、外孙、外孙女与儿子、女儿一样，有一个共同的语素"ɬuː:k^7"。在黎语中不仅这些词含有语素"ɬuː:k^7"，侄子、侄女、外甥、外甥女等词也都含有。这是"ɬuː:k^7"的"子"义泛化为晚辈之义的结果，是家庭结构发展的结果，也是家庭结构日益复杂的结果。

（3）祖父与祖母对孙辈的称谓不一。"黎族这方面则有严格的区别。祖父称孙子与祖母称孙子各不相同。"（欧阳觉亚、郑贻青，1980）这种区别表现限定语言上，保定话中，祖父对孙辈的称谓增加了语素"fou^3"。在《黎汉词典》中，收入了一个音节"fou^3"，表"热"义，与称谓应没有关联。"fou^3"在这里当有两个作用：一是区别其他的后辈，诸如儿子、侄子等；加入不加入这些限定称谓，单独用"ɬuː:k^7"必然与父辈对儿女的称谓相混。由于没有像汉语一样产生"孙"这一个概念，故只能采用加限定成分，黎语选择了附加称谓人的身份的方法。二是表明称谓者与被称谓者之间的特定关系。"fou^3"与保定方言祖父"phou^3"音相近，差别在于"f"与"ph"的不同。在黎语称谓系统，存在对某些音进行微调来表达相关称谓的现象，"大部分称呼要把晚辈的主要元音的声母变化一下。长辈的称呼如属清塞音、清塞擦音声母，晚辈的称呼则变为同部位的鼻音或浊擦音或其他音"。即"fou^3"当是祖父"phou^3"的音变。"zaɯ^3"为祖母"tsaɯ^3"

---

① 《黎语调查研究》未列各方言区的读音。

的音变。长辈（父母除外）对晚辈称谓附加长辈称谓的现象也存在于伯父、叔父等长辈对晚辈的称谓中，如侄子、侄女（兄长的子女）作"łɯːk⁷foːi²"，其中"foːi²"义为叔父（用于叔父对侄子、侄女的称谓）；又如侄子、侄女（弟的子女）"łɯːk⁷tai³"，其中"tai³"为伯父"tshai³"的音变（用于伯父对侄子、侄女的称谓）。

从语言学上讲，这种方式具有构成新词的作用，有明确指称对象的作用。从社会文化上讲，长辈对不同晚辈的区别称谓也说明黎族婚姻家庭制度逐渐明晰，家庭结构日益复杂。通过加长辈称谓构成小辈称呼，一方面说明黎族称谓已很完善，另一方面表明黎族具有很强的辈分意识。

与同族语的比较：

孙子：壮（luɯk⁸laːn¹），布依（laːn¹luɯk⁸saːi¹），临高（lək⁸lan¹），傣西（lan¹tsai²），傣德（laːn¹），侗（laːk¹⁰khwaːn¹），仫佬（laːk⁸khɣaːn¹），水（laːk⁸qhaːn¹baːn¹；kaːk⁸haːn¹），毛难（laːk⁸chaːn¹），黎（łɯːk⁷fou³）。

孙女：壮（ta⁶luɯk⁸laːn¹），布依（laːn¹luɯk⁸buɯk⁷），临高（lək⁸lan¹），傣西（lan¹jiŋ²），傣德（laːk⁸saːu¹），侗（laːk¹⁰khwaːn¹），仫佬（laːk⁸khɣaːn¹），水（laːk⁸qhaːn¹），毛难（laːk⁸chaːn¹，biːk⁸）。

（1）黎语与同族语的相同之处：孙辈称谓都与"儿子"称谓密切相关。

（2）部分同族语孙辈称谓存在性别之分，部分与黎语一样，没有性别之分。由此看来，孙辈中的性别区分有一个发展过程。

（3）同族语中未发现长辈称呼儿女以外的小辈都须加上自己称谓的现象。

7. 丈夫与妻子

丈夫：保定（thoːŋ³ploŋ³；pha³maːn³）。

妻子：保定（thoːŋ³dun¹；pai³khau²），中沙（pai³hau²；mei³liu¹），黑土（mei³liu¹），西方（puɯ³kho²；doŋ¹），白沙（doŋ⁴），元门（pai⁴kho⁵），通什（pai⁶kho⁵），堑对（phai⁶kho⁵），保城（pai⁴khɔ⁵），加茂（naːu⁵）。

（1）除加茂方言，其他点的对"丈夫"与"妻子"的称谓基本相同。

总体来看，有同源关系。

（2）夫妻称谓源自男女性别称谓。保定话中"丈夫"的"妻子"分别有两组称呼："tho:ŋ³ploŋ³"与"tho:ŋ³dun¹"为一组；"pha³ma:n³"与"pai³khau²"为一组。"tho:ŋ³"义为同伴，"ploŋ³"义为家，"dun¹"义为户。从构词理据上看，"tho:ŋ³ploŋ³"和"tho:ŋ³dun¹"着眼于夫妻的社会属性。"pha³ma:n³"另一意义为"男人"，"pai³khau²"的另一意义为"女人"，即后一组着眼于夫妻的自然属性。在人类社会的早期，社会关系相对简单，人往往更倾向于关注性别。汉文化中存在类似的说法，如称你家女人、你家男人。在景颇语中，妻子和丈夫的两个词也有女人、男人之义。可见，这是人类文明的共性。

与同族语的比较：

丈夫：壮（kva:n¹），布依（pau⁸；kwa:n¹），临高（tɕa:u³），傣西（pho¹），傣德（pho¹），侗（sa:u⁴），仫佬（kɣa:u⁴），水（ha:u⁴），毛难（la:k⁸za:u⁴），黎（tho:ŋ³ploŋ；pha³ma:n³）。

妻子：壮（me⁶ja⁶），布依（ʐa⁶；pa²），临高（mai⁴lək⁸），傣西（me²），傣德（me²），侗（ma:i⁴），仫佬（ma:i⁴），水（ɕa³），毛难（lja³），黎（pai³khau²）。

（1）与这些语言没有同源关系。从语音上看，黎语"丈夫"和"妻子"两个词与这些语言没有联系，应该是自有词或有其他来源。

（2）部分语言的构词理据与黎语相同。临高话的"mai⁴lək⁸"（妻子）和布依族的"ʐa⁶"同时有"女人"之义，这与黎族的构词理据同，但临高话和布依族的"丈夫"并未采用此类构词法。丈夫和妻子是对立统一的两个概念，按理应该像黎语一样。这种发展的不平衡性当与男女性不平等的社会地位相关。

8. 哥哥、姐姐、弟弟和妹妹

各方言区读音如下：

哥哥：保定（ɬau²ʔə:ŋ³），中沙（ʔə:ŋ³），黑土（ʔə:ŋ³），西方

（ɬau^{2}ʔnɯ^3），白沙（ko^1），元门（la:u^2），通什（ʔə:ŋ^3），堑对（ʔə:ŋ^3），保城（ʔə:ŋ^3），加茂（ʔə:ŋ^1）。

姐姐：保定（khaɯ^3），中沙（ʔei^2），黑土（ʔei^2），西方（kheɯ^3），白沙（ʔei^3），元门（kaŋ^6），通什（ʔaɯ^3），堑对（khaɯ^3），保城（khaɯ^{3}ʔu^1），加茂（ʔu^1）。

弟弟（妹妹）：保定（gu:ŋ^1），中沙（gu:ŋ^1），黑土（ru:ŋ^1），西方（ʔe:ŋ^3），白沙（noŋ^2），元门（gu:ŋ^2），通什（gu:ŋ^4），堑对（huaŋ^4），保城（hu:ŋ^4），加茂（nuəi^5）。

（1）黎语各方言区的表达基本一致。除了加茂话的"姐姐"和"弟弟（妹妹）"，上述称谓从语音上看没有太大的差异，当有共同的源头。

（2）"哥哥"与"弟弟"的称谓存在同源的可能。"哥哥"一词，在黎语中的读音较多，主要有"ɬau^3""ɬɯ:k^{7}ɬau^3""ȵo:ŋ^3""ʔə:ŋ^3"等。"ɬau^3"为单音节，在构词中，也常表"哥哥"义，如"ɬau^{3}gu:ŋ^1"表兄弟之义（"gu:ŋ^1"表弟弟）。"ɬɯ:k^{7}ɬau^3"为双音节，"ɬɯ:k^7"义为孩子或儿子，表明在家庭中的身份，当为后起词。用作"pha^{3}ɬau^3"，其中"pha^3"用于标明性别，也当为后起词。"ȵo:ŋ^3"为单音节词，与"ɬau^3"读音有较大的差异，与中沙等方言点的"ʔə:ŋ^3"当有同源关系。值得注意的是，西方方言点的"弟弟"读为"ʔe:ŋ^3"。因此我们推测，黎族称谓"弟弟"与"哥哥"可能同源，后通过内部曲折分化以示区别。再者，"ɬau^3"的读音与"ȵo:ŋ^3"也存在通转的可能。

（3）"姐姐"与"哥哥"的称谓存在同源的可能。元门方言点"姐姐"读为"kaŋ^6"，其中"k"的发音部位与"哥哥"一词的发音"ʔ"较为接近，韵母相似。黎语"哥哥"与"姐姐"的称谓是否存在同源的可能？实际上，同族语中已存在"哥哥"与"姐姐"称谓同源的现象。例如侗族的这两个称谓都可读为"ɬa:i^4"，仫佬族、水族和毛难族两者的读音也较接近（详见后文）。

（4）黎族同辈称谓存在长幼之别和男女之别。长幼之别普遍存在于黎语中，这表现在哥哥、姐姐、弟弟和妹妹称呼的不同中。男女之别只存在于年长者的称谓中，即哥哥、姐姐有别，而弟弟、妹妹无别。结合前文分析，晚辈称谓通常没有男女之别是黎语亲属称谓中一大特点。可见，黎族是一个很强调长幼有别的民族。当然，黎语中弟弟、妹妹也可分别作"pha^{3}gu:ŋ^1""pai^{3}gu:ŋ^1"，用"pha^3"和"pai^3"标注男女性别，为合成词，至此已有了性别之分，但其后起无疑。可见，哥哥、姐姐的区分当早于弟弟、妹妹的区分，这体现出黎族人对家族关系的认知有一个由简到繁的发展过程。

与同族语的比较：

哥哥：壮（ko^1；pai^4），布依（pi^{4}pu^{4}sa:i^1；ko^6），临高（ʔeŋ^1；ko^3），傣西（pi^{6}tsai^2），傣德（tsa:i^2；pi^{6}tsi^2），侗（ɬa:i^4），仫佬（fa:i^4），水（fa:i^4），毛难（va:i^4），黎（ɬau^{2}ʔə:ŋ^3；ʔə:ŋ^3；ko^1；la:u^2）。

姐姐：壮（ɕe^1；ta^{6}ɕe^3），布依（pi^{4}mai^{4}buuk^7；pi^{4}luuk^{8}buuk^7），临高（bɔi^3；tsia^3），傣西（pi^{6}jiŋ^2），傣德（tse^2；pi^{6}tse^2），侗（ɬa:i^4；pəi^4），仫佬（tsɛ^2），水（fe^2），毛难（ve^2），黎（hauu^3；ɬuu:k^{7}khauu^3；ʔei^2）。

弟弟：壮（tak^{8}nu:ŋ^4），布依（nu:ŋ^{4}pu^{4}sa:i^1），临高（tok^7），傣西（nɒŋ^{4}tsai^2），傣德（lɒŋ^{4}tsa:i^2），侗（noŋ^4），仫佬（nuŋ^4），水（nu^{4}ba:n^1），毛难（nuŋ^4；mi^3），黎（pha^{3}gu:ŋ^1；gu:ŋ^1）。

（1）部分黎语方言区中"哥哥"一称谓为外来借词。"哥哥"这一称谓在黎语各方言区基本同源没有疑问。从同族语的比较来看，部分黎语方言区"哥哥"存在其他来源，白沙"哥哥"作"ko^1"，与临高、布依、壮族等读音相同或相似，又与汉语"哥哥"音相近。黎族称谓"哥哥"的另一个读音为"ʔə:ŋ^3"，与临高话中"ʔeŋ^1"（哥哥）的读音基本相同。因此，我们认为黎语"ɬau^2"（哥哥）是黎族固有称谓，而"ʔə:ŋ^3"和"ko^1"则是在其他民族的影响下产生的后起称谓。壮族"哥哥"的称谓可能也存在这种情况，即"pai^4"为早期称谓，"ko^1"为后起称谓。

（2）黎语"姐姐"一词与同族语不同源。同族语"姐姐"的声母大体为"ɕ""ts""b""f"。据语音研究，一般认为黎语"g"与同族语"n"等存在同源关系，故这些词的发音与黎语很难相通，当不同源。

（3）黎语"弟弟"一词与同族语同源。比较这些词的读音，韵母大都为后鼻音，声母存在"g"与"n"的对应。

可以推断，"弟弟"在这几个称谓中当是一个比较古老的亲属称谓，"哥哥""姐姐"是随家族系统发展而衍生出来的两个亲属称谓。正如前文所述，黎族称谓系统仍保留哥哥、弟弟、姐姐同源的痕迹。

9. 嫂子与弟媳

"嫂子"与"弟媳"两词在"女性""同辈""外来"等语义特征上相同，不同在于一长一幼。

嫂子：保定（tsou¹），中沙（tsou¹），黑土（tsou¹），西方（tsou¹），白沙（tsou⁴），元门（tou¹），通什（tsou¹），堑对（tsou¹），保城（tsou¹），加茂（tshu¹）。

弟媳：liu¹guːŋ¹（采自《黎汉词典》）。

（1）"嫂子"称谓在黎族内部较为统一，为同源词。

（2）"嫂子"与"弟媳"两个称谓完全不同。其一，无相同构词语素；其二，构词方式不同，嫂子"tsou¹"为单纯词，"liu¹guːŋ¹"（弟媳）为复合词，由"liu¹"（媳妇或儿媳）和"guːŋ¹"（弟弟）构成。"嫂子"与"弟媳"不同与黎族称谓的特点一致。"嫂子"为兄长的配偶，位处长辈，而"弟媳"为弟弟的配偶，为小辈。前文已提到，黎族称谓注重长幼之间的差别。黎语"嫂子"与"弟媳"称谓的不同，体现出其在家族中地位的不同。这种不同也与汉语有类似之处，汉语"嫂"与"弟媳"是两个完全独立的词，"嫂"为单纯词，而"弟媳"为合成词。

（3）称谓"弟媳"与"弟弟"同源。据调查，黎语"弟媳"也可径直称为"guːŋ¹"。"guːŋ¹"同时指称"弟弟"和"弟媳"，与前文所提到的黎族"晚辈称谓通常不分性别"的规律是一致的。从发展角度看，"liu¹guːŋ¹"的使用当在"guːŋ¹"之后，即在"guːŋ¹"基础上增加"liu¹"这一语素，以区别称谓"弟弟"。"liu¹gu:ŋ¹"表明了黎族称谓有一个完善的过程。

（4）称谓"嫂子"与"哥哥"不同。"tsou¹"（嫂子）与黎语"ɬau²ʔə:ŋ³"（哥哥）在语音上无联系，是两个不同的词。可见，黎语"嫂子"与"哥哥"存在男女性之别，这符合黎族称谓的一般规律：年长辈的同辈间存在男女之别。

与同族语的比较：

嫂子：壮（sa:u³；pai⁴），布依（pi⁴；pi⁴pauu⁴），临高（tau³），傣西（pi⁶pai⁴），傣德（pi⁶lo²），侗（ma:i⁴），仫佬（hɣa:u³），水（fe²；fe²ça³），毛难（vɛ²lja³），黎（tsou¹）。

弟妹（弟媳）：壮（nu:ŋ⁴），布依（nu:ŋ⁴），临高（tok⁷ko¹），傣西（pi⁶pai⁴），傣德（pi⁶lo²），侗（ma:i⁴noŋ⁴），仫佬（noŋ⁴），水（ça³nu⁴），毛难（noŋ⁴lja³），黎（gu:ŋ¹）。

（1）与部分同族语同源。从语音上看，黎语"嫂子"与壮语、临高话有同源关系；"弟媳"与壮、布依、侗族、仫佬族、毛难等民族语同源。

（2）"弟媳"与"弟弟"同源是同族语中的一般现象。壮、仫佬、侗、毛难和临高的"弟媳"都与"弟弟"同源；仫佬族的"noŋ⁴"同时具有"弟媳"和"弟弟"的意思。

（3）黎语"tsou¹"与汉语"嫂"存在同源的可能。不同于称谓"弟弟"，黎语"tsou¹"与汉语相似，很可能源自汉语。壮语"嫂"有两个读音"sa:u³"和"pai⁴"，前者与黎语、汉语音相近，后者"pai⁴"又有"哥哥"之义，即壮族的"哥哥"与"嫂子"称谓也可相同，这类似于"弟弟"与"弟媳"称谓相同。"pai⁴"与布依族"pi⁴"、侗族"ma:i⁴"、水族"fe²"在语音上可通，即"pai⁴"当为壮语"嫂子"的更古称谓。我们推测，壮、黎等族社会早期"兄""嫂"使用同一词，后产生分化，分化的方式即借用汉语"嫂"，即在华夏文化的影响下产生了"tsou¹"一词。参考前文，黎语"哥哥"也可作"ko¹"（白沙点），壮又可作"ko¹"，布依又可作"kɔ⁶"，临高作"ko³"，与汉语"哥"的读音相似。由此来看，这些民族很可能成对地借用了汉语中的"哥"和"嫂"两个概念。

10. 姑父（父姐之夫）、姑父（父妹之夫）、姐夫、妹夫和女婿

在家族中，姑父（父姐之夫）、姑父（父妹之夫）、姐夫、妹夫和女婿都是父系女子的配偶，不同在于长幼的差别。

姑父（父姐之夫）：保定（tshai³）。

姑父（父妹之夫）：保定（zau³）。

姐夫：保定（zau³），中沙（zau³），黑土（zau³），西方（zo³），白沙（zo³），元门（zo⁶），通什（zo⁶），堑对（zo⁶），保城（zɔ³），加茂（tsi:u¹）。

妹夫：ɬeɯ¹。

女婿：保定（ɬeɯ¹），中沙（ɬeɯ¹），黑土（ɬeɯ¹），西方（ɬeɯ¹），白沙（ɬeɯ¹），元门（ɬeɯ¹），通什（ɬeɯ¹），堑对（ɬeɯ¹），保城（ɬeɯ¹），加茂（ɬa⁴）。

（1）该层次的称谓在黎族内部较为统一。

（2）存在隔代称谓相同的现象。姑父（父妹之夫）的称谓与姐夫的称谓相同，都为"zau³"；妹夫的称谓与女婿同，都为"ɬeɯ¹"。也就是说，黎族的父系女性的配偶称呼分为三个层次：第一层次比父亲年长，即"tshai³"；第二层次比自己大而比父亲小，即"zau³"；第三层次比自己小，即"ɬeɯ¹"。

（3）父系女性配偶的称谓与黎语"ɬeɯ¹"（新郎）词相关。在黎语中，"ɬeɯ¹"有"新郎"之义。对于称谓者而言，妹夫与女婿自然为后来者，因婚姻进入这一家庭组织，自然有"新人"之义，故用"新郎"也在情理之中。而姑父和姐夫则不同，虽同为女方家的"郎"，但对于称谓者而言却为长者，自然不能"新"了，故需选择其他的语词。妹夫、女婿一当源于"新郎"一词。

（4）姑父与妹夫称谓的特殊性。姑父（父姐之夫）的称谓与伯父和舅

父（母之兄）同，皆为"tshai³"。但比父亲小的姑父（父妹之夫）却不与"叔叔"称呼同，比自己小的妹夫亦不与弟弟称呼同，分别很明晰。可见，黎族人对尊长的称谓可以忽视姻亲之别和血缘之别，而比自己小的却不可忽视，这当是这些晚辈在家庭未来的发展中与自身密切相关的缘故。

与同族语的比较：

"姑父"这一称谓上文已进行了比较，此不赘述。

（1）黎语"zau³；zo³"（姐夫）与部分亲属语的关系。

姐夫：壮（pai⁴je²），布依（tɕe³fu⁶），临高（ʔeŋ¹），傣西（pi¹xɤi¹），傣德（pi⁶xoi¹），侗（ʈa:i⁴），仫佬（未收入），水（fa:i⁴），毛难（未收入），黎（zau³；zo³）。

1）黎语"zau³；zo³"（姐夫）与亲属语没有同源关系。一部分亲属语为汉语借词。壮族称谓"pai⁴je²"，"pai⁴"标明性别，"je²"当与汉族的"姐"的读音类似。傣西、傣德的"姐夫"与壮族"姐夫"在构词法和读音上相似。布依族"tɕe³fu⁶"与汉语"姐夫"的读音相同。另一个值得注意的是，壮族"pai⁴je²"中的"pai⁴"有哥哥的意思，即姐夫与哥哥称谓存在联系，这也并非民族特类，例如汉族的某些地区同样存在此类想象。从语音上，黎族"姐夫"的称谓"zau³""zo³"与上述民族现行的"姐夫"没有太大的关系，当为自有词，或另有来源。

2）黎语"zau³；zo³"源自共同语"郎"（"丈夫"）一词。侗族"新郎"作"sa:u⁴məi⁵"，为合成词，其中"məi⁵"义为"新"，"sa:u⁴"义为"丈夫"、"郎"（女性配偶），与黎语的"zau³"（姐夫）读音相似。毛难语的"女媳"作"la:k⁸za:u⁴"，"新郎"一词作"zak⁶za:u⁴"，"la:k⁸"义为"儿子"，综合来看"za:u⁴"当也有"丈夫""郎"之义，其中"za:u⁴"与黎语"zau³"（姐夫）的读音相近。黎语"zau³；zo³"这些词音近且义通，当同源，有"郎"之义。黎语"姑父"（父妹之夫）与"姐夫"为同一词，即黎语"姐夫"与"姑父"（父妹之夫）都与同族语同源，本义为"郎"。

（2）女婿与部分亲属语的关系。

女婿：壮（luk^{8}kɯi^2），布依（luk^{8}kɯ:i^2），临高（lək^{8}lɔ^1），傣西（luk^{8}xɤi^1），傣德（luk^{8}xoi^1），侗（la:k^{10}sa:u^4），仫佬（la:k^{8}kɣa:u^4），水（la:k^{8}ha:u^4），毛难（la:k^{8}za:u^4），黎（ɬeɯ^1）。

新郎：壮（ko^{3}je^2），布依（无），临高（lək^{8}lɔ^1; hak^{7}nau^4），傣西（xɤ^{1}mai^5），傣德（luk^{8}xoi^{1}maɯ^3），侗（sa:u^{4}məi^5），仫佬（la:k^{8}kɣa:u^{4}mai^5），水（ha:u^{4}mai^5），毛难（zak^{8}za:u^4），黎（ɬeɯ^1）。

新：壮（mo^5），布依（mo^5），临高（nau^4），傣西（mai^5），傣德（maɯ^5），侗（məi^5），仫佬（mai^5），水（mai^5），毛难（mai^5），黎（pa:n^1）。

1）黎语"ɬeɯ^1"与亲属语的构词法不同。前者为单纯词，其义等同于新郎，同族语都为合成词，且都含有一个表"儿子"的语素，如壮语"luk^8"。从语音上看，这些亲属语基本同源。

2）部分亲属语"女婿"与"新郎"相关，这与黎语相似。临高话"女婿"作"lək^{8}lɔ^1"亦等同于新郎。傣西（luk^{8}xɤi^1）、傣德（luk^{8}xoi^1）、侗（la:k^{10}sa:u^4）、仫佬（la:k^{8}kɣa:u^4）、水（la:k^{8}ha:u^4）、毛难（la:k^{8}za:u^4）这些民族与新郎有共同的语素：xɤi^1、xoi、sa:u^4、kɣa:u^4、ha:u^4、za:u^4。我们认为，黎语"女婿"这一称谓相对古老，而同语族的"女婿"一词已有了发展变化，但仍保留了一定的发展痕迹。

3）黎语的"ɬeɯ^1"可能源自古壮侗语"ɬɯ:k^7"（儿子）。黎语"儿子"作"ɬɯ:k^7"与同语族的"luk^8"（壮）、"lək^8"（临高）、"luk^8"（傣西）、"luk^8"（傣德）、"la:k^{10}"（侗）同源。从语音上看，"ɬeɯ^1"与"ɬɯ:k^7"存在相通的可能。在黎语中，存在变读一个音节转而表达相关称谓的现象。同族语的"女婿"一词一般为合成词，以"儿子"为中心语素，表明了"儿子"与"女婿"的种属关系。从社会伦理上看，将女婿以儿子般对待是符合情理的。

二　黎族亲属称谓特点与家庭结构及其发展

这一节将在上文调查分析的基础上阐述黎族亲属称谓的一些特点，进而展现黎族社会的家庭结构及其发展。

1. 父系称谓与母系称谓既有区别又有联系

黎族的父系称谓与母系称谓关系密切，部分称谓完全相同。

不同点。比如，父系的祖父（phou³）、祖母（tsauu³）与母系的外祖父（tsha³）、外祖母（ta³）都为单音节词，构词不存在包含关系，语音上也没有联系，是两个完全不同的称谓。大多数同族语存在这一特点，这不同于汉语（汉语外祖辈称谓往往以祖辈的称谓为基础）。汉语的这种特点是父系社会的特征之一。黎语父系称谓体系中有曾祖父、曾祖母，却未发现外曾祖父、外曾祖母的专门称谓，这是黎族父系社会特征的一种体现。

相同点。除了祖辈不同，父系与母系的称呼基本相通，舅父（母之兄）的称谓等同于伯父，舅父（母之弟）的称谓等同于叔父，舅母（母兄之妻）等同于伯母，表兄等同于弟弟。称谓的等同表明父系和母系中的这些亲人具有同等的家族地位，而这种同等地位通常发生在父系与母系过渡社会形态中。我们认为这些等同的称谓应该产生在这一时期。

上述的异同是黎族家族历时发展的结果。在这一发展过程中，首先区别出来的是父系与母系的祖辈。现有的黎语称谓系统残留的母系社会痕迹不明显，而父系社会的特征已有显现。当然，称谓系统的发展有保守的一面，但也有替换的一面，同时也受到外来民族的影响。

2. 直系称谓与旁系称谓有同有异

直系与旁系的称谓差别主要在父辈。黎语父亲"po⁶"、伯父"tshai³"、叔父"fo:i²"为单音节词，没有共同语素，语音没有联系，在同一层次上。从语言上看，三者并无主次之分。旁系男性以父亲的标准，分为"伯父"和"叔父"，这与汉语称谓类似，体现出黎族家庭的长幼之别。在家族结构中，父辈是最重要的一个层面，涉及婚姻、财产、社会地位等。黎语中这三个称谓有人类社会的共性，也有表现出黎族家庭的个性。

直系与旁系的称谓也有相同的一面，这表现于同辈和晚辈中，比如哥哥等同于堂哥，姐姐等同于堂姐，等等。现代汉语中，旁系同辈中往往加一个"堂"字,以区别直系同辈。语言上的区别表现出的是家族内部的分化。黎族称谓的这一特点体现出了家庭内在团结统一,这是大家族制的一种体现。

3. 现有黎族称谓系统是家族发展的结果

一个称谓系统不是一朝一夕所能完成的,需要一个形成、发展和完善的过程,这一过程与社会的发展密切相关。

黎族称谓系统最早源于男女性别。在称谓系统中,最早产生的应该是夫妻两个称谓。从语义上看,黎语"夫妻"和"父母"都含有"男女性"之义。从逻辑上讲,当由男性引申为夫,由女性引申为妻。这一引申是人类社会发展的共性,有其内在的规律。在原始时代,人因性的需要首先意识的男女之别,由此而出现婚姻关系,进而养儿育女,形成家庭。在这一过程中,产生夫妻之谓和父母之谓。在黎语中,以性别标注称谓甚至影响到儿女的称谓,如黎语"儿"作"łɯːkpha³maːn¹"(pha³maːn¹意为丈夫,这里标明性别),女儿为"łɯːkpai³khau²"(pai³khau²意为妻子,这里标明性别)。

在称谓系统中,"父母"和"儿女"是这一系统的核心。随着对偶婚的确定,首先清晰起来的称谓是"父母"和"儿女"。在此基础上,向上演化出祖父、曾祖父等称谓,向下衍生出孙子及旁系儿女辈的称谓,向旁边衍生出称谓"弟弟",进而发展出"哥哥""姐妹",又引申出有婚姻关系的"姐夫""妹夫"等。在现代黎语的相关语词中仍可以看到这种演进的痕迹。

4. 黎族各方言区的亲属称谓基本一致(见表2-1)

表2-1 各方言区称谓比较

	保定	中沙	黑土	西方	白沙	元门	通什	堑对	保城	加茂
曾祖父	+	+	+	+	+	+	+	+	+	+
曾祖母	+	+	+	+	+	+	+	+	+	+
祖父	+	+	+	+	+	+	+	+	+	+
祖母	+	+	+	+	+	+	+	+	+	+

续表

	保定	中沙	黑土	西方	白沙	元门	通什	堑对	保城	加茂
外祖父	+	+	+	+	+	+	+	+	(+)	(+)
外祖母	+	+	+	+	+	+	+	+	(+)	(+)
父亲	+	+	+	+	+	+	+	+	+	+
母亲	+	+	+	+	+	+	+	+	+	+
伯父	+	+	+	+	+	(+)	+	+	+	+
伯母	+	+	+	+	+	(+)	+	+	+	+
叔父	+	+	(+)	+	+	+	+	+	+	(+)
婶母	+	+	(+)	+	+	+	+	+	+	(+)
姑母（父之妹）	+	+	(+)	(+)	+	+	+	(+)	+	(+)
姑父（父妹之夫）	+	+	(+)	(+)	(+)	+	+	(+)	+	(+)
舅父（母之弟）	+	+	(+)	+	+	+	+	+	+	(+)
儿子	+	+	+	+	+	+	+	+	+	+
儿媳	+	+	+	+	+	+	+	+	+	(+)
女儿	+	(+)	+	+	+	+	+	+	+	+
女婿	+	+	+	+	+	+	+	+	+	(+)
孙子（女）	+	−	−	+	+	−	+	+	+	(+)
外孙	+	+	−	+	+	−	+	+	+	(+)
妻子	+	+	−	+	−	+	+	+	+	(+)
哥哥	+	+	+	(+)	(+)	(+)	+	+	+	+
姐姐	+	(+)	(+)	+	(+)	(+)	+	+	(+)	(+)
弟弟	+	+	(+)	+	(+)	+	+	+	+	(+)
嫂子	+	+	+	+	+	+	+	+	+	+
姐夫	+	+	+	+	+	+	+	+	+	(+)

	保定	中沙	黑土	西方	白沙	元门	通什	堑对	保城	加茂
女婿	+	+	+	+	+	+	+	+	+	(+)

注：以保定话为基准，记录为"+"，其他方言点与之有同源关系记录为"+"或"（+）"，"+"表示相同或基本相同，"（+）"表示读音有差异但同源关系清晰，没有同源关系为"–"。其他表格同此。"（–）"表示同源关系存疑。

（1）黎族内部的统一与分化。

1）黎族内部的统一。

在词汇系统中，称谓是相对稳定的一类词。现代黎语各方言区的称谓总体上较为统一，这说明黎族亲属称谓系统在方言分化之前已经定型下来。如果定型于分化之后，那么方言地区间的称谓必将存在较大差异。黎语称谓系统已相当完备，上至曾祖，下达孙辈，父系、母系、直系和旁系基本具备。完备的体系说明黎族在分化之前已形成了完整家族体系，社会已相当成熟。

2）黎族内部的分化。

语言分化是民族内部分化的重要指标。黎语各方言土语之间存在很多共性，但也有很多差异，这涉及语音、词汇和语法等方面。各方言区之间有些相差很小，有些则很大。这些差异表明黎族内部已发生了分化。

语音差异。例如黎族称谓"舅父（母之弟）"，各方言点分别为：保定（tau³），中沙（tau³），黑土（nau³），西方（teɯ¹），白沙（tau⁵），元门（tau³），通什（tau⁶），堑对（thau⁶），保城（tau⁵），加茂（ni⁴）。上述方言区的声母分别为"t""n""th"，这些辅音的发音部位相同，发音方法却不同；韵母部分（元音部分），大部分方言点读为"au"，西方读为"eɯ"，加茂则为"i"；声调大都不相同；这些方言区的发音有些相差很大，如加茂点，有些则相同，如保定、中沙与元门。各地亲属称谓的差异主要表现在语音上。

构词差异。如姑父（父妹之夫），各方言点分别为：保定（zau³），中沙（zau³fau³），黑土（peɯ³zau³），西方（zo³ʔu²），白沙（zo³），元门（zo⁶），通什（zo⁶faɯ³），堑对（ma:i³de¹），保城（ɬɯɯ¹faɯ³；zɔ³），加茂（tsi:u¹）。保定、白沙、元门、加茂为单音节词，其他方言点则为双音节复合词。这些复合词或在单音节词的基础上添加语素，或为两个完全不同的语素。中沙作"zau³faɯ³"，在"zau³"（姑父）基础上添加"faɯ³"（姑母），堑对作"ma:i³de¹"，由两个完全不同的语素"ma:i³"和"de¹"构成。构词差异的出现有两个原因：一是亲属称谓系统的变化；二是对所指称对象有了新的理解，重新构词。这正是黎族社会分化的表现。

（2）各亲属称谓在各方言土语中的相似度并不平衡。

各亲属称谓在各方言土语中的相似度并不平衡，其中父亲、母亲、祖父、祖母、儿子和嫂子差异最小，孙子差异最大，其次为妻子。

称谓"父亲""母亲""祖父""祖母"相似度大的原因。一是直系长辈。直系长辈在家族中的地位高，其使用频率高。平辈和晚辈可以直呼其名，而长辈则不能。高使用频率更易保持其稳定性。二是产生早。称谓的形成与人类社会的发展是一致的。在家庭形成中，父母是关键的要素，是家庭延展的起点。故这一称谓自然是最早产生的一批。

"儿子"称谓比"女儿"相似度大的原因。称谓"儿子"与"父母"相对，在称谓系统同样具有重要的地位。与其并行的称谓"女儿"在各方言区却存在一定的差异，这与称谓系统的发展有关。前文谈到，称谓"儿子"本义并不分男女，后分化出"女儿"的称谓，即后者产生于黎族社会分化中，在黎族内部自然难以统一。

称谓"嫂子"相似度大的原因。称谓"嫂子"在各方言区的一致性高于哥哥、弟弟、姐姐等称谓。从亲情关系来看，嫂子在客观上疏于后者，按常理其稳定性当低于前者，而事实却相反。加茂话的亲属称谓通常与其他方言区存在较大的差异，但唯独在该亲属称谓上与其他点较为一致。我们认为，原因有二：一是称谓"嫂子"的一致性与其汉语来源有关（详见前文分析），即黎族在与汉族接触后才产生这一统一的称谓；二是嫂子虽不是至亲，但在家庭伦理中却不能随意直呼其名，其他的至亲同辈则不同。

5. 黎族亲属称谓部分源于古壮侗语（见表2-2）

表2-2 壮侗语族相关语称谓比较

	壮	布依	临高	傣西	傣德	侗	仫佬	水	毛难	黎
曾祖父	–	(+)	–	(+)	(+)	–	–	–	–	+
曾祖母	–	(+)	–	–	–	–	–	–	–	+
祖父	–	(+)	–	(+)	–	–	–	–	–	+
祖母	–	(+)	–	(+)	–	(+)	–	–	–	+
外祖父	(+)	(+)	(+)	(+)	(+)	(+)	–	–	(+)	+
外祖母	(+)	(+)	(+)	(+)	(+)	(+)	–	–	(+)	+
父亲	(+)	(+)	(+)	(+)	(+)	(+)	(+)	(+)	–	+
母亲	(+)	(+)	(+)	(+)	(+)	(+)	(+)	(+)	–	+
伯父	–	–	–	–	–	–	–	–	–	+
伯母	–	–	–	–	–	–	–	–	–	+
叔父	–	–	–	–	–	–	–	–	–	+
婶母	–	–	–	–	–	–	–	–	–	+
姑母（父之妹）	–	–	–	–	–	–	–	–	–	+
姑父（父妹之夫）	–	–	–	–	–	–	–	–	–	+
舅父（母之弟）	–	–	–	–	–	–	–	–	–	+
儿子	(+)	(+)	(+)	(+)	(+)	(+)	(+)	(+)	(+)	+
儿媳	–	–	–	–	–	(+)	–	–	(+)	+
女儿	(+)	(+)	(+)	(+)	(+)	(+)	(+)	(+)	(+)	+
女婿	–	–	–	–	–	–	–	–	–	+
孙子（女）	–	–	–	–	–	(-)	(-)	(-)	(-)	+

	壮	布依	临高	傣西	傣德	侗	仫佬	水	毛难	黎
妻子	-	-	-	-	-	-	-	-	-	+
丈夫	-	-	-	-	-	-	-	-	-	+
哥哥	(+)	(+)	(+)	(+)	(+)	(+)	(+)	(+)	(+)	+
姐姐	(+)	(+)	(+)	(+)	(+)	(+)	(+)	(+)	(+)	+
弟弟	(+)	(+)	(+)	(+)	(+)	(+)	(+)	(+)	(+)	+
嫂子	(+)	(+)	(+)	(+)	(+)	(+)	(+)	(+)	(+)	+
姐夫	-	-	-	-	-	-	-	-	-	+
女婿	(+)	(+)	(+)	(+)	(+)	(+)	(+)	(+)	(+)	+

注：以黎语为基准，记录为"+"，其他亲属语与之有同源关系记录为"+"或"（+）"，"+"表示相同或基本相同，"（+）"表示读音有差异但同源关系清晰，没有同源关系为"–"，（–）表示同源关系有疑。

黎族亲属称谓系统与同族语既存在密切的联系，又有鲜明的特点。

（1）密切联系。

这主要表现在近亲关系的称谓上。从表 2-2 可以看到，父、母、儿、女称谓最为接近，一致性最高。

语音上的相似性。例如称谓"父"：壮（po^6），布依（po^6），临高（beʔ^{8}lai^3），傣西（pɒ^6），傣德（te^6；ʔu^3；po^6），侗（pu^4），仫佬（pu^4），水（pu^4），毛难（tɛ^2），黎（pha^3）。又如称谓"弟弟"：壮（tak^{8}nu:ŋ^4），布依（nu:ŋ^{4}pu^{4}sa:i^1），临高（tok^7），傣西（nɒŋ^{4}tsai^2），傣德（lɒŋ^{4}tsa:i^2），侗（noŋ^4），仫佬（nuŋ^4），水（nu^{4}ba:n^1），毛难（nuŋ^4；mi^3），黎（pha^{3}gu:ŋ^1；gu:ŋ^1）。如果说前者是因为人类社会发展的普遍规律，那么后者的相似性则可以充分地表明黎族与同语族各民族的密切关系。

构词上的相似性。黎族部分称谓与同族语表面上存在较大的差异，但却存在内在的联系，比如构词方式的相似。称谓"女"：壮（ta^{6}lɯk^8；lɯk^{6}sa:u），布依（lɯk^{8}bɯk^7），临高（lək^{8}mai^{4}lək^8），傣西（luk^{8}jiŋ^2），傣德（luk⁸sa:u¹），侗（la:k¹⁰mjek⁹la:k¹⁰pəi⁴），仫佬（la:k⁸ʔja:k⁷），水（la:k⁸ʔbja:k⁷），毛难（la:k⁸bi:k⁸），黎（łɯ:k⁷pai³khau²）。黎语该称谓中的语素"łɯ:k⁷"与同语族在语音上相通，"pai³khau²"则有别于其他语族。值得注意的是，黎语在构词上与同族语相同，即都为偏正结构。黎语与这些同族语的异同体现出的是亲属称谓的继承与发展。

（2）差异特征。

亲缘关系越远差异越大。黎语的亲属称谓与同族语的差异主要表现在远亲称谓上。表 2-2 显示，亲缘关系越远差异越大。称谓系统的形成和发展应先始于近亲，后随着社会的发展，远亲称谓才逐渐发展起来。黎族与这些民族由统一到分裂，近亲称谓往往得以保留，而远亲称谓则在分裂后逐步发展起来。

差异特性的一些反常表现。比如外祖父、外祖母称谓与同族语的相似度明显高于祖父、祖母。按父系社会的家庭伦理，祖父母似乎相似度应该高。这一反常现象的出现很可能与母系社会的家庭结构有关。反映出外祖父母称谓的产生很可能早于祖父母，当是母系社会在称谓系统中的残存。

与同族语的差异度明显高于其他民族。表 2-2 显示，黎族亲属称谓中与同族语相同的相对较少。同源词越少，表明该民族脱离共同民族越久，亲属称谓也是如此。从黎族历史来看，黎人至少在秦以前已生活在海南。从考古来看，黎人在海南的历史更加悠久。一般来说，黎族是海南土著居民。称谓的差异正好印证了黎族在海南悠久的社会发展历史。

6. 强调尊长而非姻亲之别

黎族称谓更强调尊长。在同辈中，哥哥、姐姐的称谓是独立的，而弟弟、妹妹却相同。在上一辈中，同是姑姑，比父亲大和比父亲小的称谓不同。上一辈称谓的这种特点，甚至影响了他们儿女的称谓，比如伯伯的儿女不管年龄的大小，一概称为哥哥或姐姐，叔叔的儿女不管年龄的大小，一概称为弟弟或妹妹。

黎族称谓未凸显姻亲之别。黎族称谓系统中能体现姻亲关系的只是祖辈，即祖父母不同于外祖父母，除此之外，大都没有区别，如舅父（母之兄）的称谓等同伯父，舅母（母兄之妻）的称谓等同伯母。这说明黎族的这套称谓系统并非诞生在森严的父系社会中。

7. 随小辈称呼长辈的现象

随小辈称呼长辈的现象存在于很多民族称谓系统中，汉语的一些方言区也是如此。

黎族妇女称呼丈夫的父亲为"phou³"、母亲为"tsau³"，等同于祖父、祖母的称谓。黎族男子称呼自己的岳父为"tsha³"、岳母为"ta³"，等同于外祖父、外祖母。黎族男子称呼内兄为"tshai³"、内弟为"tau³"，等同于大舅和小舅的称谓。

在家族内部，这种现象一般发生于姻亲之间的称谓，有一定的临时性。此类称谓有两个作用：一是表示对被称谓者的尊敬；二是弥补现有称谓的不足。

社会的发展是一个由简到繁的过程，作为社会结构一个重要部分的家庭当是如此。

第三章　黎语与黎族社会

社会由人构成，蕴含各类团体（或集团）。社会就像一台结构复杂的机器，人与这些团体是这台机器上的不同构件，伦理、法则和制度是这台机器的运行程序。本章将系统描写分析记录这些社会构件的语词，以探究黎族社会结构及其发展。

从人的年龄、地位和职业等角度，可以将社会人分成不同阶层。深入分析这些来自不同阶层的人，可以窥探整个社会结构及其发展。黎语词汇系统中具有丰富的有关社会各阶层的语词，可以为黎族社会历史的研究提供丰富的资料。

第一节　以年龄为分类标准的社会阶层的词汇系统

年龄是人生命历程的重要特征。在这个历程中，社会往往赋予特定的责任与权力。不同的社会形态里的人被赋予的责任与权力也往往不同。

一　ʔa:u¹za¹（老人）

"ʔa:u¹za¹" 是一个偏正式的合成词，其中 "za¹" 义为 "老"，"ʔa:u¹" 义为 "人"。"ʔa:u¹za¹" 虽然只有两个简单的语素，但透过黎族的历史文化，却有着丰富的文化内涵。

1. "ʔa:u¹za¹" 的内涵

"ʔa:u¹za¹" 在黎语中不仅指称年龄，而且指称尊贵的地位。

家庭地位。"za¹"（老）作为语素，也存在于母亲 "pai³za¹"、父亲（pha³za¹）、老爷爷（phou³za¹）等语词中，这些人既是家族中的长者，也是家族中的尊者。

社会地位。据《黎汉词典》：ʔa:u¹za¹，老人家（过去指有权势而较富有的老人，海南话叫"奥雅"，现在指一般的老年人）。值得注意的是，海南人没有意译，而是音译为"奥雅"，也许意译为"老人"不足以显示其应有的社会地位。

《黎族史》："这些氏族或部落的首领，史称谓'峒首'或'黎头'。黎族本身称呼他们的公共首领为'奥雅'，即'老人'之意。这种称谓，正好说明原始社会的长老政治观念，仍保存于黎人的意识之中。这些首领，原来纯粹是一种自然社会领袖，很受人们尊重。峒中或村里偶有争吵纠纷事件，多由他们出面处理。他们依据历史传袭下来的惯例，维护社会秩序，办理峒内事务。"又《海南岛黎族社会调查》："解放前牙开村和附近一带的群众对乡、保、甲长和较早以前的团董等均称之为'奥雅'，也有称为'奥雅买'的。"

历史赋予了"ʔa:u¹za¹"一词以沉甸甸的内涵。

"老人"的尊贵社会地位与特定的社会阶段相关。对于现代人而言，"老人"意味着年龄大，身体衰弱。但在人类发展历史上，老人曾扮演着重要的角色。在那个时代，文化、科技不发达，人所凭依的更多的是经验。老人一生走来，往往有着丰富的生活经历，并在家族中确立不可撼动的地位。那个时代的老人则意味着经验的力量、精神的力量和家族的力量。在华夏文化中，"老"也是一个意蕴丰富的词。《周礼·地官·司门》："以其财养死政之老与其孤。"郑玄注："死政之老，死国事之父母也。"《礼记·王制》："属于天子之老二人。"郑玄注："老，谓上公。"《周礼·地官·司徒》："乡老，二乡则公一人。"郑玄注："老，尊称也。"这正是"老"在汉先民心中崇高地位的体现。"老人"本为年龄之老；随着社会的发展，转而成为权力地位的象征；在现代社会里，则仅存了年轻人对长者的尊敬。

黎语"$\text{ʔa:u}^1\text{za}^1$"一词同样经历这一变化。其内含及其发展符合黎族社会发展规律，也符合人类社会发展的一般规律。

2. "$\text{ʔa:u}^1\text{za}^1$"源流

各方言土语的"老"：

保定（$\text{ʔa:u}^1\text{za}^1$），中沙（$\text{ʔa:u}^1\text{za}^1$），黑土（pha^3rau^3），西方（$\text{ʔa:u}^1\text{za}^1$），白沙（$\text{ŋa:u}^4\text{za}^1$），元门（$\text{ɱa:u}^5\text{za}^4$），通什（$\text{ʔa:u}^1\text{za}^4$），堑对（$\text{ʔa:u}^1\text{za}^4$），保城（$\text{ʔa:u}^1\text{za}^1$），加茂（$\text{ki:u}^1\text{tsə}^4$）。

"老"在各方言土语中的读音较为一致，应该是较早产生的语词。

黑土"老"暗含"巫师"之义。黑土的发音明显不同于其他方言点，作"pha^3rau^3"，其中"pha^3"有"父""男性"等义，"rau^3"有"巫师"之义（如黎语"法衣"作"$\text{ve:ŋ}^3\text{rau}^2$"），直译为"男性巫师"。在该词中，黎人赋予老人以另外一个含义"巫"。在古人眼里，"巫"往往代表神秘的力量和权力。这与"奥雅"的内涵正好暗合。

同族语的"老人"（头人）：

壮（vun^2tau^2），布依（$\text{po}^6\text{ba:n}^4$），临高（huk^8hau^3），傣西（$\text{pɒ}^6\text{ban}^3$），傣德（pu^5ke^5），侗（$\text{ça:i}^6\text{la:u}^4$），仫佬（$\text{lak}^7\text{tau}^2$；$\text{lak}^7\text{kɣo}^3$），水（$\text{ʔai}^1\text{qam}^4$），黎（$\text{ʔa:u}^1\text{za}^1$）。

从语音上，黎语"$\text{ʔa:u}^1\text{za}^1$"与上述语言没有同源关系，为黎族的自有词，或另有其他来源。

二　$\text{a:u}^1\text{loŋ}^1$（大人）

"大人"是与"小孩"相对的一个概念，一般侧重于年龄，但在特定的历史环境下也可代表尊贵的社会地位。

　　黎语"大人"作"a:u¹loŋ¹",为复合构词,其中"a:u¹"义为"人","loŋ¹"有"大""生长"之义。不同于"za¹(老)",该词使用了限定语素"loŋ¹",即黎语"大人"不等同于"老人"。《黎汉词典》:"a:u¹loŋ¹,大人,成年人。"

　　成年是人成长的重要环节,意味着将担负起家庭责任和社会责任,独立面对人生道路。在华夏文化中,大人不仅代表着成年,而且蕴含着特定的社会地位。《易·乾》:"九二:见龙在田,利见大人。"《孟子·告子上》:"从其大体为大人,从其小体为小人。"《史记·高祖本纪》:"高祖奉玉卮,起为太上皇寿,曰:'始大人常以臣无赖,不能治产业,不如仲力。'"可以指向政治地位、家族地位和思想品德等。汉语"大人"的丰富内涵与深厚的华夏文明密切相关。在这一点上,黎语"a:u¹loŋ¹"自然无法与汉语"大人"相比。

　　同族语的"大人":

　　壮(vun²huŋ¹),布依(pu⁴la:u⁴),临高(nə²n̩ɔ³),傣西(kun²loŋ¹),傣德(kon²loŋ¹),侗(nən²ma:k⁹),仫佬(mu⁶lo⁴),水(ʔai¹la:u⁴),毛难(ʔai¹la:u⁴),黎(ʔa:u¹loŋ¹)。

　　上述各民族语的"大人"都含有两个语素,为合成词。但从语音上看,黎语与这些词没有同源关系,当为自造词。

三　ɬɯk⁷(孩子)

　　孩子是与老人、大人相对的一个概念。在汉语中,"孩子"一般指未成年人,也可指与长者相对的年轻人。唐韩愈《李君墓志铭》:"故四门之寡妻孤孩,与荥泽之妻子,衣食百宿,皆由君出。"陈登科《赤龙与丹凤》:"三魁道:'婶婶忙了半天还没动嘴,我们小孩子,怎么能先吃?'"小孩意味着稚嫩,故有幼小、幼稚之义。《礼记·胗》:"母覆巢,母杀孩虫、胎、夭、飞鸟。"小孩在汉语中又可细分为"婴儿""儿童""少年"等。

1. 黎语"孩子"一词的丰富内涵

黎语"ɬuk⁷"是一个使用频率很高的语言单位，可表孩子，也可与其他语素构成一些与"孩子"相关的词。《黎汉词典》："ɬuk⁷，儿子；孩子。"这里虽然分列了两个义项，但事实上两者只有一个源头。从词义引申的一般规律来看，"幼小"当为最初的意义，后引申表子女，最后成为"儿子"的专称。汉语"子"的词义发展也是如此。在黎语中，以"ɬuk⁷"为语素的词有"ɬuːk⁷en̠²mai¹"（婴儿）、"ɬuːk⁷oːŋ¹"（学生）、"ɬuːk⁷uːŋ¹"（姑娘）、"ɬuːk⁷uːŋ¹na:m³"（仙女）、"ɬuːk⁷pai³khau²"（女儿）、"ɬuːk⁷pha³khai¹"（小公鸡）、"ɬuːk⁷phuːn¹pa:n¹"（晚辈）、"ɬuːk⁷guːŋ¹"（弟弟）、"ɬuːk⁷tshai¹"（树苗）、"ɬuːk⁷khai¹"（蚊子幼虫）、"ɬuːk⁷hun¹"（寒毛）等。"ɬuːk⁷"在上述语词中都为中心语素，虽然不直接表达这些词的意思，但却透露出"ɬuːk⁷"在黎语中的潜在变化，涉及婴幼儿、女性、男性、晚辈、学识甚至动植物等。可见，黎语中的"ɬuːk⁷"类似汉语同样具有丰富的内涵。

黎语中，表"小孩"义的词又有"lau²""ɬuk⁷lik⁷""ɬuk⁷en̠²lau²""ɬuk⁷lau²""en̠²lau²"等。这样看来，与"小孩"相关的词汇远比"老人"和"大人"丰富。

2. 黎语"孩子"一词的源流

黎语各方言区的"孩子"一词：

保定（ɬuk⁷lik⁷），中沙（ɬuʔ⁷lik⁷），黑土（duː ʔ⁷kuɯ²lik⁷），西方（ɬuk⁷lik⁷），白沙（ɬuk⁷ʔa¹），元门（ɬuɯʔ⁷），通什（di³liː ʔ⁷），堑对（ɬuːaʔ⁷liː ʔ⁸），保城（di³kuɯ²lik⁷），加茂（ɬiək⁸lat⁷）。

各方言点总体上基本一致。当然，在读音和构词要素方面也有所不同。在读音方面，存在"ɬ"与"d"的音变。在构词方面，元门点为单纯词"ɬuɯʔ⁷"，而保城和黑土则为含三个语素的合成词。各点较大的差异反映出其有一个较长的发展历史。

同族语的"孩子"一词：

壮（$luuk^8ŋe^2$），布依（pu^2ni^5），临高（$lək^8nok^7$），傣西（$ʔɒnɒɲi^4$），傣德（$ʔe^1ʔɒn^5$），侗（$la:k^{10}ʔun^3$），仫佬（$la:k^8te^5$），水（$la:k^8ti^3$），毛难（$la:kce^3$），黎（$łuuk^7lik^7$）。

上述语言的构词基本相同，都为复合词。比如壮语"$luuk^8ŋe^2$"由"$luuk^8$"和"$ŋe^2$"构成，其中"$luuk^8$"义为儿子，"$ŋe^2$"义为小；又侗语"$la:k^{10}ʔun^3$"，前者表"儿子"之义，后者表"小"义。其中"$luuk^8$""$la:k^{10}$"与黎语的"$łuuk^7$"语音相通。黎语与这些语言应该同源。

四　青年（主要指未婚男青年和未婚女青年）

《黎汉词典》列有两个与"青年"有关的词条："未婚男青年"和"姑娘"。

1. 未婚男青年

各方言土语的"未婚男青年"：

保定（$łuuk^7muu:n^1$），中沙（$łuu: ʔ^7muu:n^1$），黑土（$duu: ʔ^7pha^3tsan^3$），西方（$łuuk^7ʔmuuŋ^1$），白沙（$łuuk^8muuŋ^1$），元门（$łuuʔ^7mən^4$），通什（$ła:t^7muu:n^1$），堑对（$ła:t^7muu:n^4$），保城（$ła:t^7muu:n^1$），加茂（muu^2niau^1）。

各方言点均采用了复合构词法。除了加茂，其他点都含"孩子"这一中心语素。黑土使用三个语素，其中pha^3表性别。黎语内部总体上看相对统一。从语言发展角度看，复合词在单纯词的基础上发展而来。"小孩"义是该词发生的基础。保定话中的"$muu:n^1$"疑为"强壮"之义。

同族语的"未婚男青年"：

壮（$luuk^8ba:u^5$），布依（$pu^2ço^2$），临高（$lək^8hou^4teŋ^1$），傣西（bau^5），傣德（$pu^1ma:u^5$），侗（$la:k^{10}ha:n$），仫佬（$hau^5sɛ:ŋ^1$），水（$la:k^8qhoŋ^5$），毛难（$la:k^8mba:n^1$），黎（$łuuk^7muu:n^1$）。

黎语与同族语在构词上有相似之处。除傣西，大都采用了复合构词法，且都以"孩子"为中心语素。后一个语素差异较大。综合分析后一个语素的语音，声母为"b""h""m"，其中毛难语同时含"m""b"。笔者以为毛难保留了较早的古音，后分化出"b""h""m"。黎族的"未婚男子"一词与同族语同源。

2. 未婚女青年

保定（ɬɯk⁷ʔuːŋ¹），中沙（ɬɯː ʔ⁷ʔuːŋ¹），黑土（dɯː ʔ⁷ʔuːŋ¹），西方（ɬɯk⁷ʔuːŋ¹），白沙（ɬɯk⁸ʔuːŋ¹），元门（ɬɯʔ⁷ʔuːŋ¹），通什（ɬaːt⁷ʔuːŋ¹），堑对（ɬaːt⁷ʔuaŋ¹），保城（ɬaːt⁷ʔuːŋ¹），加茂（kɯ²ʔu¹）。

与"未婚男青年"一样，该词同样采用复合构词法，且中心语素都为"孩子"。除加茂点，其他土语的限定语素基本相同。从语音上看，黎语内部基本一致。保定话中的"ʔuːŋ¹"可能与"生育"义相关。《黎汉词典》："ʔuːŋ²，培育。"又"ʔweːŋ¹，生育，分娩"。

黎语"未婚女青年"与"未婚男青年"构词角度并不一致，一个侧重力量，一个侧重生育。

同族语的"未婚女青年"：

壮（lɯk⁸saːu¹），布依（lɯk⁸saːu¹），临高（lək⁸mai⁴lək⁸），傣西（sau⁵），傣德（puˈsaːu⁵），侗（ljaːk¹⁰mjɛk⁹），仫佬（laːk⁸ʔjaːk⁷），水（laːk⁸ʔbjaːk⁷），毛难（laːk⁸biːk⁸），黎（ɬɯk⁷ʔuːŋ¹）。

构词法同，中心语素同源。限定语素并不一致。该词应该是黎族从共同语分离后所产生新词。

五　ɬɯːk⁷ʔeɲ²mai¹（婴儿）

黎语"婴儿"已从上位词"孩子"中独立出来。

各方言土语的"婴儿"：

保定（ɬɯk⁷ʔeɲ²mai¹），中沙（ɬɯːʔ⁷nuŋ²deːŋ³），黑土（dɯːʔ⁷deːŋ³），西方（ɬɯk⁷ʔin²），白沙（noŋ¹tɔk⁸），元门（ɬɯʔ⁷no⁶），通什（ɬaːt⁷meːʔ⁷），堑对（ɬaːt⁷tet⁷），保城（ɬaːt⁷meːʔ⁷），加茂（ɬɯːu⁴na¹）。

"婴儿"一词各方言区存在较大差异。这些方言都采用了复合构词法，并大部分以"孩子"为中心语素。不同的限定语素表明各方言区对"婴儿"

的认知存在差异。该词当是黎语中的后起词。

同族语的"婴儿":

壮（luɯk⁸diŋ¹），布依（luɯk⁸ȵe²；ȵe²diŋ¹），临高（lək⁸nɔk⁷），傣西（ʔe⁵ʔɒn⁵），傣德（ʔe¹lɛŋ⁶），侗（la:k¹ȵi⁵），仫佬（la:k⁸ȵe³），水（la:k⁸ʔau³fa³），毛难（la:k⁸ce³se⁵），黎（ɬɯk⁷ʔeŋ²mai¹）。

临高话中的"婴儿"与"小孩"同，其他同族语则存在差别。这些同族语像黎语一样都以"孩子"为中心语素，但限定成分差异较大。

六　小结

黎语中以年龄为分类标准的社会阶层词汇系统已较为完善。从老人、大人、未婚男女到婴儿，都有了对应的语词。老人与小孩相对，未婚男与未婚女相对。从单音词发展为复音词，从单纯词发展为复合词。黎语已具有了成熟的构词机制。

黎语这个系统可分为两大部分：一是以"人"为中心语素的系列，诸如"老人"和"大人"；一是以"小孩"为中心语素的系列，如婴儿、未婚青年。

黎语这一词汇系统是一个不断完成的过程。全面比较这一词汇系统，黎语各方言点和同族语之间有同有异。相同点表明：民族内部和民族之间存在密切关系；人类社会发展存在一些普遍的规律。不同点则表明：民族的分裂与独立的发展；各民族之间和民族内部存在不同的文化认同。

黎语这一词汇系统所受汉语的影响相对较少，是黎族在继承共同语的基础上独立发展而来。

表 3-1　不同年龄层的称谓比较

	壮	布依	临高	傣西	傣德	侗	仫佬	水	毛难	黎
老人	−	−	−	−	−	−	−	−	−	+
未婚男青年	(+)	(+)	(+)	(+)	(+)	(+)	(+)	(+)	(+)	+

续表

	壮	布依	临高	傣西	傣德	侗	仫佬	水	毛难	黎
未婚女青年	-	-	-	-	-	-	-	-	-	+
孩子	(+)	(+)	(+)	(+)	(+)	(+)	(+)	(+)	(+)	+
婴儿	-	-	-	-	-	-	-	-	-	+

第二节　以职业为分类标准的社会阶层的词汇系统

职业的产生是社会分工的结果。越发达的社会，社会分工越精密。随着社会分工的出现，各类职业应运而生，并以词的形式凝固在语言中，进而形成一套有自身特色的职业词汇系统。

一　黎语中的农、工、商、官和巫

1. noŋ³miːn³农民

农民是以农业耕作为生的群体。"农民"这一概念的出现至少需要以下几个条件：①社会基础，即农耕社会；②社会分工，即存在其他职业者。

汉语中的"农"是一个古老的语词。甲骨文作"𦭞"，像手执辰（上古农具）除草之形。在古代文献中，该词可表"农业""农民""耕作"等义。《孟子·公孙丑上》："耕者助而不税，则天下之农皆悦而愿耕于其野矣。"《国语·周语上》："夫民之大事在农。"汉·晁错《论贵粟疏》："贫生于不足，不足生于不农，不农则不地着。"综合字形和相关资料，其义的发展轨迹当为：耕作—农业—农民。"农"真正从民中分离出来，社会还需存在社会分工。《管子·小匡》："士农工商四民者，国之石（柱石）民也。"《淮南子·齐俗训》："是以人不兼官，官不兼事，士农工商，乡别州异，是故农与农言力，士与士言行，工与工言巧，商与商言数。"

黎族各方言区的"农"：

保定（noŋ³mi:n³），中沙（noŋ³mi:n³），黑土（noŋ³mi:n³），西方（noŋ³men³），白沙（noŋ³mon³），元门（noŋ³mi:n³），通什（noŋ³mi:n⁴⁷），堑对（noŋ²mi:n²），保城（noŋ⁴mi:n⁴），加茂（noŋ⁴miən⁴）

各方言区的"农"一词都为汉语借词。可见，黎族人对农民这一职业认知受到汉文化的影响。黎族"农"的自有词，并不代表黎族人没有这个职业，没有这个产业。实际上，黎族人从事农业生产有着悠久的历史。黎语之所以没有独立地产生这个概念，原因有以下几点：受到华夏文化影响之前，其农业生产相对落后；受到华夏文化影响之前，黎族社会结构较为简单，尚未形成明确的社会分工。历史研究表明，黎族的农业发展早在汉代就已受到中原农耕文明的影响。但即使这样，黎族人直到近代仍保持着半农半狩猎的生活方式。

2. ka:ŋ²na:ŋ³工人

现代意义上的"工人"是产业革命的结果，通常源自失地农民。"工人"是一个相对抽象的概念，泛指从事农业以外的各类生产的劳动者。

中国真正的工人阶层产生得很晚，历史上的"工"一般指手工业者，此类人往往半农半工。"工"，原本是古人使用的一种工具，《说文·工部》："工，巧饰也，象人有规矩也。"《书·尧典》："允厘百工。"孔传："工，官。"《论语·卫灵公》："工欲善其事，必先利其器。"此指工匠。《书·益稷》："工以纳言，时而扬之。"孔传："工，乐官。"可见，"工"在汉文献中所指较为宽泛，这与中国传统的农耕文明密切相关。

黎语各方言点的"工人"：

保定（ka:ŋ²na:ŋ³），中沙（ka:ŋ²na:ŋ³），黑土（ka:ŋ²na:ŋ³），西方（kaŋ²na:ŋ³），白沙（koŋ³ŋon³），元门（kaŋ²naŋ³），通什（ka:ŋ¹na:ŋ⁴），堑对（kaŋ¹naŋ²），保城（ka:ŋ¹na:ŋ⁴），加茂（ka:ŋ³na:ŋ⁴）。

各方言点的发音基本相同，为汉语借词。古黎族的农业尚且落后，手工业的发展则更为不足，该行业往往依托于汉人。

3. ti:ŋ²na:ŋ² 商人

商人是指从事物品流通交换并以此牟利的人，其出现应有两个条件：剩余产品的出现；社会的分工。

甲骨文"商"作"𠷎"，一般认为是一种器具，本义与"商人"无关。但在传世的上古文献中，已常表示与此相关的意义。《书·费誓》："我商赍尔。"孔传："我则商度汝功，赐与汝。"《后汉书·宦者传论》："成败之来，先史商之久矣。"此为"商量"。《商君书·垦令》："重关市之赋，则农恶商。"此已与"农"相对。从现有资料来看，中原至少在春秋时期已出现商业，战国时已较为兴盛，商人自然产生。

黎语"商人"作"ti:ŋ²na:ŋ²"，"ti:ŋ²"与海南话中的"商"同音，为汉语方言借词。"na:ŋ²"显然也为汉语借词。黎语中有"生意"一词，作"te²i²"，同样为汉语借词。

可见，黎族的商业文化同样深受中原文明的影响。

4. mun¹ 官

官为社会管理者，既是一种社会职业，也是一种政治身份。社会一旦形成，管理者随之产生。因此，这一职业应该发生得很早。

在中原文化里，官有贵族和平民两个来源。早期社会的管理者一般是贵族，即所谓的天子、王、公、卿等。"士"在战国时期一般指失去物质资料有一定文化知识的平民，也是官的重要来源，"学而优则仕"。《书·舜典》："帝曰：'皋陶，蛮夷猾夏，寇贼奸宄，汝作士，五刑有服。'"孔传："士，理官也。"孔颖达疏："士，即《周礼》司寇之属。有士师、卿士等皆以士为官名。"《礼记·王制》："王者之制禄爵：公、侯、伯、子、男，凡五等。诸侯之上大夫卿、下大夫、上士、中士、下士，凡五等。"《仪礼·丧服》："父母何算焉？都邑之士，则知尊祢矣。"贾公彦疏："士下对野人，上对大夫，则此士所谓在朝之士，并在城郭士民知义礼者，总谓之为士也。"

黎语"官"作"mun¹"。以此为构词语素的词有"gwou³mun¹"，义为"首领"，其中"gwou³"义为"头"。另有各相关的词"gwou³kom¹"，义为"头人"，其中"kom¹"义为"地方"。黎语中与"mun¹"相关的词不多，这当与黎族社会结构相关。社会越发达，管理体系则越庞大，相关的"官"自然就多了。

黎族各方言点的"官"：

保定（mun¹），中沙（mun¹），黑土（mun¹），西方（muŋ¹），白沙（muŋ¹），元门（mən⁴），通什（mun¹），堑对（mun⁴），保城（mun¹），加茂（hɯa²）。

除了加茂话，黎语各方言点的读音基本相同，同出一源。从语音上看，"mun¹"与汉语没有关联，故不是汉语借词。加茂的"hɯa²"从语音上看与汉语"官"可以相通。《黎汉词典》收录了"军官"一词，作"kun²kwa²"，当为汉语借词，其中的"军"作"kun²"，"kwa²"当为"官"。"kwa²"与加茂的"hɯa²"颇为相似。我们认为，此为汉语借词。黎语"mun¹"不借用汉语，表明黎族在与汉人交往之前已有了社会组织和相应的管理者。

同族语的"官"：

壮（ha:k⁷），布依（pu⁴sai⁵），临高（hak⁷），傣西（xun¹），傣德（xun¹），侗（kwa:n¹；muŋ⁴），仫佬（ʔɣuŋ³），水（ʔbuŋ³），毛难（kwa:n⁵），黎（mun¹）。

同族语"官"的读音内部差异较大，与黎语语音也不相通。因此，我们认为黎语"官"应该是自有词。

5. pha³rau²、pha³za¹rau²ʔɯ³ 巫师

巫是沟通人鬼神的人，是原始宗教的产物。在人类社会的原始时期，自然在很大程度上支配着人类，万物被赋予了生命。人渴望与自然沟通，巫由此产生。巫文化是社会落后的一种反映。

　　华夏文化至今仍保留着一些巫文化的痕迹。甲骨文中已见 "巫"字。实际上，殷墟甲骨就是用于卜筮，是巫文化的一种表现。《说文解字》："巫，祝也。女能事无形，以舞降神者也。象人两袖舞形。与工同意。""祝，祭主赞词者。从示从人口。一曰从兑省。""觋，能斋肃事神明也。在男曰觋，在女曰巫。"《周礼·春官·司巫》："司巫掌群巫之政令。若国大旱，则帅巫而舞雩；国有大灾，则帅巫而造巫恒。"《公羊传·隐公四年》："于钟巫之祭焉，弑隐公也。"何休注："巫者事鬼神祷解，以治病请福者也。"《孟子·公孙丑上》："巫匠亦然。"俞樾《群经平议·孟子一》："巫即医也。"可见，至少在殷商时代，巫文化已经非常盛行，巫已成为当时社会中的重要阶层。

　　黎语"巫师"一词作"pha³rau²"或"pha³za¹rau²ʔuɯ³"，另有巫婆（puɯːŋ¹）、道公（thou²）等词（具体详见后文相关章节）。"pha³rau²"为复合词，由"pha³"和"rau²"组成。"pha³"为前缀，表"男性"，"rau²"有"念读"之意，当为黎语自造词。该词的构词表明：巫师为男性，采用念经的方式。"pha³rau²"为男性，黎语"puɯːŋ¹"（巫婆）则为女性。值得注意的是，保定点的"puɯːŋ¹"没有进行男女性别界定。除加茂，黎语各方言点也是如此：

　　保定（puɯːŋ¹），中沙（puɯːŋ¹），黑土（muɯːŋ¹），西方（puɯŋ¹），白沙（pha³liak⁸），元门（pai³liaʔ⁷），通什（puɯːŋ⁴），堑对（phuɯaŋ¹），保城（puɯːŋ¹），加茂（maːi⁵tshua¹）。

　　"puɯːŋ¹"并未标明性别，表明本身蕴含女性这一语义特征。也许在黎族古代社会里，巫师本就是女性，故无须标明。

　　同族语的"巫师"：

　　壮（me⁶sai¹；koŋ¹sai¹），布依（pu⁴za²），临高（beʔ⁸da²hau⁴），傣西（pɒ⁸mɒ⁵），傣德（ja⁶mot⁸），侗（saːŋ⁶səu³），仫佬（sʅ⁵saːn²；ja⁶cem⁵），水（ʔai¹mo¹；ʔai¹he⁴hau³），毛难（zaːŋ⁶ja²；ʔai¹tau²），黎（pha³rau²）。

　　"巫师"一词，同族语虽都为复合词，但彼此差异较大。该词在各民族之间的差异表明了这些民族对巫文化都有着自己的理解，有着自身独特的巫文化。

6. 小结

（1）士农工商巫是一般社会的主要职业范畴。

（2）黎族社会结构已基本完备，但深受华夏文化的影响，这种影响涉及每一个层面。这也表明黎族在与中原文化交流之前仍处于一个较为落后的社会阶段。

（3）"巫"是人类社会的早期普遍现象，当早于"士""农""工""商"。

二　黎语中的具体职业名

社会分工是职业形成的社会基础。一般来说，社会越发展，分工则越细，职业就越多。在社会的发展过程中，一些新职业会产生，一些旧职业会消亡。从现代黎语来看，黎族社会的职业种类已比较完整，当然，这并不能代表黎族的过去。

1. tsha:i¹phoŋ³ 裁缝

衣服一者避寒，一者遮羞。人类进入文明社会，衣服制作成为必要。裁缝是制作衣饰的手艺人，随着现代社会的发展已逐渐被人淡忘。

在华夏文化中，服饰是礼制的一种物化。大到皇帝，小到平民百姓都十分讲究。出生要准备襁褓，出嫁要缝制嫁衣，亡故要置办寿衣，新年要制作新衣。传说中，南方有"贯胸人"。有学者认为，这源于南方少数民族简易的穿衣形式，甚至认为这就是黎族人。

黎语有"裁缝"一词，作"tsha:i¹phoŋ³"，为汉语借词。从语音上看，当借自海南汉语方言。据此推断，黎族裁缝这一职业应该发生在闽人迁居海南之后。在此之前，制衣并未成为一种社会性的职业。

2. pha³ro:ŋ²tha² 厨师

"人以食为天"，食物是生存的必需之物。随着社会发展，饮食也可以成为文化的一部分。

华夏文化中有所谓"锦衣玉食"，也有"糟糠之妻"。汉人不仅讲究衣饰，同样讲究吃喝。《周礼》："膳夫掌王之食饮、膳羞，以养王及后、世子。凡王之馈，食用六谷，膳用六牲，饮用六清，羞用百有二十品，珍用八物，酱用百有二十瓮。王日一举，鼎十有二物，皆有俎，以乐侑食……"饮食已然成为一种礼制文化。当然，能使用"膳夫"之人当然不是平民老百姓，而是皇亲国戚。

黎语"厨师"一词作"pha³ro:ŋ²tha²"，为合成词，其中"pha³"为男性；《黎汉词典》："ro:ŋ²，1. 煮；烧（水）……2. 炼（铁）……3. 炸……。""tha²，饭：la²~吃饭/ro:ŋ²~煮饭；做饭。""pha³ro:ŋ²tha²"三个语素为黎语所固有，构词法与黎语语法一致，当是黎语自有词。

3. mo:i¹bu¹thau¹补锅匠

锅是烹饪食物的重要器具。锅破了，或扔掉，或进行修补。但在生活不富裕的时代，锅已是"价值不菲"，故而破了往往要进行修补。有需求，就有人做，补锅匠应运而生。随着社会的发展，人们已不在乎这样一口锅了，这一职业也就离我们而去。

现存黎语资料中仍保留着"补锅匠"一词，作"mo:i¹bu¹thau¹"，为复合词。《黎汉词典》："mo:i¹，汉族（兼指其他民族）。""bu¹"，修补，为汉语借词。"thau¹"义为锅，与壮族"ta:u¹"（锅）音相近，当为古壮侗语的固有词。

"补锅匠"的构词蕴含以下　些信息：①从事该职业的并非黎族人，而是外来者。事实上，"mo:i¹"一般指汉人，汉语借词"修补"似乎可以说明这一点。②黎族冶炼业落后，或者说没有，其所使用的金属锅具为外来之物。③在没有铁质锅具之时，黎族有自己的锅，当时为陶制。

4. tshai³be²tshai¹木匠

木料从古至今都是制造业中的重要材料。黎族地处南方海岛，森林茂盛，其与木的关系当更加密切。木料的一般利用固然不需要精良的技艺，但要深入地利用，则离不开经验技术。木匠正是掌握这一技术的群体。

"木匠"一词，《壮侗语族语言词汇集》收录了"tshai³be² mok⁷ka:ŋ²"和"pha³tsha³ ka:ŋ²"，《黎汉词典》收入了"tshai³be²tshai¹"。

"tshai³be² mok⁷ka:ŋ²"一词，其中"tshai³be²"义为"师傅"，为汉语海南方言借词，"mok⁷"即汉语借词"木"，"ka:ŋ²"义为汉语借词"工"；词的结构为"师傅+木工"，为黎语构词法。该词构词兼顾了黎、汉两种语言的要素。

"pha³tsha³ ka:ŋ²"一词，其中"pha³"为男性，"tsha³"为黎语"木"，混合了黎、汉两种要素。

"tshai³be²tshai¹"，"tshai¹"为黎语"木"，混合了黎、汉两种要素。

不同于"补锅匠"，"木匠"一词构词与来源就显得复杂，但至少可以推断出以下两点：①黎族"木匠"这一职业在历史上一定受到过汉族文化的影响；②黎族人对"木匠"这一行一定有自己的理解，有自己的创造。

同族语中的"木匠"：

壮（mok⁸çi:ŋ），临高（mok⁸siaŋ⁴），傣西（tsaŋ⁶mai⁴），傣德（tsa:ŋ⁶məi⁴），侗（sa:ŋ⁶mai⁴），仫佬（tja:ŋ⁶mai⁴），水（ha:ŋ⁶mai⁴），毛难（za:ŋ⁶mai⁴）。

壮语和临高语的构成语素和构词法完全借用汉语，其他几种语言只借用汉语语素。因此，黎族木匠这一职业与汉人密切相关就在情理之中。

5. pha³tha:i²tshi:n¹ 石匠

石头是人类容易获得的一种物质资料，可以用于制作器物、工具和建筑物等。在旧石器时代和新石器时代，石头成为生产力的一种标志。随着社会的发展，石头不仅是生活生产的物质资料，而且成为文化艺术的载体。随着人类对石头加工制作的要求变得越来越高，石匠这一职业也就由此而生。

黎语"石匠"一词作"pha³tha:i²tshi:n¹"，为合成词。"pha³"义为"男性"，常用于人的前缀；"tha:i²"义为"打"；"tshi:n¹"义为"石头"。

"pha³""tha:i²"为黎语自有语素。

各方言点的"石":

保定(tshi:n¹),中沙(tshi:n¹),黑土(tshi:n¹),西方(tshiŋ¹),白沙(tshiŋ⁴),元门(tshin¹),通什(tshi:n¹),堑对(tshi:n¹),保城(tshi:n¹),加茂(tshi:n¹)。

同族语的"石":

壮(ɣin¹),布依(zin¹),临高(din²),傣西(mak⁹hin²),傣德(ma:k⁸hin¹),侗(pja;ȶin¹),仫佬(tui²),水(tin²),毛难(tui²)。

黎语"tshi:n¹"内部较为一致,且与壮、布依、临高、傣西、傣德等语相通,与海南方言(海南话)"tsio³³"差异相对较大。"石"当为黎族自有词,非汉语借词。"tshi:n¹"在黎语中常作为语素被大量应用,应该是一个历史悠久的词。

石匠"pha³tha:i²tshi:n¹"当为黎语固有语词。

同族语的"石匠":

壮(ça:ŋ⁶ɣin¹),临高(ça:ŋ⁶zin¹),傣西(tsa:ŋ⁶hin²),傣德(tsa:ŋ⁶hin¹),侗(sa:ŋ⁶pja),仫佬(tja:ŋ⁶tui²),水(ha:ŋ⁶tin²),毛难(za:ŋ⁶tui²)。

上述亲属语借用汉语"匠"作为中心语素。可以推断,这些民族把石匠当成一种职业当受到了华夏文化的影响,作为南方少数民族的黎族当然也难免。

6. pha³vu:k⁷ple:k⁷泥瓦匠

泥瓦匠,从事住宅建筑的人。人类社会越原始,居处设施对自然的依赖度则越大。依穴而居,以树为巢,自然不需要泥瓦匠。随着社会的不断发展,人类对居住环境的要求越来越高,砖瓦之类的材料随之被广泛使用。建筑日益复杂,材料不断更新,需要掌握这一技术的人,泥瓦匠由此产生。因此,这一职业的出现需要一定的社会背景。

黎语"泥瓦匠"作"pha³vu:k⁷ple:k⁷"。《黎汉词典》:"vu:k⁷,……造;制造:~ploŋ²建造房屋。"又"ple:k⁷,烂泥;泥浆;泥土"。为自

造词。

下面是同族语的读音：

壮（ça:ŋ⁶çap⁷ɣa:ŋ），临高（ça:ŋ⁶tçik⁷），傣西（beʔ⁸jiu²ŋua⁴），傣德（tsa:ŋ⁶liŋ⁶），侗（sa:ŋ⁶ŋwe⁴），仫佬（tja:ŋ⁶na:m⁶），水（ha:ŋ⁶ŋwa⁴），毛难（za:ŋ⁶ŋwa⁴）。

同族语与黎语不同源。不同于黎语，这些词的中心语素"匠"为汉语借词。傣西、侗、水、毛难的限定语素为借自汉语"瓦"。可见，上述民族"泥瓦匠"的产生受到中原文化的影响。

黎语"泥瓦匠"一词表明：①黎族人对该职业有自己的理解；②从南方民族语言与黎语构词理据来看，黎族人在建筑方面当受到华夏文化的影响。

7. tshai³be²tha:i²go:i¹铁匠

铁是人类社会重要的物质资料。在人类社会发展中，铁具有划时代的意义。不同于石和陶，铁的冶炼和铁制品的制作需要更高的技术，只有社会发展到一定的阶段才可能产生。只有铁出现了，铁匠这一职业才可能产生。

《尚书·禹贡》："厥贡璆、铁、银、镂、砮、磬。"可见，铁在中国的使用可以追溯到商代。郭沫若《中国史稿》："铁的发现，大约是在商代，到西周时期，已成为习见的事物。"《孟子·滕文公上》："许子以釜甑爨，以铁耕乎？"《文选·李陵〈答苏武书〉》："兵尽矢穷，人无尺铁。"刘良注："尺铁，兵器。"春秋战国时期，铁已广泛用于生产工具和战争武器。

黎语"铁匠"作"tshai³be²tha:i²go:i¹"，其中"tshai³be²"义为"师傅"，相当于前文的"pha³"，为汉语海南方言借词，详见后文"tshai³be²"（师傅）分析；"tha:i²"义为打，为黎族自有词；"go:i¹"义为铁，在各方言区的读音为：

保定（go:i¹），中沙（go:i¹），黑土（xa:i¹），西方（xo:i¹），白沙

（xuai¹），元门（khu:i¹），通什（ga:i⁴），堑对（ha:i⁴），保城（ha:i⁴），加茂（kui¹）。

各方言区的声母分别为"g""x""h""k"，与海口方言"h"（该方言作"hi⁵⁵"）发音部位基本相同；韵母与汉语也可相通。故黎语"铁"应该为汉语借词。汉人早在秦汉时期已进入海南岛，因此黎族人对铁的了解应该在此前后，铁匠作为职业应该产业于铁器传入之后。从上述相关词语音和构词法来看，铁匠存在于黎族社会应该有较长的一段历史。

8. pha³tshe:u²va¹船夫、tshia¹ki²司机

船夫、司机是交通运输中的服务者，是船只、机动车的驾驶者。衣食住行是人类社会活动的基本要求，其中的"行"让人走得更远，可以扩大人的生存空间。"行"的进步与发展要依赖生产技术的进步，依赖于各类交通工具。人类交通要摆脱自身的局限，则需要更多的动力来源和各类器械，这样就有了用于交通的牲畜、机械动力和各类交通工具，随之而来的就是相应的驾驭者。此类职业的出现可以从一个侧面反映出社会的发展程度。

黎语"船夫"作"pha³tshe:u²va¹"，其中"tshe:u²"义为划，"va¹"义为船。构词类似于上述的职业称谓。海口话的"船"读为"tun²¹"，与"va¹"没有同源关系。

同族语的"船夫"：

壮（ça:ŋ⁶ɣu²），布依（pu⁴tuɪ²zuə²），临高（beʔ⁸huk⁷lua²），傣西（pɒ⁶hɣ²），傣德（kon²va:i³hə²），侗（hu¹，lo¹），仫佬（tshø²fu¹），水（ʔai¹qo¹sjon²）。

其中仫佬语借用汉语，各民族的构词中都含"船"这一语素，且采用偏正式的构词方式。但从构词语素上看，黎语的"船夫"一词与上述民族同源的可能性不大。"pha³tshe:u²va¹"为黎语自有词，未受到汉语的影响。

黎语"司机"作"tshia¹ki²"，为汉语借词。

船夫为自有词，司机为汉语借词，这与黎族交通方式的发展、地理环境及华夏文化的影响相关，符合常理。

9. pha³gop⁷gwou³理发师

理发属于服务行业。理发既是生活的一种必需，也是追求美的一种方式。

黎语"理发师"作"pha³gop⁷gwou³"，为复合词，其中"gop⁷"义为裁剪，"gwou³"义为头。为黎语的构词法，各语素为黎语所固有。

同族语的"理发师"：

壮（ça:ŋ⁶tai⁵kjau⁵），布依（pu⁴tai⁵tçau³），临高（beʔ⁸lun³hau³），傣西（tsaŋ⁶tɛt⁷phum¹），傣德（kon²tha¹ho¹），侗（sa:ŋ⁶the⁵ka:u³），仫佬（tja:ŋ⁵the⁵kɣo³），水（ʔai¹tha:u¹qam⁴）。

这些词都为复合词，构词理据相似。不同点在于：壮、布依、临高、傣德、侗、仫佬、水和黎几种语言"理"的是"头"，而傣西语为"发"。在汉语方言中，"理发"一词同样存在此类现象。

从语言材料来看，黎语"理发师"一词与同语族不同源。但从构词理据来看，南方诸民族当受到中原文化的影响，黎族当不例外。

10. bou³ma:i³保姆

保姆是指从事家政服务的人。在各类现代职业中，保姆工作的时空较为特别：①一般吃住在服务的家庭中，并且有一定的持续性；②工作领域主要为技术性不强的家务活。因此，保姆往往与雇主家庭形成不一般的关系。在古代的阶级社会里，从事此类工作的人一般是失去人身自由的人，与服务对象之间为主仆关系。由于历史文化的原因，保姆这一身份直至今天仍给人以卑微之感。

黎语"保姆"一词作"bou³ma:i³"，为汉语借词。黎族的这一社会阶层的产生当受到华夏文化的影响，且发生得很晚。从黎族的历史发展来看，完全符合情理。

11. i¹tɛ²医生（郎中）

医自古有之。在人类的原始时期，医往往与巫结合，亦巫亦医。古人往往认为生病是鬼神作祟，故病后常延请巫师之类作法祛病。随着科学的发展，巫医开始分离，医进而成为一种职业。

医学在古代中国曾归入方术。直到今天，传统医学仍有一定神秘感。《新唐书·方技传·甄权》："以母病，与弟立言究习方书，遂为高医。"神医扁鹊获得医术的途径颇为神秘，《史记·扁鹊仓公列传》："扁鹊者，勃海郡郑人也，姓秦氏，名越人。少时为人舍长。舍客长桑君过，扁鹊独奇之，常谨遇之。长桑君亦知扁鹊非常人也。出入十余年，乃呼扁鹊私坐，间与语曰：'我有禁方，年老，欲传与公，公毋泄。'扁鹊曰：'敬诺。'乃出其怀中药予扁鹊：'饮是以上池之水，三十日当知物矣。'乃悉取其禁方书尽与扁鹊。忽然不见，殆非人也。"

黎族人对医的理解有类似之处。《太平寰宇记·岭南道十三》（卷六九）：琼州黎人，"病无药饵，但烹羊、犬祀神而已"。《续资治通鉴长编》（卷一六）：开宝八年十一月己巳"琼州言，俗无医，民疾但求巫祝，诏以方书本草给之"。

黎语"医生"一词作 "i^{1}te^2"。从语音上看，该词为海南闽语借词。可见，黎族人并未独立地形成医学概念。中原医学对黎族地区的影响至少发生于宋代。赵汝适《诸番志》："万安军病不服药，信尚巫鬼，杀牲而祭，以祈福佑。黄侯申首创药局，稍知服药之利。"

12. ka^{2}tshi^{2}教师（老师、师傅）

师者，传经授道者也。人类文明的传承与发展离不开老师。"三人行，必有我师焉"，每一个人都可以成为别人的老师。职业老师的出现则需要一定的社会背景。

中原文明早在先秦已有了"专业老师"。在《周礼》中有所谓的"师氏""保氏"。"师氏掌以美诏王。以三德教国子：一曰至德，以为道本；二曰敏德，以为行本；三曰孝德，以知逆恶。教三行：一曰孝行，以亲父母；二曰友行，以尊贤良；三曰顺行，以事师长。居虎门之左，司王朝，掌国中失之事，以教国子弟，凡国之贵游子弟学焉。凡祭祀、宾客、会同、丧纪、军旅，王举则从，听治，亦如之。使其属帅四夷之隶，各以其兵服守王之门外。且跸，朝在野外，则守内列。"又"保氏掌谏王恶，而养国子以道。乃教之六艺，一曰五礼，二曰六乐，三曰五射，四曰五驭，五曰六书，六曰九数。乃教之六仪，一曰祭祀之容，二曰宾客之容，三曰朝廷之容，四曰丧纪之容，五曰军旅之容，六曰车马之容。凡祭礼、宾客、会同、丧纪、军旅，王举则从。听治，亦如之。使其属守王闱"。

"师氏""保氏"实际上也是当时政府官员。春秋战国时期，类似传授文化思想的教学开始成为某些个人的行为。

《汉书·儒林传》："仲尼既没，七十子之徒散游诸侯，大者为卿相师傅，小者友教士大夫，或隐而不见。故子张居陈，澹台子羽居楚，子夏居西河，子贡终于齐。如田子方、段干木、吴起、禽滑釐之属，皆受业于子夏之伦，为王者师。"

黎族中与"师"相关的词有"ka²tshi²"（教师）、"la:u²tshi¹"（老师）及"tshai³be²"（师傅）等。

"tshai³be²"师傅。在现代汉语中，师傅与教师略有区别。教师侧重传道，师傅强调技能。教师只用于教育行业，而师傅则可用于各个行业。以下是黎族各方言点的读音：

保定（tshai³be²），中沙（tai³be²），黑土（tai³be²），西方（ta¹be⁴），白沙（ta¹be⁵），元门（ta³be⁵），通什（ta¹be⁵），堑对（ta¹be⁵），保城（ta¹be⁵），加茂（tau¹be⁵）。

上述读音基本一致。《海口方言词典》收入了"师爸公"（不出家的道教徒）一词，作"ta²⁴ʔbɛ³³koŋ²⁴"，其中的"ta²⁴ʔbɛ³³"与黎语西方等方言点相近。可见，黎语"师傅"源自汉语海南方言。

黎族教育很早就受到华夏文化的影响。《三国志·吴书·薛综传》（卷五三）："建立学校，导之经义。"《旧唐书·忠义·王义方传》（卷一八七上）："吉安，蛮俗荒梗。义方召诸首领，集生徒，亲为讲经，行释奠之礼，清歌吹龠，登降有序，蛮酋大喜。"随着中原政权在海南地区建制，文化教育也就开始了。

同族语的读音：

壮（sai¹fou⁶），布依（po⁶sai¹），临高（ta²fu⁴），傣西（pɒ⁶xu²），傣德（sa⁵la⁵），侗（su¹hu⁶），仫佬（sŋ¹fu⁶），水（ʔai¹si³fu¹），毛难（ʔai¹za:ŋ⁶）黎（tshai³be²）。

除了毛难语，各民族的读音虽有差异，但稍加分析，就能发现其与汉语"师傅"一词是借用关系。布依、傣西依据本民族语言的构词法对汉语的构词序进行了调整，水语则增加了"ʔai"。可见，同族语"师傅"一词或多或少受到中原文化的影响。

教师作为一个规范的职业，应该是近代的事。《黎汉词典》收入了"教师"一词，作"ka²tshi²"。《海口方言词典》收入"教员"一词，未收入"教师"一词，"ka³⁵zuaŋ²¹，学校的教学人员，新派说'教师'"。黎语"ka²tshi²"当借自汉语海南方言。黎族另有"la:u²tshi¹"一词，即汉语"老师"。

综上，黎族教师这一职业是在华夏文化的影响下产生的。

13. vu:i³na:ŋ³媒人

媒人是婚姻过程中的中介人，产生于特定的社会环境中。

在汉文献中，有关"媒人"的记载出现得很早。《诗·豳风·伐柯》："取妻如何？匪媒不得。"《诗经·卫风·氓》："匪我愆期，子无良媒。""媒"这种行为甚至上升到政府层面，《周礼·地官·司徒》："媒氏掌万民之判。凡男女自成名以上，皆书年月日名焉。令男三十而娶，女二十而嫁。"汉语中有一个"禖"字，《说文解字》："祭也。从示某声。"古代的一种祭祀，目的在于求子。《汉书·戾太子刘据传》："初，上年二十九乃得太子，甚喜，为立禖。"颜师古注："禖，求子之神也。""媒"当由"禖"发展而来，即"媒人"起源于远古时期的生殖崇拜。至少到春秋时期，媒人已成为婚姻礼制的一种形式。在华夏文化中，有关媒人的故事很多，如月下老人、红娘等。

黎族的婚姻。《三国志·吴书·薛综传》中已有相关记载："自臣昔客始至之时，珠崖除州县嫁娶，皆须八月引户，人民集会之时，男女自相可适，乃为夫妻，父母不能止。"《诸蕃志》："同姓为婚。"《文献通考·四裔考八》（卷三一，引《桂海虞衡志》）："婚姻折箭为定。"《黎岐纪闻》："男女未婚者，每于春夏之交，齐集旷野间，男弹嘴琴，女弄鼻箫，交唱黎歌，有情意投合者，男女渐进凑一处，即订偶配，其不合者不敢强也。相订后，各回家告知父母，男家始请媒议婚。"《黎族风俗图》："春晴日暮，男女年至十五六岁，每于村中唱歌嬉戏，彼此互相悦慕，即行配偶，父母率从而勿禁，后始议聘。"

中原文化的影响。随着汉人的到来，黎族的婚姻习俗开始发生变化。据《三国志·吴书·薛综传》（卷五三），东汉锡光为交趾太守时，"为设媒官，始知聘娶"。明代正德间，徐琦知崖州，在黎区推行汉族婚姻丧葬礼制，《广东考古辑要·名宦》（卷三七）："教以婚丧礼，在崖九年，俗为之变。"据《广东通志·宦绩二十三》（卷二五三），陈宗圣为明代万州史目时，"以山民无嫁娶礼，失夫妇之道。乃编立户口册，注写年岁，使皆以年齿相配，……同时多相娶者，人比之东汉任延"。

黎族婚姻在历史上较为自由，历代王朝试图用中原礼制进行干预，但影响似乎并不是很大。

黎语"媒人"一词作"vu:i^{3}na:ŋ^3"。《海口方言词典》："媒侬，vue^{21}naŋ^{21}，媒人，婚姻介绍……"两个词的读音基本相同，显然源自汉语海南方言。

同族语的"媒人"：

壮（mo:i^2），布依（po^{4}moi^4），临高（jiaŋ^{2}ŋmui^2），傣西（kun^{2}tsai^4），傣德（me^{6}mui^4），侗（mui^2），仫佬（pwa^{2}mwa:i^2），水（ʔai^{1}moi^2），毛难（ʔai^{1}moi^2），黎（vu:i^{1}na:ŋ^3）。

这些民族"媒人"部分为单音节，但彼此有一个音节存在同源关系，如壮语的"mo:i^2"与布依、临高等词的后一个音节相同。从语音上看，这一音节当源自汉语的"媒"。

可见，不但黎族，而且南方大部分民族的婚姻制度受到汉文化的影响。

14. 小结（见表 3-1）

表 3-1　黎语职业用词与汉语的关系

黎语职业名称	是否借自汉语	黎语职业名称	是否借自汉语
pha³ro:ŋ²tha²厨师	自有	tsha:i¹phoŋ³裁缝	借用
pha³tha:i²tshi:n¹石匠	自有	mo:i¹bu¹thau¹补锅匠	借用
pha³vu:k⁷ple:k⁷泥瓦匠	自有	tshai³be²tshai¹木匠	借用
pha³tshe:u²va¹船夫	自有	tshai³be²tha:i²go:i¹铁匠	借用
pha³gop⁷gwou³理发师	自有	tshia¹ki²司机	借用
		bou³ma:i³保姆	借用
		i¹te²医生	借用
		ka²tshi²教师	借用
		tshai³be²师傅	借用
		vu:i³na:ŋ³媒人	借用

（1）黎语职业名称用词大都借自汉语海南方言。借用方式以借音为主，部分进行了改造。改造的主要方式为：①采用黎语的语序；②替换为黎语语素。

（2）黎族社会结构的发展深受汉族文化影响。

（3）受华夏文化影响之前，黎族是一个社会结构较为简单的民族。

第三节　以政治为分类标准的社会阶层的词汇系统

政治是上层建筑领域中各种权力主体维护自身利益的特定行为以及由此结成的特定关系，它是人类历史发展到一定阶段而产生的一种重要社会现象。社会阶层是政治体系的重要元素，也是政治体系的外化。政治决定社会阶层，社会阶层反映政治。

一　hwan¹ke¹、ʔui¹do:i³、vo:ŋ³（皇帝）

皇帝是封建帝制的最高统治者，是国家的最高统帅。

黎语"皇帝"一词作"hwan¹ke¹"或"ʔui¹do:i³"或"vo:ŋ³"。

"hwan¹ke¹"为汉语借词。"皇"中古音属于匣母，宕摄，合口，一异字；据海口方言与中古音的对应，古匣母当读为"h"，古韵母唐合一读为"wan"。即该词借自汉语海南方言。

"ʔui¹do:i³"亦为汉语借词，其中"ʔui¹"即"皇"的借音，其声母"ʔ"与"h"发音部位相近，"皇"的韵母在海南话中亦可读为"ui¹"。"do:i³"为汉语"帝"的借音，两者声母相同，"帝"韵母古为齐开四，在海南话中可读为四个音"ɔi""ui""ai""i"，其中"ɔi"与黎语的"o:i"通。

"vo:ŋ³"为汉语"王"的借词。

不仅是黎语，同族语的"皇帝"一词也为汉语借词。

壮（vu:ŋ²tai⁵），布依（vɯ:ŋ²tai⁵），临高（vɔŋ²icb³），傣西（tsau³vɒŋ⁴），傣德（tsau³vɒŋ⁴），侗（wa:ŋ²ɬti⁵），仫佬（joŋ²），水（ʔai¹ja:ŋ²），毛难（hwa:ŋ⁶ti⁴）。

各民族的"皇帝"借用汉语，符合情理。秦汉以来，南方各民族处于中央政权的统治之下。皇帝作为最高统治者，在高度集权的社会下，其称谓在其统治范围内自然统一。

二　gwou³kom¹、gwou³mun¹（头人）

首领是一个政治集团或部落中地位最高的领导者。

1. gwou³kom¹

黎语中"首领"一作"gwou³kom¹"。《黎汉词典》"gwou³，1. 头；首。2. 端……"，"kom¹，1. 地方……2. 故乡……"。为偏正式的合成词，"gwou³"为中心语素，意为"地方上的头头"。构词符合黎语的特点。

同族语的"头"分别作：

壮（ɣau³），布依（tɕau³），临高（hau³），傣西（ho¹），傣德（ho¹），侗（ka:u³），仫佬（kɣo³），水（qam⁴），毛难（ko³）。与黎语存在较为整齐的对应关系，黎语"头"当源自古壮侗语。

同族语"地方"一词分别作：

壮（tai⁶fi:ŋ¹），布依（puɯ:ŋ²），临高（leŋ⁴foŋ¹），傣西（mɣŋ²），傣德（məŋ²），侗（ti⁶wa:ŋ¹），仫佬（ti⁶foŋ¹），水（xən²），毛难（ti⁶foŋ¹）。

壮语、侗、毛难显然借自汉语。布依、傣西、傣德为单音节，声母都为唇音，应该与壮语的第二个语素同源，即源自汉语"方"。黎语"kom¹"当为自有词。

综上，黎语"gwou³kom¹"应该是自有词。可见，"头人"这一概念源自黎族自身的社会。

2. gwou³mun¹

黎语"头人"的另一个词作"gwou³mun¹"。《黎汉词典》："mun¹，官。""gwou³mun¹"义即为"官中的头"。构词及语素表明该词为自有词。

"头人"是地方势力集团存在的一种体现。在黎族的历史上，其内部曾形成过大大小小的诸如"峒"之类的政治集团，有一定的独立性。

三　bi:ŋ³（士兵）

士兵是国家机器的重要组成部分，是军队的组成要素。一个独立的政体，离不开军队。

以下为黎语方言点的"兵"：

保定（bi:ŋ³），中沙（bi:ŋ³），黑土（bi:ŋ³），西方（biŋ¹），白沙（biŋ¹），元门（zoŋ¹；bia³），通什（biaŋ³；bia³），堑对（bia³），保城（bia³），加茂（bia³）。

除元门的"zoŋ¹"，"兵"在各方言点的发音基本相通，同出一源。

《海口方言词典》："兵，ʔbia³⁵。"元门、通什、堑对、保城、加茂等方言的发音与此类似，当为海口方言的借词。保定、中沙等方言点则有其他汉语方言来源。

黎语另收有"民兵"一词，各方言点分别作：

保定（min³bia³），中沙（min³bie³），黑土（min³bia³），西方（men¹biaŋ¹），白沙（mon⁴biaŋ¹），元门（mi:n⁴bia¹），通什（mi:n⁴bia¹），堑对（mi:n⁴bia¹），保城（mi:n⁴bia¹），加茂（miən⁴bia³）。

这些词显然为汉语借词。现代意义上的民兵是中国共产党领导的在长期革命战争中逐步发展起来的不脱离生产的群众武装组织，故"民兵"是一个新近的汉语借词。

值得注意的是，保定点的"兵"与"民兵"的"兵"分别读为"bi:ŋ³"和"bia³"，这说明上述两个词并非同时同地借入保定方言，表明汉语对黎语的影响是一个持续的过程。

同族语的"兵"：

壮（piŋ¹），布依（pu⁴kun¹；pu⁴piŋ¹），临高（biŋ¹；joŋ³），傣西（lɛn⁵），傣德（lɛn⁵），侗（pjən²；joŋ⁴），仫佬（pəŋ¹），水（ʔai¹ljen¹），毛难（peŋ¹）。

同族语大都借自汉语的"兵"。布依语中的"kun¹"则借自汉语的"军"（当不是中原音，发生于尖团合流前）。临高语"joŋ³"、侗语"joŋ⁴"当与黎语当与黎语元门点的"zoŋ¹"存在关联，但词源仍待考证。

南方民族长期以来处于中央政权的统治之下，自然不存在合法的军事力量，在语言上自然不会生成自有的语词"兵"。

四 be²te³（百姓）、min³tsi:ŋ³（群众）、na:ŋ³mi:n³（民众）、koŋ² mi:n²（公民）

与执政者相对的则是百姓。有了国家，就有了执政者，也就有了"百姓"这一概念。

黎族各方言点"百姓"一词分别为：

保定（be²te³），中沙（be: ʔ²te¹），黑土（ba:ʔ⁹te:ŋ¹），西方（pɯ³seŋ³），白沙（beʔ⁸tiaŋ¹），元门（be⁵te³），通什（be:ʔ⁷te⁶），堑对（be:ʔ⁷te⁶），保城（be:ʔ⁹te⁶），加茂（be:ʔ⁷te⁴）。

黎族各方言点的读音较为相近。《海口方言词典》："百姓，ʔbɛ⁵⁵tɛ³⁵。"从语音看，西方点以外的黎语"百姓"当借自海口方言，西方点则借用自其他汉语方言。可见，黎族各地区借用"百姓"并非在同时同地，发生的时间并不久远。

黎语中与"百姓"相似的还有"min³tsi:ŋ³"（民众）、"na:ŋ³mi:n³"（人民）、"koŋ²mi:n²"（公民），也都为汉语借词。

五　违法者（犯人、土匪、强盗、贼等）

1. 犯人

"犯人"在黎语各方言点的读音：

保定（va:n²），中沙（va:n²），黑土（pha:n¹），西方（va:n²），白沙（fam²），元门（ŋa:u⁴），通什（me:ʔ⁷ŋa:u³），堑对（pha:n⁵），保城（phaŋ⁵），加茂（pha:n⁵）。

除了元门和通什，各方言点读音基本相同，且与海口方言"faŋ³³"（犯）语音相通，"va:n²"当为汉语借词。

2. 贼

"bui¹"贼（小偷）、"bui¹ki:t⁷"强盗、"bui¹hau³ʔa:u¹"土匪。

"bui¹"为这三个词的中心语素，与汉语"匪"语音相通。汉语"匪"声母上古属于帮母，中古属于非母，今读为"b"或"f"；韵为止摄，微母。

同族语的"土匪"分别作：

壮（çak⁸），布依（pu⁴pɯə⁵；pu⁴çak⁸），临高（sək⁸；hu⁴fəi⁴），傣西（tson¹man²；han¹pha⁵），傣德（tson⁶pha⁵），侗（sak⁸），仫佬（kɣak⁸；thu³fei³），水（ʔai¹ta³tɕe²），毛难（tu³fəi³），黎（bui¹hau³ʔa:u¹；thou³phui³）。

从语音上看，同族语存在两种情况：一种以壮语的"ȿak"为代表，可能为固有词；一种以毛难语的"tu³fəi³"为代表，为汉语借词。临高话存有两种读音。同族语普遍存在借用汉语"土匪"的现象。黎语"bui¹"与"ȿak""sək⁸"不存在语音上的对应关系。黎语"土匪"另有一个读音"thou³phui³"，显然为汉语借词，其中"phui³"与"bui¹"音接近。黎语"bui¹"当为汉语"匪"的借词。

"匪"的产生有其社会背景：①私有财产；②贫富不均；③有"匪"的定义标准。"匪"借用汉语，说明黎族在接触汉人之前尚不存在这种社会背景，处于较为原始的社会状态。从语音上看，"bui¹"是一个较早进入黎语的汉语借词。

"ki:t⁷"义为"抢劫"。"hau³ʔa:u¹"，其中"hau³"有杀、屠宰之义，"ʔa:u¹"有人之义，即表杀人之义。"bui¹ki:t⁷"和"bui¹hau³ʔa:u¹"结构上采用了黎语的构词法，而非汉语。这是"bui¹"借用后在黎语中继续发展。

六　小结

黎语从政治角度划分的社会阶层的相关语词并不丰富，说明黎族社会的政治结构相对简单。黎族在接触汉族之前，处于较为原始的状态，没有形成完善的政治体系，也就形成不了反映相关社会政治的概念和语词。

黎语中现存的有关政治层面的概念大都借自汉语。秦汉以后，黎族就已被置于中央政权的统治之下，以汉语为标准语的中央政权自然将这些相关概念传递给这些被统治的民族。

黎语政治相关词存在被替换的可能。黎族在历史上曾脱离过中央政府的管治。《黎族史》"从乾封二年（667年）至贞元五年（789年），琼州地区竟落入黎人掌握之中大122年之久"（吴永章，1997）。遗憾的是，历史上的政治独立并没有遗留下相关的政治语词。如果有，也可能被汉语替换。

第四节　以经济为分类标准的社会阶层的词汇系统

依据经济地位，结合其所拥有财富，可以将人分为不同的阶层。以财富论人有其特定的社会背景。原始社会时期的公有制固然产生不了此类阶层。当人类进入私有制社会，贫富开始出现，相应阶级随之产生。

一　富人

1. pha³ve:ŋ¹（财主、富人、东家）

黎语保定话的"富人"（或翻译为财主、东家）作"pha³ve:ŋ¹"，合成词。"pha³"为中心语素，黎语常作表人词的前置成分；"ve:ŋ¹"义为富，限定语，置于中心语之后；整词采用黎语构词法。该方言点"富人"又作"a:u¹ve:ŋ¹"，只是中心语为"a:u¹"（人）不同。

"ve:ŋ¹"在各方言点的读音为：

保定（ve:ŋ¹），中沙（ve:ŋ¹），黑土（ve:ŋ¹），西方（ve:ŋ¹），白沙（moŋ¹），元门（fu³），通什（mun¹），堑对（mun⁴），保城（无），加茂（ɬai⁴huua²）。

各方言点"富人"一词存在较大差异。保定、中沙、黑土、西方为一类，元门为一类，通什、堑对、白沙为一类，加茂为一类。元门当为汉语借词，其他仍需考证。

同族语为：

壮（fou⁵；fou⁵；mi²），布依（di¹；kwa:ŋ¹），临高（vat⁷），傣西（haŋ⁶），傣德（mi²），侗（kwa⁶；hu⁵），仫佬（fu⁵；me³；fa:t⁷tai），水（fu⁵），毛难（fin¹da:i²），黎语（ve:ŋ¹）。

同族语之间同样也存在较大的差异，部分语言有多种表达方式。水语"富"为汉语借词。

差异的原因。富是一种价值判断，不同时代、不同地域、不同人对富的理解当有所不同。理解的不同，其对应的词必将不同。富是社会发展的产物，是财富积累的结果，也是社会分化的表现。人类社会的自然发展并不均衡，故各地族群所处的社会阶段并不一致。黎语"富"为自源文字，说明这是黎族社会自然发展的结果。从这一角度来看，该词当产生得较早。

2. di^{1}tu^{3}地主

地主是拥有土地权，且以此获得经济利益的人。这一概念产生于近代。地主一般掌控了大量土地，并据此获得了大量的社会财富，成为富甲一方的人。

黎语"地主"一词作"di^{1}tu^3"。"di^1"为汉语"地"的借音。海口方言的"主"发音为"tu^{213}"，与"tu^3"语音相通。为汉语海南方言借词。

黎语"di^{1}tu^3"说明近代黎族地区曾出现过土地私有和土地兼并的社会现象。

二　穷人

与富人相对的是穷人。《黎汉词典》、《黎语调查研究》和《壮侗语族语言词汇集》皆未收入"穷人"一词。语言是系统性的，有"富人"一词，则当有"穷人"一词。

目前黎语资料收入了"穷"一词，以下为各方言点的读音：

保定（va:t^7），中沙（va:t^7），黑土（va:t^7），西方（va:k^7），白沙（va:ʔ^8），元门（vuat^8），通什（fa:t^8），堑对（va:t^8），保城（va:t^7），加茂（fɯ:t^8）。

与"富"不同，各方言点"穷"的读音却较为一致。汉语"穷"的古声母为群母，韵为通合三东韵。黎语"穷"与汉语没有同源关系，当另有来源。

同族语为：

壮（kuŋ^2；ho^3），布依（ho^3），临高（ŋa^4），傣西（phan^1），傣德（pha:n^1），侗（hu^3；ton^2），仫佬（coŋ^2），水（ho^3），毛难（ho^3），黎（va:t^7）。

壮语中的"kuŋ^2"与汉语古音相通，为汉语借词，另一个读音"ho^3"

与布依、水、毛难、侗相通。傣西与傣德另为一类。黎语与同族语在语音上没有关联。可以推断，黎语的"穷"当另有来源。

"va:t⁷"与汉语"贫"也无关联。《黎汉词典》收入了"贫农"一词，作"ki:ŋ³noŋ³"。"ki:ŋ³与"noŋ³"显然来源于汉语的"贫"与"农"，为汉语借词。"va:t⁷"与"ki:ŋ³"不可能相通。"贫农"是近代产生的一个汉语新词。

"va:t⁷"是一个黎族自有词。

三　小结

"富"与"穷"的自源说明黎族社会早有"贫富"之分。

至少在宋代，黎族社会内部已出现贫富分化。《宋史·蛮夷列传》："旧说五岭之南，人杂夷僚，诸崖环海，豪富兼并，役属贫弱。"《太平寰宇记·岭南道十三》："儋州生黎，'豪富文多，贫贱文少，但看文字多少，以别贫贱'。"

历史上，黎族内部贫富的差异并不大。宋苏过《论海南黎事书》："富豪不过椎牛飨士，一饱而奋。"《诸蕃志·海南》："虽无富民，而俗尚朴约"。黎族人对于财富并不热衷，《诸蕃志·海南》："男子不喜营远，家无宿储。"《方舆胜览》："其俗质野而畏法，不喜为盗，牛羊被野，无敢冒认。"这正是黎族社会从公有制脱胎不久的表现。

第五节　有关行政区划及相关社会机构的词汇系统

本节将分析黎语中涉及行政区划和社会机构的相关词。行政区划是国家为了进行分级管理而实行的区域划分，社会机构是管理社会、国家的各级部门。两者可以有力地保障社会的正常运行。

一　行政区划

1. kok^{7}国

现代意义的国是一定范围内的人群所形成的共同体形式，含领土、人民（民族，居民）、文化和政府四个要素，也是一个政治地理学名词。

汉语中的"国"。汉字繁体作"國"，从口或声。实际上，"国"的最早的写法为"或"，从口从戈，像以戈捍卫某一区域。"国"早期意义是指国都，后有诸侯封国之义。对于君王而言，其统治范围为天下，而非"国"，"普天之下莫非王土"。

黎语中的"国"。各方言点分别作：

保定（kok^7），中沙（kok^7），黑土（kok^7），西方（kok^7），白沙（koʔ^7），元门（koʔ^7），通什（kok^7），堑对（kok^9），保城（kok^9），加茂（kok^7）。

都为单音节词，读音基本相同。汉语"国"的古音：见母，德韵，合口一等，入声。汉语海南方言作"kok^{55}"。很显然，黎语"国"当为汉语借词。

同族语的"国"：

壮（ku:k^{7}kja^1），布依（kwε^{2}tɕa^6），临高（kuk^{7}ka^1），傣西（pha^{1}tet^8），傣德（təŋ^{2}ka^2；məŋ^2），侗（kwak^7），仫佬（kok^{7}ca^5），水（kwə^2），毛难（kok^7；ko^{6}ca^5）。

除傣西和傣德，上述民族的"国"皆借自汉语。

黎语"国"的借源说明黎族自身没有形成"国"概念。从黎族历史来看，黎族人从未形成过统一的政体，即没有自己的政治机构、人民、固定的领土等。实际上，黎族人也没有形成"国"这一概念的社会条件。南方其他的一些少数民族也是如此。

2. teŋ^{3}省

汉语中的"省"。"省"早期意义与行政区划无关，汉代以后才关涉政治。《后汉书·清河王庆传》："帝移幸北宫章德殿，讲于白虎观，庆得入省宿止。"此指王宫禁地。《北史·隋纪上·高文帝》："开皇十四年,六月丁卯,诏省、府、州、县皆给廨田,不得兴生,与人争利。"此为中央官署。"省"作为行政单位是从元朝开始的。

黎语"省"作"teŋ³"。"省"汉语古音为:生母,梗开二,梗韵,上声。据《海口方言语音研究》,生母在海南方言中读为"t",庚开二读为"ɔŋ"。黎语与汉语海口方言的声母同,韵母稍异。"teŋ³"为汉语海南方言的借词。

同族语的"省":

壮(san²;seŋ³),布依(sɯm³;sɯŋ³),临高(teŋ³),傣西(sɤn²),傣德(sən²),侗(san³),仫佬(sɛːŋ³;sən³),水(seŋ³),毛难(seŋ⁵)。

海南临高话"省"与黎语完全相同。其他民族的"省"与汉语语音相通,为汉语借词。

3. kwa:i³ 县

汉语中的"县"。古为天子所居之地,《礼记·王制》:"天子之县内,方百里之国九,七十里之国二十有一,五十里之国六十有三,凡九十三国。"郑玄注:"县内,夏时天子所居州界名也。"《左传·哀公二年》:"克敌者,上大夫受县,下大夫受郡。"杜预注:"春秋以前,县大于郡,战国时,则郡大于县。"《说文解字》"郡"下有:"周制:天子地方千里,分为百县,县有四郡,故《春秋传》曰'上大夫受郡'是也。至秦初置三十六郡,以监其县。从邑君声。"这是汉人对"县"的理解。可见,"县"这一行政区划在先秦已经产生,在秦统一全国后,得以推广。

黎语各方言"县"的读音为:

保定(kwa:i³),中沙(kuai³),黑土(kuai³),西方(kuai³),白沙(hin²),元门(kuai⁴),通什(kwa:i¹),堑对(kuai¹),保城(kwai¹),加茂(kuai¹)。

黎语各方言点的读音较为一致。"县"汉古音为:匣母,山摄,合口四等,去声。据《海口方言研究》,"县"在海口方言中的声母读为"k",

先合四读为"ɔi"。可见，黎语"县"当借自海南汉语方言。

黎语"县"这一概念并非黎族的社会产物，同样是一个外来概念。

4. hia³ 乡

汉语中的"乡"。《周礼·地官·大司徒》："令五家为比，使之相保；五比为闾，使之相受；四闾为族，使之相葬；五族为党，使之相救；五党为州，使之相周；五州为乡，使之相宾。"《广韵》："万二千五百家为乡。"《孔子家语·辩乐》："夫南者生育之乡，北者杀伐之城。"此指地方。《儒林外史》第九回："穷乡僻壤有这样读书君子，却被守财奴如此凌虐，足令人怒发冲冠。"此指农村。

黎语中的"乡"。黎语各方言点分别作：

保定（hia³），中沙（hie³），黑土（hia²），西方（hiaŋ²），白沙（huaŋ³），元门（hiu¹），通什（hi:u¹），堑对（hio¹），保城（hiə¹⁷），加茂（hiə³）。

汉语"乡"的古音为：晓母，宕摄，阳韵，开口三等，平声。《海口方言词》收入"乡村"一词，其中"乡"音为"hio²⁴"。黎语"乡"同样为汉语借词。

5. tshi² 城市

城市是社会发展到一定阶段的产物。不同民族、不同时代的城市具有不同的特点，这涉及功能、规模和格局等。社会发展铸造了城市，城市则反映其所存在的社会。

汉语中的"城市"。在华夏文化中，广义的城市有很多叫法：城、市、邑、墟等，其功能涉及经济、政治、军事等诸多社会领域。城本为城墙，早期用于军事防御。《诗·大雅·文王有声》："筑城伊淢，作丰伊匹。"《孟子·公孙丑下》："三里之城，七里之郭，环而攻之而不胜。"后有了城市义。《左传·僖公十五年》："赂秦伯以河外列城五。"市早期义为市场，《易·系辞下》："日中为市，致天下之民，聚天下之货，交易而退，各得其所。"《说文解字》："买卖所之也。市有垣，从门从乛，乛，古文及，象物相及也。"《周礼·司市》："大市日昃而市，百族为主；

朝市朝时而市，商贾为主；夕市夕时而市，贩夫贩妇为主。"邑也常表城，《诗·商颂·殷武》："商邑翼翼，四方之极。"毛传："商邑，京师也。"墟，《中国通史》（范文澜）："农村中几天开一次小市，北方叫做'集'，南方叫做'虚'或'墟'。"

黎语中的"城市"。据史料，海南岛至少在汉代已开始建造城郭，《广东通志·列传一》（卷四四）："（马援）调立城郭，置井邑，立珠崖县。""市"也有相关记载，宋人·周辉《清波杂志》："抵郡，止茅茨，散处数十家。境内止三百八户，五市井，每遇五七日一区黎峒贸易，顷刻即散。"清人屈大均有："粤谓野市曰虚。市之所在，有人则满，无人则虚，满时少，虚时多，故曰虚也。"

各方言点"城市"读音：

保定（tshi²），中沙（tshi¹），黑土（tshi¹），西方（tshi²），白沙（heɯ¹），元门（tshi⁵），通什（tshi⁵），堑对（tshi⁵），保城（tshi⁵），加茂（tshi¹）。

除白沙点，其他方言点发音较为一致。黎语"城市"也可作"tia³tshi²""ti:ŋ"。汉语"市"古音为：禅母，止摄，止韵开口三等，上声。《海口方言词典》"市"作"si³³"。汉语"城"古音为：禅母，梗摄，清韵开口三等，平声。《海口方言词典》"城"作"tia²¹"。故黎语"tia³tshi²"中的"tia³"与海口方言音通，"tshi²"当为"市"的汉语音变，该词为汉语借词。

黎语"城市"借自汉语，符合黎族社会历史，《太平寰宇记·岭南道十三》（卷一六九）有："有夷人，无城郭，殊异居……号曰生黎，巢居洞深。"虽然海南汉代以后已有了城市，但为汉人入琼后所建。不仅黎族，很多南方民族也是如此。

同族语的"城市"：

壮（siŋ²），布依（ɕu¹；ɕiŋ²），临高（tiŋ²），傣西（tseŋ³；veŋ²），傣德（tse⁶veŋ²），侗（ɕiŋ），仫佬（tshən⁶sɿ⁴），水（ziŋ²；jon⁶），毛难（ta⁵ka:i¹），黎语（tia³tshi²；tshi²；ti:ŋ²）。

黎语"ti:ŋ²"与临高话同。从"siŋ²""tseŋ³""tiŋ²"几个音来看，这些语言的"城市"当源自汉语的"城"。布依的"ɕu¹"与"墟"、"圩"等汉字读音相近，与南方民族历史上有关"墟"的论述相吻合。

6. bou³ 村

村一般是指城市之外的乡人聚居之所，规模一般较小。

汉语中的"村"，也可称为"屯""庄"等。晋陶潜《桃花源记》："村中闻有此人，咸来问讯。"陆游《游山西村》："山穷水复疑无路，柳暗花明又一村。"《说文解字》无"村"字，作"邨"，"邨，地名。从邑屯声"。《韩非子·外储说右下》："王因使人问之何里为之，訾其里正与伍老屯二甲。"此义为村子。"庄"亦有"村"义。杜甫《怀锦水居止》："万里桥西宅，百花潭北庄。"

黎语中的"村"。以下为各方言点"村"的读音：

保定（bou³），中沙（bau³），黑土（bau³），西方（ɣa:ŋ¹），白沙（fa:ŋ¹），元门（fuan¹），通什（fa:n¹），堑对（fa:n¹），保城（fa:n¹），加茂（fuən¹）。

各方言点的发音可以分为三类：声母为"b"；声母为"ɣ"；声母为"f"。三类的语音差异较大，同源的可能性较小。《海口方言词典》"村"作"sui³⁵"，与黎语没有关联。

同族语"村庄"分别作：

壮（ba:n³），布依（ba:n⁴），临高（vɔ³），傣西（ba:n³），傣德（ma:n³），侗（ɕa:i⁶），仫佬（ma:n³），水（ʔba:n³），毛难（ba:n⁴）。

除了临高话和侗语，其他是同一类。该类读音与黎语方言点的第三类语音相通，即黎语部分方言点的"村"与壮侗语存在同源关系。

在黎语保定话中，"bou³"只有"村子"义，其词源很难探究。该方言点中有"聚集"一词作"fa:n¹"，与通什等点"村"的读音相通。从语义关系上看，"聚集"与"村"有相通性。黎语"村"的语义很可能源于聚集之义。如果推断成立，则与汉语"屯"义的发展类似。

黎族史料有关"村"的记载。田汝成《炎徼纪闻·蛮夷》（卷四）：

"（黎人）其地有五母山，山之中皆黎族盘踞，聚而成村者曰峒。"顾炎武在《天下郡国利病书·广东下》中曾对海南的村峒有过统计（见表3-2）。可见，黎族人聚居成村久已有之，并不受华夏文化的影响，这是黎族社会自然发展的结果。黎语"村"不源自汉语也就在情理之中。

表3-2　顾炎武对海南村峒的统计　　　　　　单位：个

州县名	村峒数	备注
琼山	126	
澄迈	137	
定安	112	
文昌	35	
乐会	53	
儋州	209	
昌化	93	
万州	93	
陵水	30	
崖州	92	
感恩	41	
合计	1260	

7. 小结

（1）古黎族社会结构异常简单。黎语中的行政区划相关词只有"村"为自源词，其他皆为汉语借词，这表明在华夏文化融入前，黎族人的社会结构仍处在以"村"为单位这种状态。苏轼《戏作》"四周环一岛，百峒蟠其中"。《诸蕃志·海南》："生黎所居，不啻数百峒。"又"皆无统属，峒自为雄长"。黎族的社会结构由此可见。

（2）古黎族社会结构与南方诸民族的有相似之处。黎语中的行政区划词与同族语基本上存在关联，这包括较为古老的词"村"。据相关历史，古黎族人的生活范围遍及整个海南，甚至到了今天的雷州半岛，其风俗习惯与南方民族有一些相似之处。南方这些民族的社会发展水平与中原相比却有很大的差距，与黎族社会应该相仿。在与汉族的交往中，都应该受到较大的影响。

二 社会机构

社会是人与人关系的总和。社会要运转，离不开人，也离不开由人按照一定制度组成的社会机构。社会结构的种类和规模是社会发展程度的重要体现。

本节将列举分析黎语有关社会结构的语词。

1. tseŋ²fu³（政府）

汉语中的"政府"。"政府"是一个较为现代的汉语语词，古汉语中与此有关的词又有"府""衙""署""朝"等称。《礼记·曲礼下》："在官言官，在府言府。"郑玄注："府，谓宝藏货贿之处也。"《周礼·天官·大宰》："以八法治官府。"郑玄注："百官所居曰府。"此指一般的官署。封演《封氏闻见记·公牙》："近俗尚武，是以通呼公府为公牙，府门为牙门。字称讹变，转而为衙也。"《国语·鲁语上》："夫署，所以朝夕虑君命也。"韦昭《博弈论》："儒雅之徒，则处龙凤之署。"《诗·齐风·鸡鸣》："鸡既鸣矣，朝既盈矣。"孔颖达疏："朝盈，谓群臣辨色入，满于朝上。"《孟子·公孙丑下》："昔者有王命，有采薪之忧，不能造朝。"这些词都可用于指称政府部门，但又有所偏重。汉语的这一特点与完善的政治制度和悠久的历史密不可分。

黎语中的"政府"。以下是各方言点的读音：

保定（tseŋ²fu³），中沙（tsen²phu³），黑土（tseŋ²phn³），西方（tseŋ²phu³），白沙（tsiaŋ¹fu¹），元门（tseŋ²fu³），通什（tseŋ³phu⁴），堑对（tseŋ³phu⁴），保城（tseŋ³phu²），加茂（tseŋ¹phu²）。

这些词的读音基本一致。"政"的汉语古音为：章母，梗开三，劲韵，去声。据《海口方言语音研究》，章母字在海口方言中读为"ts"，这与黎语通；清开三（该书将"政"列在该部）读为"e"、"in"或"eŋ"，与黎语保定的"eŋ"通。"府"的中古音为：非母，遇合三（虞韵）上声。据《海口方言语音研究》：非母在海口方言中读为"f""ɓ""h"，其中"府"读为"f"；该韵母读为"u"。保定的"fu"，与海口方言同。黎语"政府"当借自海南汉语方言。

现存黎语词汇未发现与"政府"义相近的更古语词。秦汉之际，中央政府已在海南设各类政府机构，黎族人理应形成一些与之相应的概念。这些概念的缺失可能与黎族没有文字相关。口语变化快，此类与政治密切相关的词极易随时代的变迁而消亡。

2. la:ŋ¹牢（监狱）

监狱是惩治违法者的机构，是国家机器的重要组成部分，是社会发展到一定阶段的产物。社会不存在阶级，也就不存在监狱。《风俗通》："三王始有狱。"

汉语中的"监狱"。与此相关的词又有"监""狱""囹圄""夏台""圜""圉"等。《周礼·地官·比长》："若无授无节，则唯圜土内之。"郑玄注："圜土者，狱城也。"《史记·夏本纪》："乃召汤而囚之夏台"。《说文解字·幸部》："圉：囹圄，所以拘罪人。"《汉书·司马迁传》："故士有画地为牢势不入，削木为吏议不对，定计于鲜也。"《唐律·断狱》："夏曰夏台，殷曰羑里，周曰圜土，秦曰囹圄，汉以来名狱。"明代称为"监"。清朝出现"监狱"一词。

黎语中的"监狱"。黎语中与"监狱"同义的词有"la:ŋ¹""ka¹"。"ka¹"当借自汉语"监"。汉语"监"的古音为：见母，咸开二，衔韵，平声。《海口方言词典》作"kam³⁵"。两者读音可相通。"la:ŋ¹"当借自汉语"牢"。牢的古音为：来母，效摄开一，豪韵，平声。据《海口方言语音研究》，来母读为"l"，豪韵读为"o""a""ua""au"，其中"牢"韵读为"au"。两者音可通。

同族语的"监狱"：

壮（la:u²；ki:m¹la:u²），布依（la:u²），临高（kam¹），傣西（xɒk⁸），傣德（xɒk⁸；thaŋ⁵），侗（lau²），仫佬（lɔ²；cen²lɔ²），水（la:u²xəp⁷），毛难（la:u²），黎（ka¹）。

南方民族"监狱"一词大都借用汉语中的"牢"。海南临高话"kam¹"与黎语读音"ka¹"相近，借自海南方言的"监"。

黎汉及南方诸民族一直同处一个政体中，"监狱"一词同源也就在情理之中。汉语方言众多，这些民族借用该词故有方言之别。

3. ʔo¹hja:u¹（学校）

（1）ʔo¹hja:u¹（学校）。

学校是育人的社会机构。社会的进步离不开教育，教育形态可以体现社会的发展程度。

汉语中的"学校"。"学校"是近代才产生的概念，是现代意义上的教育机构。"学校"存在过很多种形式，有过很多不同的名称，诸如有辟雍、成均、庠、序、学、校、塾、书院、书堂等。朝代不同，名称不同，《孟子•滕文公上》："设为庠序学校以教之……夏曰校，殷曰序，周曰庠。"社会层次不同，名称不同，《礼记•学记》："古之教者，家有塾，党有庠，术有序，国有学。"《左传•襄公三十一年》："郑人游于乡校，以论执政。"杜预注："乡之学校。"年龄不同，所学内容不同，名称不同，《大戴礼记•保傅》："及太子少长，知妃色，则入于小学，小者所学之宫也。学礼曰：帝入东学，上亲而贵仁，则亲疏有序，如恩相及矣。帝入南学，上齿而贵信，则长幼有差，如民不诬矣。帝入西学，上贤而贵德，则圣智在位，而功不匮矣。帝入北学，上贵而尊爵，则贵贱有等，而下不逾矣。帝入太学，承师问道，退习而端于太傅，太傅罚其不则，而达其不及，则德智长而理道得矣。此五义者既成于上，则百姓黎民化辑于下矣。学成治就，此殷周之所以长有道也。"中原发达的历史文化由此可见。

黎语中的"学校"。现有黎语中有关教育机构的词很少，有"学校"一词，作"ʔo¹hja:u¹"。"ʔo¹"当为汉语"学"的借词。"学"的古音为：

匣母，江摄开三，觉韵，入声。"hja:u¹"当为汉语"校"的借词，其古音为：匣母，效摄开口二等，去声。《海南方言词典》"学，o³³，叙说；讲述"，另有"学室，o³³siu³⁵，学校……新派说学校 o³³hiau²²"。黎语"学校"一词与海南汉语方言的新派读音相通。

同族语的"学校"：

壮（ha:k⁸），布依（za:n²sɯ），临高（lan²hɔk⁸），傣西（hoŋ²hen²），傣德（xoŋ⁴fək⁹），侗（çoçau¹；ta:ŋ²ha:k¹⁰），仫佬（hjɔ⁶hja:u⁴），水（ço²ça:u¹），毛难（ja:u³ha:k⁸）。

仫佬、水、侗等语借自汉语"学校"，临高话、毛难语有一语素与壮语相通，为汉语借词"学"的读音。可见，中原教育同样影响了南方部分民族。与汉语的差异则反映出这些民族对教育的特有认知。

中原历代王朝都注意到海南岛的教育问题，并积极发展海南地方教育。《三国志·吴书·薛综传》（卷五三）："自斯以来，颇徙中国罪人杂居其间，指使学书，粗知语言，使驿往来，观见礼化。"又"（锡光）建立学校，导之以经义"。丘浚《琼山县学记》："邑有学，肇于宋。"钟芳《琼州府学科目题名记》："宋兴，始建学校。"《琼州府志·建置·书院》（卷七下，清道光）："以社学为例，成化间琼州府有 178 间，琼山县有 81 间。"清末，张之洞、冯子材拟定的《抚黎章程十二条》："在黎区开设义学，延聘塾师以汉语汉文。"可见，在海南兴办学校可追溯到汉朝，历代延续。黎语"学校"借自汉语就在情理之中。

（2）tun¹（教）。

在现黎语中，与教育密切相关的"tun¹"（教）值得注意。

该词在各方言点的读音：

保定（tun¹），中沙（tun¹），黑土（tun¹），西方（soŋ¹），白沙（tshoŋ¹），元门（kaʔ），通什（tun¹），堑对（tun¹），保城（tuun¹），加茂（ka⁴）。

这些读音可分为三组：保定、中沙、黑土、通什、堑对和保城为一组；西方和白沙为一组；元门和加茂为一组。第三组为汉语借词。

同族语"教"的读音：

壮（so:n^1），布依（son^1），临高（kau^3），傣西（sɒu^1），傣德（sɒu^1），侗（qeu^3），仫佬（ca:u^5），水（to^5），毛难（son^1）。

壮、布依、毛难同源；临高、侗、仫佬的"教"与汉语读音相似，当借自汉语；傣西、傣德同，并与侗等韵母相通。黎语第二组发音与壮语等的发音相通，存在同源关系。黎语第一组的发音与这些语言的发音没有联系，与汉语也没有借用关系。

黎语的第一组和第二组"教"应该是较为古老的非汉语借词，第一类的来源仍值得考证。在黎语构词中，"tun^1"与汉语借词"ka^2"并行使用。含语素"ka^2"的有"ka^{2}zu:n^3"教员、"ka^{2}hun^3"教训等；含语素"tun^1"的有"tun^{1}tshia^3"（教书），为合成词。"tshia^3"义为"字"或"书"。"tun^{1}tshia^3"当是一个较为古老的语词。

黎语"教"一词的复杂性表明：黎族教育虽然受到华夏文明的影响，但其产生与发展有其自身的特点，黎族人对此有自己的理解。

4. ʔi^{2}zu:n^{1}医院（诊所）

医院是治病救人的社会公益机构。据研究，英文"医院"一词"hospital"原义为"客人"，开始设立的时候，供人避难、休息之用，后来才提供医疗服务。可见，医院的形成与发展有其特有的过程。

汉语中的"医院"。这是一个现代汉语词汇，指称现代意义上的医疗机构，深受西方医学的影响。"医"，《说文解字》："医，治病工也。"《礼记·曲礼下》："医不三世，不服其药。"中国是世界上较早设置医院的国家。《逸周书·王会解》有"为诸侯有疾病者之医药所居"。《汉书·平帝纪》："民疾疫者，舍空邸第，为置医药。"《北史·魏纪三》："穷困无以自疗者，皆于别坊，遣医救护。"历史上的医疗机构有不同的名称。隋代称"病人坊"，唐代有"患坊""悲日院""将理院"等，宋明有"安济坊""养济院"等。

黎语中的"医院"。各方言点的读音为：

保定（ʔi²zuːn¹），中沙（ʔi²zuan¹），黑土（ʔi²zuan¹），西方（ʔi³zuan³），白沙（ʔoi²vin⁴），元门（ʔi³zuan⁵），通什（ʔi¹zuan⁵），堑对（ʔi¹zuan⁵），保城（ʔi¹zuan⁵），加茂（ʔi¹zuan⁵）。

除白沙方言点，各方言点的读音基本相同。汉语"医"的古音为：影母，止开三，之韵，平声；院的古音为：云母，山合三，线韵，去声。《海口方言词典》"医"作"i²³"，据《海口方言语音研究》，影母字在海口方言中读为零声母。《海口方言词典》未收入"院"字。据《海口方言语音研究》，云母字可读为"h""ø""z"，其中"院"的声母读为"z"，山合三在海口方言中读为"uaŋ"。黎语借自汉语海南方言，稍有音变。

前文已述，黎人治病往往求助于巫，其历史上的医疗水平较为落后，故黎语缺乏相关自有词符合情理。黎语"医院"一词的借用当发生于近代。

本节考证了黎语中与社会机构相关的四个常用词："政府"、"监狱"、"学校"和"医院"，有两点要强调：此类相关词全部存在借用汉语的情况；黎族的这些社会机构是在中原文明的影响下产生的，并非黎族社会自然发展的结果。

5. 小结

本章从词汇系统的角度，对黎语中与社会相关的语词进行了考证和分析，旨在全方位展现黎族的社会结构。

（1）黎族已是一个结构基本完善的社会。所谓完善，是指黎族对社会人的划分已基本符合人类成熟社会的标准，划分是多角度的，涉及年龄、经济地位、社会地位等。黎族社会运转的基本机构相对健全。

（2）黎族社会结构深受中原文化影响。在某种程度上讲，中原文明重构了黎族社会。黎语中有关社会的语词大都借自汉语，其原因有二：一是黎族社会自身没有发展出这些概念，故语言未衍生出这些语词；二是在中原文化的影响下，概念发生更迭，旧词消亡，新词产生。从黎、汉两族之间的关系来看，前者可能性更大。

（3）外来文明进入黎族社会前，黎族已初具一定的社会规模，存在一些社会分工和社会组织，并形成了一些社会概念。这些概念以黎语底层词形式一直沿用至今，这就是现代黎语中少量的与社会结构相关的自有词。

第四章　黎语与宗教信仰

宗教信仰是指特定的人群对其所信仰的对象因崇拜认同而产生的坚定不移的信念及其全身心的皈依。德国哲学家弗里德里希·施莱尔马赫在《论宗教》中认为："宗教的本质既不是思维也不是行动，而是知觉和情感。它希望直观宇宙，专心聆听宇宙自身的显示和活动，渴望孩子般的被动性被宇宙的直接影响所抓住所充实。"宗教信仰产生于人类童年时期。社会越原始，其信仰则越纯真朴质。随着社会的发展，宗教开始制度化。宗教信仰的特质在某种程度上可以反映一个社会的发展程度。

黎族是一个古老的民族，有着自己特有的宗教信仰。《黎族史》"处于原始社会历史阶段的黎族合亩制地区，盛行自然崇拜""信仰天鬼、大山鬼、雷公鬼、石头鬼、蛇鬼、猴子鬼等""山鬼，狩猎，祷告山鬼，保佑他们猎获又大又多的野兽""也是以'祖先鬼'的崇拜为主的……把祖先的名字视为神圣，杀牲供奉时才能念祖先的名字，平时则忌讳提及""卜卦不仅流行而且方式多端。鸡卜、卵卜、泥包卜、石卜、茭杯卜""禁忌特多。无论在生产、生活、生育、婚丧、宗教活动诸方面都有种种禁忌"。（吴永章，1997）

历史上的黎族对宗教痴迷近乎"淫"。这里的"淫"一方面指黎族在宗教中的过度消耗，另一方面指黎族神鬼体系的杂乱。《诸蕃志》（卷下）：

"（黎人）祭神以牛、羊、犬、鸡豕，多至百牲。"在"儋耳至难得肉食"（苏轼语）的时代，却有如此"奢侈"的祭祀，黎人重祭祀可见一斑。《定安县志·宦绩》（卷四）在论及定安知县吴定实中讲道："淫祀浇风，洗涤殆尽。"《广东通志·宦绩录二十三》（卷二五三）："（罗杰）黜淫祠，正风俗。"陈徽言《南越游记》（卷二）："琼州土俗多淫祀，梵宇之外木俑、土偶、雕塑者不可胜计。其神名号亦多。"

汉文献以旁观者的视角展现了黎族人的宗教特点与历史，黎语则可以相对客观地反映黎族人对自身宗教信仰的理解。现代黎语贮存着丰富的宗教用词，这些语词以语音形式或以语义形式透露出黎族宗教信仰的源流、类型和特征。

第一节　黎语中的崇拜对象

本节要探讨的实际上是一种原始崇拜，这种崇拜普遍存在于各民族文化中。在人类历史长河中，迷茫和困惑总是相随相伴。面对迷茫和困惑，原始人类往往求助于超自然的力量，原始崇拜由此产生。万物有灵、神鬼幽灵是原始崇拜的主要特质。依据崇拜对象的不同，此类崇拜可分为三类：一是自然崇拜，即以自然之物作为崇拜对象；二是祖先崇拜，即以亡故的祖先作为崇拜对象；三是主观构拟的崇拜，含本族人构拟的崇拜对象和外来的崇拜对象。

黎族是一个具有丰富的鬼神文化的民族，这体现在丰富的鬼神称谓上。

一　黎语中的自然崇拜

1. hwan¹ke¹上帝（玉帝）

华夏文化有玉帝一说。不同于西方的"上帝"，汉语的"帝"有悠久的历史，意蕴深远。一般来说，玉帝源于上古民间的天帝崇拜。甲骨文"帝"作"𠀍"，《甲骨文字典》："象架木或束木燔以祭天之形，为禘之初文，后由祭天引申为天帝之帝⋯⋯"又"帝为殷人观念中之神明，亦称为上帝，主宰风雨灾祥及人间祸福"。《易·鼎卦》："圣人亨，以享上帝。"《书·舜典》："肆类于上帝。"《周礼·春官·小宗伯》"兆五帝于四郊"。郑玄注："五帝，苍帝曰灵威仰，赤帝曰赤熛怒，黄帝曰含枢纽，白帝曰白招拒，黑帝曰汁光纪。"《孔子家语》："季康子问五帝之名。孔子曰：'天有五行，金木水火土，分时化育以成万物。其神谓之五帝。'"

道家是中华民族的本土宗教，其道义中亦有"玉帝"一说。《真诰》曰："阴阳待之以分，日月待之以明。早在太极方法之时，玉帝悯惜宇宙混沌不清，气机沿塞，化育难行。曾经化身盘古，成理之正，成气之清，成精之妙，成神之灵。法益三才，角立鼎分。玉帝形化人庄严之身。"《上清灵宝大法》（卷一〇）："昊天上帝，诸天之帝，仙真之王，圣尊之主，掌万天升降之权，司群品生成之机，三洞四辅禁经之标格，至妙无为之神威，乃三界万神三洞仙真之上帝君也。"

黎语保定方言点有"玉帝"一词，作"hwan¹ke¹"。汉语"帝"的古音为：端母，蟹开四等，齐韵，去声。"玉"古音为：疑母，通摄合口三等，烛韵。"上"古音为：禅母，宕开三等，养韵。据《海口方言语音研究》，"帝"声母当读为"d"，韵母读为"i"；"玉"声母当读为"z"，韵母读为"i"；"上"声母当读为"t""s"，韵母读为"io"。黎语"上帝"的读音与汉语差异较大，缺乏相通性。

同族语中的"帝"：

壮（ça:ŋ⁵ti⁵），布依（sa:ŋ¹ti¹），临高（siaŋ²di²），傣西（无），傣德（tsau³lɛŋ²lɔn⁶），侗（jui²wa:ŋ²），仫佬（jɔŋ²mən¹），水（sa:ŋ¹ti¹），毛难（sa:ŋ⁴ti⁴），黎（hwan¹ke¹）。

壮、布依、临高、水、毛难是一系，当为汉语"上帝"的借词。从语音上，黎语与这些语言也没有关联。

黎语 "hwan¹ke¹"（上帝）为自造词。"hwan¹"在黎语中有"日""大蚯蚓""称呼"等义；ke¹有"假"义。这几个意义很难与"帝"关联。唯一可以理解的是"日"义。《壮侗语族语言词汇集》中收入了黎语"帝"，作"van¹fa³"，为合成词。其中，"van¹"表"地"义，"fa³"表"天"义。即"天"与"地"就是黎人心中的"帝"，其崇拜对象很具体。有意思的是，汉族有"上天""上苍"之说，仫佬的"joŋ²mən¹"（帝）中的"mən¹"有"天"之义。这就是民族文化的共通性。

黎族上帝崇拜当源于自然崇拜。在民族交流中，其内涵受到了周边民族文化的影响，尤其是汉文化。

"盘古开天造人世，人类分排男与女，老当老定两兄弟，南瓜开花育男女。天灾地祸毁万类，南瓜肚内存后裔。老先荷发造人纪，传下三族创天地""荷发怀孕的事传到天神耳里，天神以为是兄妹通奸，就派乌鸦向天帝报案。天帝听了很生气，立即派雷公下凡来查看。雷公到了人间，看见荷发挺着大肚子，又听说她们兄妹同睡一间房，不由大怒，说他们乱了天规，要用雷电劈死他们。这时，幸好有各地神出来说情，说是海南岛大地没有人烟，要靠老先和荷发做人种，雷公这才算饶了他们。光阴过了九十九年，老先和荷发已是白发苍苍的老人了，两兄妹完成了繁育海南岛黎、苗、汉三族的人种后，就在月落日出的时辰，被地神招进地府，派当土地公和土地婆，专管海南岛上的人间世事。"（《黎族民间故事选·南瓜的故事》）

在民族交流中，黎族人对"帝"的理解已发生了很大的变化，其初衷只能凝固于语言之中。

2. tiŋ³神（神仙）

汉语中的"神"。《说文解字》："天神，引出万物者也。从示申。"汉语"神"的初文为"申"。甲骨文"申"作"〜"，像闪电。雷电就是神，这就是一种自然崇拜。不同于"天帝"，"神"在汉语中是抽象概念，并不指向某一个体。《礼记·祭法》："山林川谷丘陵，能出云为风雨，见怪物，皆曰神。"孔颖达疏："风雨云露并益于人，故皆曰神而得祭也。"

黎语中的"神"。以下是各方言点的读音：

保定（tiŋ³），中沙（vo:t⁷），黑土（phou³），西方（ten³），白沙（ten³），元门（ȵau⁶），通什（ten³），堑对（ten³），保城（ten³），加茂（kɔŋ³）。

黎语内部存在一些差异。

其中，保定、西方、白沙、通什、堑对、保城为同一来源。汉语"神"古音为：船母，臻开三，真韵，平声。"仙"为：心母，山开三，仙韵。按《海口方言语音研究》，船母读为"t"，臻开三读为"in"；心母读为"t"，山开三读为"in"。《海口方言词典》"神"作"tin²¹"，"仙"作"tin³⁵"。"神"和"仙"在海口汉语方言的读音基本相同。据此，保定这些方言点的"神"为汉语海南方言借词。中沙"vo:t⁷"在保定话中表"空"义。《壮侗语族语言词汇集》收入了该词，义为"鬼"，即"神"与"鬼"同。加茂、黑土、元门几个点的源流待考。

同族语"神"的读音：

壮（san²），布依（ɕie⁴），临高（tin²），傣西（saŋ¹），傣德（sa:ŋ¹），侗（sən²），仫佬（sən²），水（mjeu⁶），毛难（ma:ŋ¹）。

临高话与黎族保定等方言点的读音较为相近，两者当同源。在同族语中，不仅黎语，壮、东、仫佬等族同样借自汉语的"神"。

黎族"神"的崇拜受到汉文化的影响。黎族处于汉文化的包围圈，部分地区"神"一词借自汉语，也在情理之中。《黎族辟邪文化研究》："'神'是从汉族'道公'传入的。"如果这一结论正确，那么加茂、黑土、元门几个点的"神"很可能源自汉语的"道"和"公"。

对"神"的理解在黎族内部并不统一。这一现象的出现有两种解释：黎族人早期对神的理解是一致的，后受到周边民族文化影响，各地对神的理解发生了变异；黎族人对神的理解产生于族群分化之后。我们认为，第一种解释较为合理。

3. tiŋ³、vo:t 鬼

不同民族对鬼的理解并不相同。

汉语中的"鬼"。《说文解字》："鬼,人所归为鬼。从人,象鬼头。鬼阴气贼害,从厶。"《左传》："子产曰:鬼有所归,乃不为厉。"《列子·天瑞》："精神离形,各归其真,故谓之鬼。"《礼记·祭义》："众生必死,死必归土,此之谓鬼。"可见,华夏文化中的鬼是一种祖先崇拜。

黎语中的"鬼"。各方言点的读音:

保定(hwo:t⁷),中沙(vo:t⁷),黑土(vat⁷),西方(ten³),白沙(tshuai¹),元门(ȵau³),通什(vo:t⁸),堑对(vo:t⁸;tsha:i¹),保城(vɔ:t⁷),加茂(vɯat⁹)。

各方言并不完全一致。保定、中沙、黑土、通什、堑对、保城和加茂一致,西方、白沙和元门有异于其他方言点。中沙、西方、元门三个方言点的"神"与"鬼"的读音相同,即两者为同一个概念,这一点有别于汉文化。汉语"鬼"古音为:见母,止合三,尾韵,上声。《海口方言词典》有"鬼眠"一词,其中的"鬼"作"kui²¹⁴"。据《海口方言语音调查》,海口方言的见母可读为"k""h""x","鬼"读为"k"。从语音上,所有方言点的读音都与汉语没有联系。

同族语中的"鬼":

壮(fa:ŋ²),布依(fa:ŋ²),临高(hi²haŋ¹),傣西(phi¹),傣德(phi¹),侗(ȶui³),仫佬(la:i⁴),水(ma:ŋ¹;ȶui³),毛难(ma:ŋ¹ɕen⁶)。

这些词并不完全一致。壮、布依、水、毛难在语音上相通,有同源关系。同族语的"神"与"鬼"两个概念大都存在区别,与汉语没有关联。从语音上看,黎语"鬼"与同族语没有关系。

在鬼、神两个词的关系上,黎族部方言点与毛难语存在相似之处,即鬼与神存在密切关系。毛难"神"作"ma:ŋ¹","鬼"作"ma:ŋ¹ɕen⁶","鬼"一词以"神"为基础。《黎族文化初探》:"神鬼不分,善鬼恶鬼不分是黎族宗教观念的特点。"

黎语"tiŋ³"（鬼）一词，《黎汉词典》罗列了多个义项："1. 鬼……
2. 尸体……3. 死人。"黎语"鬼"像汉语一样与人存在密切的关系。从语
音上看，"tiŋ³"与汉语"灵"的读音可通。我们认为，该词为汉语借词，
因为该词也作为语素用于丧葬中"守灵"一词。（详见后文分析）

黎族"鬼"还有更广的外延。禁鬼，黎语作"tiŋ³kim³"，为合成词，
"tiŋ³"中心语语素（保定话等方言点表"神"），"kim³"为修饰语。《海
口方言词典》中"禁"读为"kim³⁵"，与黎语的"kim³"音相似。但这一
鬼名是否源自汉文化，仍值得考证。鬼名"pou²pa³"，"pou²"在黎语中
有"年""岁"之义，"pa³"及类似读音在黎语中有"狗"或"靶"之义，
具体意义仍需考证。鬼名"fa:i²"，《黎汉词典》："鬼名，传说这种鬼
在山神看守大野猪、鹿等。"

综上，黎语"鬼"一词与汉语"鬼"没有语音上的联系，不存在借用
关系，与周边民族也不同源。可见，黎族人对"鬼"有着自己的理解，并
未受到外族的影响。在黎族内部，各方言区的理解也不尽相同。

4. ŋa:m³（或ʔom¹）雷公

"雷"是一种熟悉而又令人震撼的自然现象，给人类带来了很多遐想，
也常被赋予斑斓的神话色彩。

汉语中的"雷"。"雷"字在甲骨文作"🜹""🜺""🜻""🜼"等形，
像雷电之形。该词在汉文化中意蕴深远。《山海经》："雷泽中有雷神，
龙身而人头，鼓其腹则雷也。"《楚辞·远游》："左雨师使径侍兮，右
雷公以为卫。"传说中，雷公为司雷之神，因属阳，故称公，又称雷师、
雷神。《说文解字》："雷，阴阳薄动雷雨，生物者也。从雨，畾象回转
形。"唐代沈既济《雷民传》："昔（雷州民）陈氏因雷雨昼冥，庭中得
大卵，覆之数月，卵破，有婴儿出焉。自后日有雷扣击户庭，入其室中，
就于儿所，似若孵哺者。岁余，儿能食，乃不复至。遂以为己子。（陈）
义即卵中儿也。"汉文献中类似的故事还很多。

黎语中有"雷"和"雷公"两个词，各方言点分别为：

雷：保定（ʔom¹），中沙（ʔom¹），黑土（ʔom¹），西方（ʔom¹），白沙（ʔom¹），元门（n̠a:m⁶），通什（n̠a:m³），堑对（n̠a:m⁶），保城（n̠a:m³），加茂（hu¹vuəi¹）；

雷公：保定（n̠a:m³），中沙（n̠a:m³），黑土（ʔom¹），西方（n̠a:m³），白沙（n̠a:m³），元门（n̠a:m⁶），通什（n̠a:m³），堑对（n̠a:m⁶），保城（n̠a:m³），加茂（hu¹vuəi¹）。

保定、中沙、西方、白沙的"雷"与"雷公"不同，其他方言点完全相同。从语音上看，"ʔom"与"n̠a:m"应当相通。我们认为，保定等方言点为区别两个概念而采用了音变的形式。除了加茂话，黎语各方言点彼此存在同源关系。总体上看，黎语内部较为一致。汉语"雷"的古音为：来母，蟹合一，灰韵，平声。《海口方言词典》"雷"作"lui²¹"，"雷公"作"lui²¹koŋ³⁵"。黎语"雷"借用汉语的可能性不大。

同族语的"雷"与"雷公"：

雷：壮（pla³；pla³ɣai²），布依（pja³），临高（lɔi²），傣西（fa⁴hɒ ŋ⁴），傣德（fa⁴），侗（pja³），仫佬（ləi⁶pɤa³），水（kəm⁴ʔn̠a³），毛难（va³），黎（ʔom¹）；

雷公：壮（pla³；pla³ɣai²），布依（tuə²pja³），临高（lɔi²），傣西（无），傣德（无），侗（pja³），仫佬（ləi⁶pɤa³），水（kəm⁴ʔn̠a³），毛难（无），黎（n̠a:m³）。

同族语内部差异较大。《黎语调查研究》"黎语的n̠声母，在壮、傣、侗、水语中一般读n或j，个别读d""黎语ʔ声母壮、傣、侗、水语等语言同源的不多，相同的词各语言也多读ʔ"。从语音角度看，黎语的"雷""雷公"与同族语没有同源关系，为自源词或有其他来源。

黎语表神鬼的"雷公"与自然的"雷"直接关联，表明在黎族文化中，自然"雷"被赋予神秘的力量，这正是自然崇拜的重要特征。从词的源流关系来看，黎族"雷公"这一概念的形成并未受到周边民族的影响，是一个独立的发生过程。

在黎族民间流传很多有关雷公的神话故事："雷公忍着痛，带着重伤（按，被尖峰岭脚下一位老农妇的第三个儿子用斧头砍伤），逃回天庭。他的伤一直没有痊愈，每当下雨的时候，雨水浸到他的伤口，便感到剧痛，有时忍耐不住了，便发出巨大的呻吟，轰轰的叫喊。这叫声便是现在下雨时的雷声了。"（《黎族民间故事集》中《雷公为什么在天上叫》的结尾部分）

又比如该书中的《雷公根》（节录）："打占拿着雷公的左脚，在天门外游了七七四十九天，寻找雷公算账。但天门紧闭，他无法进去，只好把雷公的左脚拿回家里用刀一节节剁下来。他每剁一下，雷公在天上就忍着一阵剧痛，擂打一阵打鼓，抽打一阵藤条和豹尾巴。于是天上便发出阵阵的电闪和雷鸣。"

传说中含有鲜明的黎族要素，诸如尖峰岭、藤条等。两个故事虽然不同，但传达出相同的情感，即对雷神的憎恨，同时也充满了积极向上的浪漫主义情怀。

实际上，雷对黎人来说既恨又爱。

"黎家自然崇拜的对象主要是雷公和稻谷的精灵……如遇到天大旱，他们就要以村社的名义集体举行求雨仪式，每家派出一名男子，由巫师主持，大家聚集在荒坡孤树下，仰望天空，敲打铜锣，在一阵阵震天的锣声中，巫师施展法术，念着咒语，目的想雷公鬼闻声后赶来，给人间降雨……黎家认为，雷公鬼不仅是天堂的主宰者，也是统管人间的神灵，特别是美孚黎这一支的黎族，结婚时都要将雷公鬼与祖先鬼并列祭拜。结婚的当口，男方是要摆设两张高矮不等的桌子，高的祭雷公鬼，矮的祭祖先鬼。"（《黎族文化溯源》）

《黎族文化初探》："有些地区的黎族还把雷公鬼的形象刻在发簪上；毛道乡黎族把'雷公石''雷公斧'拾回家用酒洗净，加一些米粒包起来放好，相信可以保护人畜平安。"

将雷公理解为天堂的主宰者，既有人类学共性，也有黎族人特有的理解。面对浩瀚无边的天，雷是最具体的，也是最具威力的。汉字的"神"从申，"申"的古文字字形取象的就是天上的闪电，即雷电。从这一点来看，人类对自然的认知是存在共性的。

5. gvou³van¹、thou²thi² 土地爷（土地神）

土地神，即视土地为神灵，是一种自然崇拜。

汉语中的"土地神"。在古汉语中又被称为"社"。《国语·鲁语上》："共工氏之伯九有也，其子曰后土，能平九土，故祀以为社。"韦昭注："社，后土之神也。"《说文解字》："社，地主也。从示土。"《公羊传·哀公四年》："社者，封也。"何休注："封土为社。"翟灏《通惜编·神鬼》："今凡社神，俱呼土地。"土地是华夏民族最重要的自然资源，在原始宗教中上升为神也在情理之中，甚至与"稷"构成"社稷"，以代指国家。古有所谓的"五祀"，即"户、灶、中溜、门、行也"，其中的"中溜"即"土地神"。《礼记·祭法》："王为群姓立社曰大社，诸侯为百姓立社曰国社，诸侯自立社曰侯社，大夫以下成群立社曰暑社。"可见，华夏文化中的土地神已有了等级之分。

黎语中的"土地神"。黎语保定话中有"土地神"一词，作"thau²thi²"。"thau²"在黎语中有"乌龟""平头箭""倒塌"几个意义，与"土地神"当无关联；"thi²"作为词没有其他的意义。海口方言"土地公"作"hou²¹⁴ʔdi³³koŋ³⁵"，黎语"thau²thi²"与前两个音节语音相似。可见，黎族"thau²thi²"源自汉语海南方言，但稍有变化。

同族语的"土地神"：

壮（tu²ti⁵vu:ŋ²；koŋ¹tai⁶），布依（ɕie⁴tu³ti⁶），临高（hu⁴di²koŋ³；kuŋ²həi⁴），傣西（无），傣德（phi¹lin⁶），侗（thu³ti⁶），仫佬（thu³ti⁶），水（kwaŋ¹khəm⁵），毛难（无）。

上述词存在两种情况：一种为汉语借词，一种为汉语改造词。部分同时存在两种情况。比如壮语有"tu²ti⁵vu:ŋ²""koŋ¹tai⁶"两个词形，前者为汉语借词，后者为汉语改造词（壮语语序）。侗、仫佬只有汉语借词。布依语借用了汉语的"tu³ti⁶"和"ɕie⁴"（爷），构词顺序为本民族语序。可见，汉文化中的"土地公"对南方诸民族的土地崇拜有较大的影响。

值得注意的是，黎语 "土地公"又作"gvou³van¹"，其中"gvou³"有"头""首领"之义，"van¹"有"土地"之义，当为自造词。

黎语"土地公"一词的源流说明：土地神化并非汉人所独有；汉文化的土地崇拜对南方诸民族的影响加大；黎族对土地崇拜有着自己的理解。以下是一则黎族有关"土地公"的传说故事。

"土地神因为看守村寨有功，玉皇嘉奖，决定要大大赏赐他，叫凡间修大庙给他住。大庙怎样大法呢？任凭土地神自己射一箭，箭矢落地方圆，就是庙堂的范围。玉皇摆好了靶场，准备叫土地神来射箭。土地神听到这个消息后，笑得合不拢嘴，喜欢得坐也坐不稳、睡也睡不着，想：我是天下最了不起的神了。射箭的时候，土地神更是得意忘形了，他哈哈地放声大笑，笑得四肢无力，瘫软在地上。箭头离弦就掉下来，落在他的脚下。玉皇上前一量正好二尺方圆，所以，土地庙就只有这么大。"（《黎族民间故事选·土地庙为什么这么小》）

不仅黎人的土地庙小，汉人的土地庙同样小。多半造型简单，于树下或路旁，以两块石头为壁，一块为顶，即可成为土地庙。故事中所提及的玉皇大帝与汉族的神系相同，黎族"土地公"所受汉文化影响由此可见。

《黎族文化初探》："在合亩制地区，地鬼是恶鬼……其他地区的黎族，由于受到汉族的影响，一般都认为地鬼是善鬼。可以保佑人畜平安，五谷丰登……许多地方在村头或村尾或同宗人都建有'土地公'庙，用二块石头垒成一个人字形（也个别村是用木偶）作为土地公。"

6. gwou³taŋ¹龙王（龙）

一般来说，龙是华夏文化的象征。不仅汉文化中有"龙"，南方诸民族的文化中也有"龙"。

汉文化中的"龙"具有丰富的意蕴。传说伏羲与女娲人首蛇身，故常被认为是龙的原型。龙在传统文化中与"水"的关系密切，《说文解字》：

"龙，鳞虫之长。能幽，能明，能细，能巨，能短，能长；春分而登天，秋分而潜渊。从肉，飞之形，童省声。"因为水，龙成为"龙王"。据相关研究，这与佛教的传入相关。《妙法莲华经》中曾记载了八位龙王，即难陀龙王、跋难陀龙王、婆伽罗龙王、和修吉龙王、五德义迦龙王、阿那婆达多龙王、摩那斯龙王和优钵罗龙王。佛教赋予了龙以宗教色彩。道教则让龙的内涵更世俗，更符合华夏民族的心理。道教里的龙不但能降雨除旱救火，还能让人获得福气、长生、升官等。在中国人眼里，凡是有水的地方，就有龙王。人们认为龙王能生风雨，保佑一方风调雨顺。华夏大地，龙王庙随处可见。当遇到久旱，乡民必先到龙王庙祭祀求雨。龙不仅被百姓所膜拜，还获得了历代王朝的推崇。唐代制定了祭五龙之制，宋大观二年（1108 年）宋徽宗下诏封五龙神为王爵，明清两代帝王也有封龙为王的举措。帝王的褒扬，使龙在华夏文化中大放光彩。黎族虽处海外一隅，但作为华夏民族的一部分，同样受到汉文化的影响。

黎语"龙"作"gwou³taŋ¹"，为合成词，其中"gwou³"义为"首领"，《黎汉词典》："taŋ¹，龙；仙类。"汉语"龙"的古音为：来母，通合三，钟韵，平声；《海口方言词典》读"龙"为"liaŋ²¹"；两者都为阳声韵，声母"t"和"l"发音部位接近。从语音上看，黎语"taŋ¹"当为汉语借词，后发生音变。不过，黎语并没有照搬汉语，而是融合了黎语的特点，即采用固有语素"gwou³"和构词法。这一差异从侧面说明该词的使用具有较长的历史，表明黎族人对龙有着自己的理解。

同族语的"龙"：

壮（luŋ²vuːŋ²），布依（luŋ⁴vuːŋ⁴），临高（luŋ⁴vuːŋ¹），傣西（pha⁴ja²nak⁵），傣德（xun¹laːk³ka²；vɒŋ⁴ŋək⁸），侗（ljoŋ²waːŋ²），仫佬（luŋ⁴joŋ²），水（luŋ⁴waːŋ⁴），毛难（无），黎（gwou³taŋ¹）。

在这些词中，发音相似的民族有壮、布依、临高、侗、仫佬族和水族，这些发音与汉语相通，当为汉语借词。可见，借用汉语"龙"并非黎语所独有。

7. tiŋ³tshi:n¹tau³、hwo:n¹tiŋ³灶王爷

灶，用砖石或其他材料制成的一种设备，可供烹饪、冶炼、烘焙等用。从人类学角度看，灶神是由原始的火崇拜发展起来的一种神祇崇拜。原始人在与大自然的搏斗中，学会了用火取暖、驱赶野兽、烹饪食物。火给予他们希望和力量，他们也为火营建了祭坛——火塘。伴随着这种崇拜，"灶"就产生了。

华夏文化中的"灶"。《说文解字》："灶，炊灶也。"在先秦文化中，灶不但是一种简单的炊具，而且蕴含着很多原始宗教文化。灶神的起源常见于古代各类文献，《淮南子·氾论》："炎帝作火而死为灶。"孔颖达注《礼记·礼器》："颛顼氏有子曰黎，为祝融，祀以为灶神。"《国语·郑语》："夫黎为高辛氏火正，以淳耀敦大，天明地德，光照四海，故命之曰'祝融'。"《酉阳杂俎·诺皋记》："灶神姓张名单，又名隗，字子郭，貌如美女。其妻小字卿忌。生有六女，都取名察洽。"灶神的内涵和力量也随着社会变迁而不断发展。葛洪《抱朴子·微旨》："月晦之夜，灶神亦上天白人罪状。大者夺纪。纪者，三百日也。小者夺算。算者，一百日也。"灶神成为沟通之人间与天界，传达着人间的重要信息的重要神祇。灶神的崇拜往往付诸各种祭祀形式。在秦代以前，祭灶就已成为国家祀典的"七祀"之一。到了汉代，祭灶又被列为大夫"五祀"之一。《论语·八佾》："王孙贾问曰：'与其媚于奥，宁媚于灶，何谓也？'子曰：'不然；获罪于天，无所祷也。'"《礼记·祭法》："庶士、庶人立一祀，或立户，或立灶。"贾逵注《左传》："句芒祀于户，祝融祀于灶，蓐收祀于门，玄冥祀于井，后土祀于中溜。"《淮南子·时则训》："孟夏之月……其祀灶。"高诱注："祝融吴回为高辛氏火正。死为火神。托祀于灶。是月火旺。故祀灶。"至今汉人仍有腊月二十三祭祀灶神的习俗。灶神是中国传统民间信仰最普遍的神祇，几乎各民族都有供奉，黎族也不例外。

黎族的灶神。黎语的"灶神"（或灶王爷）作"tiŋ³tshi:n¹tau³"或

"hwo:n¹tiŋ³"，两者皆为合成词。

"hwo:n¹tiŋ³"，其中"tiŋ³"有"神"之义（详见前文），《黎汉词典》：
"hwo:n¹，1. 烟；炊烟：~fei¹火烟。2. 熏：~ko:i¹。""烟"汉古音为：影
母，山开四，先韵，平声。据《海口方言语音研究》，影母在海口方言中
读为"ø""h""ŋ""z"，烟读为"ø"，山开四，读为"i""ai""aŋ"，
烟读为"in"。从语音上看，黎语"烟"一词与海口方言差异较大，借自
海南方言可能性较小。

黎语各方言点"炊烟"的读音（按，黎语中另有一词"烟"，保定话
作"za¹"，不同于"炊烟"）：

保定（hwo:n¹），中沙（ho:n¹），黑土（han¹），西方（ŋo:ŋ¹），白
沙（ŋuan¹），元门（ŋu:n¹），通什（go:n¹），堑对（vɔ:n¹），保城（hɔ:n¹），
加茂（huan⁴）。

各词虽有差异，但同源无疑。

以下是同族语"烟"的读音：

壮（hon²），布依（hɔn²），临高（kuan²duai³），傣西（xɒn²fai²），
傣德（xɒn²），侗（kwan²），仫佬（fi¹kwan¹），水（kwan²），毛难（kwan²），
黎（hwo:n¹；ho:n¹）。

黎语"炊烟"与同族语的壮、布依、傣德、侗、仫佬、水、毛难存在
明显的同源关系。可见，黎语"炊烟"是一个很古老的语词。壮侗语族中
的该词是否与汉语同源值得考证。

"hwo:n¹tiŋ³"的两个语素存在偏正关系。按黎语语法，中心语素"tiŋ³"
当处于前方，而这里没有，显然受到汉语语法的影响。前文已分析，"tiŋ³"
为汉语借词，而"hwo:n¹"又是一个较为古老的语词。可见，该词既古老
又很年轻。从文化学上看，黎族人对"灶"文化既有自己的理解，又深受
汉文化的影响。

"tiŋ³tshi:n¹tau³"同样为合成词。"tiŋ³"义为神，"tshi:n¹tau³"义为
"灶"，"tiŋ³tshi:n¹tau³"即灶神，语素顺序符合黎语语法规则。以下是黎

族"灶"各方言点的读音：

保定（tshi:n¹tau¹），中沙（tshi:n¹tau³），黑土（tshi:n¹tau³），西方（tshi:ŋ¹sau³），白沙（tshi:ŋ¹tshau³），元门（tshi:n¹ tshau³），通什（tshi:n¹ tau⁶），堑对（ka¹ta:u⁶），保城（tshi:n¹tau³），加茂（tshi:n¹tsha:u¹）。

包括加茂话在内的各方言点读音基本相似（黎语中的加茂话与其他方言点的读音差异相对较大），当同出一源。汉语"灶"的古音为：精母，效开一，号韵（豪韵），去声。据《海口方言语音研究》，精母在海口方言中可读为"t""ts""s"，效开一读为"au"。《海口方言词典》："灶，tau³⁵，用砖、土坯、金属等制成的生火做法的设备。"《海口方言词典》："灶公，tau³⁵koŋ³⁵，灶王爷，旧时迷信的人在锅灶附近供的神，认为他掌管一家的祸福财气。"黎语保定话中的"tau¹"与海口方言基本相同，当为汉语海南方言借词。tshi:n¹，《黎汉词典》："tshi:n¹，石头。"汉语"石"的古音为：禅母，梗开三，昔韵，入声。《海口方言词典》读为"tsio³³"。同族语的读音为：

壮（ɣin¹），布依（zin¹），临高（din²），傣西（mak⁹hin¹），傣德（ma:k⁸hin¹），侗（ȶin¹），仫佬（tui²），水（tin²），毛难（tui²），黎（tshi:n¹）。

据《黎语调查研究》，黎语的"tsh"声母大部分的字相当于壮傣语支的"r声类"，其余有几种读法，即"ɣ""t""h"。黎语"tshi:n¹"源于古壮侗语。

综上，"tshi:n¹tau³"义为石灶。《黎汉词典》："tshi:n¹tau³，三石灶（用三块石头垒成的灶）。"语素"tshi:n¹"（石）为黎语自源词，而"tau³"为汉语借词，其语素顺序亦为汉语语序。"tiŋ³tshi:n¹tau³"一词，中心语"tiŋ³"却在前，又符合黎语语法特点。可见，黎语"tiŋ³tshi:n¹tau³"同时融合了黎、汉两种语言的特点，说明黎族的"灶王爷"是在汉文化影响下产生的宗教信仰。

《黎族辟邪文化研究》："设于室内的三石灶不得跨越、敲击和移动。每年农历十二月二十三日这一天，陵水杞方言黎族、哈方言黎族仿汉族人

'送灶公（神）上天'的祀神习俗。每个黎家要制两张纸马，一张贴于灶壁，另一张祭后烧掉，并供4个饭团、1块猪肉、3杯酒等供品，以示送'灶公'上天。"《黎族文化初探》："有的地区的黎族忌在家里煮狗肉，生怕得罪了灶公；而有些地区的黎族则禁吃狗肉，因为他们认为吃了狗肉会得罪灶公……加茂地区的黎族在牛、猪、狗等牲畜怀孕期间，忌将灶灰掏出……当新娘被接到新郎家后，男家便祝福新娘洗米煮饭，完后新郎在灶的三块石头上各敷一小块芭蕉叶，然后放一些饭在上面，说是'搭锅'……"

可见，黎人的"灶"文化既有自己的特点，又深受汉文化的影响。

8. tshi:n¹za¹ 石精（石头崇拜）

石头在人类发展历史中扮演了重要的角色。毛泽东《贺新郎·咏史》"人猿相揖别，只几个石头磨过，小儿时节。"在旧石器时代和新石器时代，石头曾是最重要的工具之一。世界上很多民族都有石头崇拜的信仰，藏族有"玛尼石"，闽西客家地区有"石仙祖师""石老菩萨"，羌族有"白石崇拜"。

在华夏文化中，石头崇拜同样存在，并演绎了很多神话传说。《说文解字》："祏，宗庙主也。《周礼》有郊、宗、石室。一曰大夫以石为主。从示从石，石亦声。""女娲炼石补天"是人们耳熟能详的传说："往古之时，四极废，九州岛岛裂，天不兼覆，地不周载，火爁焱而不灭，水浩洋而不息，猛兽食颛民，鸷鸟攫老弱。于是，女娲炼五色石以补苍天，断鳌足以立四极，杀黑龙以济冀州，积芦灰以止淫水。苍天补，四极正；淫水涸，冀州平……"

华夏文化中的玉文化实质上也是一种石崇拜。《说文解字》："石之美。有五德：润泽以温，仁之方也；䚡理自外，可以知中，义之方也；其声舒扬，専以远闻，智之方也；不桡而折，勇之方也；锐廉而不技，絜之方也。象三玉之连。｜，其贯也。凡玉之属皆从玉。……"

作为华夏民族的一员，黎族同样存在"石"崇拜。

黎语中有"石精"一词，作"tshi:n¹za¹"，《黎汉词典》："tshi:n¹za¹，

精石，灵石。"各方言点的读音：

保定（tshi:n¹za¹），中沙（tshi:n¹za¹），黑土（tshi:n¹za¹），西方（tshiŋ¹baŋ¹foŋ¹），白沙（tshiŋ⁴za¹），元门（tshin¹za⁴），通什（tshi:n¹za⁴），堑对（tshi:n¹za⁴），保城（tshi:n¹za¹），加茂（tshi:n¹tso¹）。

这些词的读音基本相同，"精石、灵石"应该是黎族内部较为统一的自然崇拜。"tshi:n¹za¹"为合成词，"tshi:n¹"义"石"；"za¹"在黎语中有两个意义：① 老人，老迈。常用于构词，如老人 a:u¹za¹或ɯ³za¹、母亲 pai³za¹、父亲 pha³za¹、曾祖父 phou³za¹。② 烟、药、医治等义。我们认为"tshi:n¹za¹"中的 za¹当从"老人"义，蕴含敬重之义。"tshi:n¹"和"za¹"都为黎语自有词，故这一概念当为黎族文化所自有。

石头在黎族地区被赋予神奇的力量，成为黎族人膜拜的对象。"从形体上看，最大者形同小屋，最小者比椰子还小。'头替'（按：石头）的安放多在村口的隐蔽地方或村外风水较好之处。环境圣洁，不让牲畜践踏，不许人们玷污，也不随便告诉外人，本村人也很少发生'犯忌'的事。'头替'的选择，一说，村寨迁入新地方，道公选择。一说，村寨的某个人偶然发现了一块石头具有灵气，诸如能逢凶化吉，给人以帮助而取得人们的崇拜，就称为神物。每逢黎族盛大的节日时，全村男子集中在'头替'面前举行宗教仪式，进行祭牲，拉来一头，宰割，烧煮，祭献，膜拜，跳舞聚餐饮酒。"（董旭，1993）《黎族文化初探》："有些地区的黎族，对于一般石头中的特别形状的石头是很珍惜的，特别是巫师，对这种石头更是视若珍宝……大多数黎族地区建有土地公庙，他们用石头垒成土地公，不是毫无意识的，他们相信石头能战胜恶鬼……若遇到生出来的孩子都是夭折的，那么夫妇俩只好同去河边，任意拾起河中的石头，并对石头说：'我俩不幸碰到了生而不育的命运，请给我俩以健康的孩子吧。'"《黎族文化溯源》："土地庙虽小……庙里既没有神位，也没有香炉，只有一块形状像男生生殖器似的石头，黎家称为'石且'。"

在黎族地区，石头也用于占卜。黎语有"tshi:n¹ze:ŋ¹"一词，义为"占卜用的石块"，其中"ze:ŋ¹"有两个意思：①动物"羊"；②黄色。此处当表石头的颜色。石头用于搭建"灶"，即上文分析的"三石灶"，作"tshi:n¹tau³"。用于取火，即火石，作"tshi:n¹fei¹"，又作"hu:i³tsiu¹"。用于护身，《黎汉词典》："aŋ²，护身石。"

9. 小结

各民族都有自己的自然崇拜，但其间往往存在很多共通性。

从现存黎语资料来看，黎族自然崇拜对象主要有日、天、地、雷、火、龙、石等，总体数量不多，但已初步形成了一个自然信仰的体系。

黎族的自然崇拜有自己的特点。在这些与自然崇拜有关的语词中，有一部分为黎语自有词，这些词蕴含着黎族人对这些崇拜对象特有的理解。黎族的自然崇拜有着自己的形式、地域特色和特有的情感。

黎语的自然崇拜深受汉文化的影响。从黎、汉两族接触开始，这种影响就一直持续。汉文化中的此类崇拜或直接进入黎族文化，或改变黎族已有的宗教文化，或对黎语宗教文化进行改造。

与周边民族相比，黎族所受到的汉文化影响相对要小。自然崇拜相关语词异同比较见表4-1。

表4-1　自然崇拜相关语词的异同比较

	黎	汉	壮侗
上帝（日、地、天）	+	-	-
神	+	+	+
雷公	+	-	-
土地爷	+		
龙王（龙）	+	+	+
灶王爷（火）	+	+	+

注："+"表有同源关系，"-"表不同源。

撇开现存的语言资料，黎族自然崇拜的对象还很多。

山鬼。《黎族文化初探》："他们却认为山上的飞禽走兽都受制于山鬼，谁要想狩猎，就要祭山鬼，请求山鬼的允许。""种山栏，是黎族原始的农业生产方式。由于是在山上种，因此，认为这种活动也受到山鬼的管辖。"

水鬼。《黎族文化初探》："认为水鬼寄身于河里，据说是由人过河时被河水溺死后所变的。水鬼有水浮鬼、水串鬼、落水鬼、水谷鬼等等。"

又有石头鬼、木头鬼、门口鬼、垃圾鬼、竹筒鬼、牛鬼、蛇鬼、猴子鬼、猪鬼、鼠鬼、虫鬼、龙鬼等。

二　黎语中的祖先崇拜

1. phut⁷phou³祖宗

世界各民族都存在祖先崇拜的现象。比如，朝鲜族要为先人举行"祭礼""祭祀""周年祭"等。越南人无论信仰什么宗教，都会在自家中设立祖先的神龛，焚香上供，并将后人的照片向先人供奉。印度教有一种仪式"塔帕纳"，家庭如有人去世，每年十月，家中的男人们会向恒河中放入写有梵文的赞美诗，祝先人早入轮回。欧洲天主教国家每年 11 月 1 日为万圣节，是为去世的亲属点蜡烛的节日。爱尔兰有"萨万节"，认为逝者会回到自己家中，这一天不关灯、不关门，家里准备好各种食品，供祖先享用。非洲人敬畏祖先，害怕祖先的灵魂会打扰自己的家庭，希望他们远去成仙。

华夏文化中的祖先崇拜。《说文解字》："祖，始庙也，从示且声。"《诗经·小雅》："似续妣祖。"《周礼·冬官》："左祖右社。"《说文解字》："宗，尊祖庙也。"与"祖"同义。《礼记·祭法》："有虞氏祖颛顼而宗尧，夏后氏祖颛顼而宗禹，殷人祖契而宗汤，周人祖文王而宗武王。"孔颖达疏："祖，始也，言为道德之初始，故云祖也。宗，尊也，以有德可尊，故云宗。""祖"和"宗"都从"示"。"示"古文字由神主和液态物（当为祭品）构成，含该部件的字一般与祭祀有关。华夏民族

至少商周时期已经为祖先营建祭祀场所，以表示对祖先的哀思。

黎族的祖先崇拜。黎语"祖宗"一词各方言点作：

保定（phut⁷phou³），中沙（phut⁷phau³），黑土（rau³ren¹；phut⁷），西方（phok⁷phau³），白沙（phau³phok⁷），元门（koŋ⁴tau⁴），通什（phut⁷phou³），堑对（phut⁷phau³），保城（phə:u⁶），加茂（pə:u⁴tuən⁴）。

各地方言共同点在于：都含有一个"祖父"（保定话中的"phou³"）的语素。不同点在于：保定、中沙、西方、白沙、通什、堑对含有一个"曾祖父"的语素，元门的"koŋ⁴"在仫佬族中有"祖父"之义。黎语的"祖宗"为复合词，大都由"祖父"和"曾祖父"合成表"祖宗"。同族语的"祖宗"大都含有表"祖父"或"曾祖"的语素：

壮（ço³koŋ¹），布依（pau⁵ʑa⁶，çoŋ¹ço³），临高（kuŋ²tso³），傣西（tso⁶pu⁵mɒn⁵），傣德（mɒn⁵len¹），侗（qoŋ³ma:ŋ⁶），仫佬（kɔŋ¹ma:ŋ⁶），水（qoŋ⁵ja⁴），毛难（kɔŋ⁵mu⁴）。

比如，侗语的"祖宗"一词等同于"曾祖父"一词。黎语"祖宗"的构词语素与汉语没有联系，构词理据也有不同，汉语更侧重祭祀。与同族语相比，在构词语素和构词理据方面有相通之处。

黎族的祖宗崇拜表现在丧葬习俗中，《黎族辟邪文化研究》："因为有了这种观念，使得黎族人不再随便处置尸体，而是要极力讲求葬式，并通过葬式表现出对死者的尊崇和敬畏，或者厌恶和唾弃。直到现在，黎族各方言区对丧葬仍极重视，葬礼很隆重，各有一套葬俗。只有严格按有关葬俗礼仪行事，才能使死者的亡灵得到'安息'，活着的人也才能得到安宁。"

黎族人对祖先心存敬畏。《黎族辟邪文化研究》："黎族人认为只要某个人或黎家有怪异现象出现了，是说'祖先鬼'回家来了，孰福孰祸，得及时请'鬼公''娘母'来降神问鬼，查明原因，以便禳灾求福。"《黎语调查研究》："当祖父或祖母去世之后，为了避讳，对其余的人一律改用曾祖一辈的称谓。如祖父去世之后，对伯祖、叔祖就不能再称 phou³，

一律改称 phut⁷（曾祖父）；祖母去世之后，对伯祖母、叔祖母就不再称
tsaɯ³，一律改称 tsɯt⁷（曾祖母）。"

2. hwəɯ¹鬼魂（灵魂）

鬼魂说存在于世界各民族的文化中。一般认为，人死后则化为魂。对
于魂灵，人们既敬又惧，故往往求助于各类祭祀。在某种程度上说，鬼魂
信仰是祖先信仰的一种表现。

华夏文化中有关灵魂的学说较为丰富。《说文解字》："魂，阳气也。
从鬼云声。"《左传·昭公七年》："及子产适晋，赵景子问焉，曰：'伯
有犹能为鬼乎？'子产曰：'能。人生始化曰魄，既生魄，阳曰魂。用物
精多，则魂魄强。是以有精爽，至于神明。匹夫匹妇强死，其魂魄犹能冯
依于人，以为淫厉。况良霄，我先君穆公之胄，子良之孙，子耳之子，敝邑
之卿，从政三世矣。郑虽无腆，抑谚曰：蕞尔国。而三世执其政柄，其用
物也弘矣，其取精也多矣。其族又大，所冯厚矣。而强死，能为鬼，不亦
宜乎？'"孔颖达疏："魂魄，神灵之名。附形之灵为魄。附气之神为魂也。"
《淮南子·说山训》："魄问于魂。"高诱注："魄，人阴神；魂，人阳神。"
可见，华夏民族早在先秦时期已形成了清晰的"魂魄"观念。

黎族的灵魂观。各方言点"灵魂"一词分别为：

保定（hwəɯ¹），中沙（həɯ¹），黑土（həɯ¹），西方（ŋeɯ¹），白沙
（ŋeɯ¹），元门（ɱeɯ¹），通什（gweɯ¹），堑对（veɯ¹），保城（hweɯ¹），
加茂（ha⁴）。

黎语内部较为一致。汉语"魂"的古音为：匣母，臻合一，魂韵，平
声。据《海口方言语音研究》，匣母在海口方言中可读为"k""ø""h"
"z""x"，"魂"则读为"h"，韵"魂合一"读为"un"。从语音上看，
黎语"魂"很可能借自汉语。

同族语"魂"的读音：

壮（hon²；hon²san²），布依（kən⁵hon¹），临高（huŋ²tin²），傣
西（xvɒn¹），傣德（xɒn¹），侗（kwan¹），仫佬（wən²pɛk⁸），水（kwan¹），

毛难（kwan[1]）。

从语音上看，这些语言的读音是相通的，当同源。我们认为，包括黎语在内的这些同族语的"魂"都为汉语借词。

可见，"魂"是广大华夏民族共有的一种原始宗教文化。

在黎族的鬼魂文化中，"魂"可以存在于黎族人生活里的任何一个物件中。

"黎族人认为万物都有同人的灵魂一样的灵气，如'牛魂''兽魂''谷魂''石魂''鼓魂''锣魂'等等，并用这种'魂气'来解释人的祸福、吉凶、饥饱、善恶等复杂的社会现象……'牛日'为牛招魂；每逢要收割时要留下'谷魂'；借米，还米时要在碗中留下几粒米作为'米魂'。"（《黎族辟邪文化研究》）

这是黎族鬼魂文化的一大特色。

3. 小结

祖先崇拜普遍存在于各大文明中。

从传世汉籍来看，华夏民族的祖先崇拜有以下几个特点：一是对祖先的尊崇；二是巩固宗族制度的一种方式；三是乞求美好的愿望，驱灾辟邪。

黎语的上述语词虽与汉语没有关联，但在构词理据和内涵上却有相通之处。这种相通既与民族文化共通性有关，也与华夏文明内部互相影响密切相关。从现有研究来看，黎族的祖先崇拜充满了世俗气息。

三　黎语中的外来崇拜

世界各族文化既互相对立，又互相交融。黎族是一个自身文化并不发达的民族，没有自己的文字，更易受到外来文化的影响。

1. but[3]佛

佛教诞生距今已有两千多年，是世界三大宗教之一，一般认为是由古印度迦毗罗卫国（今尼泊尔境内）王子乔达摩·悉达多所创。佛教传入中国后，对华夏文明的影响颇为深远。

汉语"佛"。《说文解字》："佛，见不审也。从人弗声。"汉以前的"佛"字尚未运用于佛教。《礼记·学记》："其施之也悖，其求之也佛。"此为"逆"义。用于佛教的"佛"为梵文"Buddha"音译，意译为"觉者""知者""觉"。

佛教的传入。《后汉书·西域传》："西方有神，名曰佛。"佛教传入中国，最广泛的说法是东汉永平十年（67），汉明帝派遣使者至西域广求佛像及经典，并迎请迦叶摩腾、竺法兰等僧至洛阳，在洛阳建立第一座官办寺庙——白马寺，为中国寺院的发祥地，并于此寺完成中国最早传译的佛典《四十二章经》。北传的佛教分陆路和海路两条线进行。陆路经西北印度和西域诸国古丝绸之路传入中国（印度大月氏贵霜皇朝等时代，其势力范围曾直接覆盖到西域诸地，与中国西部边境接壤），另一路由海路直接传入中国南方，如达摩、真谛等大祖师，均从海路直接来到中国在广州登陆后北上。

佛教的盛行。南北朝时期，佛教已在全国盛行。梁武帝在鸡笼山创建同泰寺，并使寺门正对着宫门，以方便出入。其本人曾四度舍身同泰寺做和尚，被人称为"菩萨皇帝"。唐朝杜牧有"南朝四百八十寺，多少楼台烟雨中"。作为华夏民族的一部分，黎族不可能不受到佛教的影响。

黎语"佛"一词作"but³"。汉语"佛"古音为：奉母，臻合三，物韵，入声。《海口方言词典》"佛祖，ʔbut³³tou²¹⁴"，"指佛教始祖释迦牟尼，也泛称佛教的神：拜……"。黎语"but³"与海口方言基本相同，为汉语海南方言借词。同族语的读音分别为：

壮（pat⁸），布依（tuə²pat⁸），临高（fət⁸），傣西（pha⁶tsau³），傣德（pha²la²），侗（hu²），仫佬（fat³），水（fu²）。

从语音上看，这些语言当同源。不同于这些同族语，黎语的发音更接近海口方言，故黎族人当是通过海南汉人吸纳了佛教文化。《元史·文宗本纪三》（卷三四）：至顺元年（1330年）正月"赐海南大兴龙普寺钞万锭，市永业地"。又《广东通志·宦绩二十三》（卷二五三）：宣德间，徐鉴守琼，为革除黎人杀牛祭鬼之俗，乃倡行佛教以代替之，"费鉴以佛老虽非正，然不害物命，犹善于此，乃许巨室修饰寺观以移积习。自是有病者不杀牛而民用稍纾"。

寺庙是传播佛教的场所，是佛教在一个地区传播和发展的标志。黎语有"佛寺"一词，作"ploŋ³but³"，为合成词，其中"ploŋ³"义为"房子"，为中心语；"but³"即佛，为限定语。限定语在后，中心语在前，符合黎语的语法特点，说明该词并未借用汉语。"ploŋ³but³"成熟的构词方式表明该词产生和使用有较长的历史，从侧面表明佛教较早地在黎族地区得到传播。

"早在唐代武则天统治时期的天授元年（公元 690 年）十月，她命令全国各州都要建一座佛寺，斯时的三亚崖城建了大云寺。天宝八年（公元 749 年），唐僧鉴真和尚东渡日本时，由于风浪的袭击，被漂流到宁远（古振州所辖），住进大云寺，当时的大云寺佛殿已废坏不堪，鉴真及其随从弟子们便着手修建，用了一年时间终于修缮竣工。"（《黎族辟邪文化研究》）

五代时，琼山建有乾享寺。宋代，在琼山县城东南的南桥有开元寺。周去非有"南蕃及黎人人慕佛相好"。

2. pha³thou²道（道公）

道教是中国的本土宗教，其教义蕴含古代的鬼神崇拜、黄老道家思想和神仙方术等。

道教迄今已有两千多年的历史，在华夏文化中具有重要的地位。道教大约出现于东汉末年，有"太平道"、"五斗米"道等名称。《三国志》："陵（张道陵），客蜀，学道鹄鸣山中，造作道书以惑百姓，从受道者出五斗米，故世号'米贼'。"又《三国志》："以鬼道教民，自号'师君'。其来学道者，初皆名'鬼卒'。受本道已信，号'祭酒'。各领部众，多者为治头大祭酒。"唐朝以道教李耳后裔自居，故道教成为国教，位居三教之首。宋徽宗笃信道教，自封为"教主道君皇帝"。

南方诸民族信鬼神崇巫觋，黎族也是如此。《太平寰宇记·岭南道十三》（卷一六九）：琼州黎人，"病无药饵，但烹羊、犬祀神而已"。李光《元夕阴雨孤城愁坐适魏十二介然书来言琼台将然万炬因以寄之》："荒祠鼓坎坎，老巫舞蹁跹。异城俗尚鬼，殊形耳垂肩。"这种信仰正好与道教教义有着相似之处。

黎语中有"道公"一词，作"pha³thou²"。"pha³"有"男性""公的""父亲"等义，常作职名的前置语素，例如石匠"pha³tha:i²"，船夫"pha³tshe:u²va¹"等；据《黎汉词典》，"thou²"亦表示"道公"。 汉语"道"古音为：定母，效开一，晧韵，上声。《海口方言词典》收入"道士"和"师爸公"两个词，"道士，ʔdau³³si³³出家的道教徒""师爸公，ta³⁴ʔbɛ³³koŋ³⁴，指不出家的道教徒"。从语音上看，黎语"thou²"与海口方言"ʔdau³³"的读音可通，即黎语"thou²"为汉语海南方言借词。

现有黎语文化仍残留着中原道教文化影响的痕迹。《方舆胜览·吉阳军》（卷四三）引胡邦衡（胡铨，南宋人）云："吉阳夷俗多阴阳拘忌，有数十年不葬其亲者。"这当受到道家阴阳学的影响。《黎族辟邪文化研究》："黎族人接受道教的思想，在明末清初时方有文字记载，'傩'也应是这时由汉族巫觋传入五指山区的。""1928 年道教已开始传入五指山市番阳镇毛或村、琼中县堑对村等。""道教辟邪文化对黎族的影响，具体反映在：1.'鬼魂'变神灵。2.'鬼公'变'道公'。3. 实物符变鬼画符。4. 蛋卜变'风水'。"

四 小结

黎族的神鬼系统是一个杂糅的系统，有本民族的原始宗教成分，也有外来的宗教成分，且以外来成分居多。

黎族的神鬼系统是一个完整的系统。整个系统包含自然崇拜、祖先崇拜和成熟的宗教信仰。

黎族的神鬼系统基本上融入了华夏文明系统。从现有语词来看，现有黎族的神鬼系统与汉族的神鬼系统基本相同。

第二节 黎语中的神职人员

有了宗教，也就有了从事宗教的神职人员。在这些人中，有些专职，有些兼职。这些人对宗教的传承和发展起着重要的作用。

一 pha³kim³禁公与 pai³kim³禁母

《黎汉词典》："pha³kim³，禁公，迷信风俗认为某些身附着恶魔能施放法术使人生病的人。""pai³kim³，禁母，迷信风俗认为某些身附着恶魔能施放法术使人生病的女人。"两个词的构词方式同，只是"pha³"和"pai³"不同（两者在此表达性别）。"kim³"在黎语中不单独使用。

各方言点的"禁"读音较为统一：

保定（pai³kim³），中沙（mei³kim³），黑土（mei³kim³），西方（pai³kem³），白沙（pai³kem³），元门（pai⁶kem³），通什（pi⁶kim³），堑对（phi⁶kim³），保城（pi⁶kim³），加茂（ma:i⁵kim¹）。

"禁"当是黎族内部较为普遍的宗教现象。汉语"禁"古音为：见母，深开三，沁韵，去声。《海口方言词典》"禁"读音为"kim³⁵"。《黎族史》："调查资料表明，在黎区，蛊名'禁'，男曰'禁公'，女曰'禁母'。"汉语"蛊"古音为：见母，遇合一，姥韵，上升。从语音上看，汉语"蛊"与黎语"禁"声母同，但韵母差异较大，当另有来源。

甲骨文"蛊"作"🐛"（一期合集一七一八），从虫从皿，有祸祟之义。《周礼·秋官·庶氏》："掌除毒蛊。"《说文解字》："腹中虫也。《春秋传》曰：'皿虫为蛊。''晦淫之所生也'，枭桀死之鬼亦为蛊。从虫从皿。皿，物之用也。"《隋书·地理志》："其法以五月五日聚百种虫，大者至蛇，小者至虱，合置器中，令自相啖，余一种存者留之，蛇则曰蛇蛊，虱则曰虱蛊，行以杀人，因食入人腹内，食其五脏，死则其产移入蛊主之家。""蛊"为一种歹毒的方术。早期是指炼制的一种毒物，后来发展为一种宗教巫术，历史上不乏相关记载，流传至今的《诅楚文》即为一例。《汉书·武五子传》："昭帝时，胥见上年少无子，有觊欲心，而楚地巫鬼，胥迎女巫李女须，使下神祝诅……祝诅事发觉，胥惶恐，药杀巫及宫人二十余人以绝口。"《史记·封禅书》："丁夫人、雒阳虞初等以方祠诅匈奴、大宛焉。"《汉书·王莽传》："宗姊妨为卫交军王兴夫人，祝诅姑，杀婢以绝口。事发觉，莽使中常侍责问妨，并以责兴，皆自杀。"《续资治通鉴·宋太祖乾德二年》："徙永州诸县民之畜蛊者三百二十六家，于县之僻处，不得复齿于乡。"《红楼梦》第二十五回及八十一回，赵姨娘买通女巫马道婆剪纸人和做木偶人陷害凤姐与贾宝玉。毒蛊指用毒虫害人。

放蛊不仅存在于中原，而且同样存在于西南少数民族中。

明张介宾《景岳全书》："世传广粤深山之人，于端午日以毒蛇、蜈蚣、蛤蟆三物同器盛之，任其互相吞食，俟一物独存者则以为蛊，又谓之挑生蛊。"普米族：将蛇、蜂、蝴蝶等，均放在一个陶罐内，任其互相蚕食，最后剩下什么，就以它制成蛊药，有蛇蛊、蜂蛊、蝴蝶蛊等，取之施人则令人下泻、腹痛，最后死去（宋兆麟，1989）。傈僳族：于每年的端午节日去野外捕捉毒虫，置旧陶器中，让这些小虫子自相残杀，最后剩下来的一个即可拿来饲养。饲养者将死去的毒虫丢弃，将所养之物置于陶器皿中，并以五色线绕红布盖好罐口，每天以主人的唾沫饲养它，经年余后，便成了蛊（西南民族学院图书馆，1986）。

黎族历史上的"放蛊"。《明史·刘仕貆传》（卷一四〇）：洪武十五年（1382 年），授广东按察司佥事，分司琼州，"琼州善蛊。上官至，辄致所产珍货为赟。受则喜，不受则惧。按治，蛊杀之，仕琼者多为所污。仕貆廉且惠，轻徭理枉，大得民和。虽却其赟，夷人不忍害也"。《黎族史》："禁公之法多是：将对方名字写在纸条上，然后把它或置于深山中，或钉在大树上，或压在石头下，并加以诅咒，使之生病甚至致死。禁母则是因其灵魂不安分，凡碰上其游魂者则要生病倒霉。"（吴永章，1997）

黎语"禁"与壮语的关系。壮语中的"巫婆"作"gimq"，"禁""禁止"亦作"gimq"，"忌讳"作"gimh"，这三个音与黎语的"kim³"音相近，义相关，两者存在同源关系。由此，黎族"蛊"文化与南方民族的"蛊"文化同出一源，是一种较为古老的文化现象。

二 puːŋ¹巫（或娘母与娘公）

巫，甲骨文作"$\overline{\overline{\mp}}$"。《说文解字》："祝也。女能事无形，以舞降神者也。象人两褎舞形。与工同意。"巫为通神之女性。《楚语》："古者民之精爽不携二者，而又能齐肃中正，其知能上下比义，其圣能光远宣朗，其明能光照之，其聪能听彻之，如是则神明降之。在男曰觋，在女曰巫。""觋"，《说文解字》："能斋肃事神明也。在男曰觋，在女曰巫。从巫从见。"觋即男性巫师。从文字发展角度来看，"巫"当早于"觋"。《山海经》："开明东有巫彭，巫抵，巫阳，巫履，巫凡，巫相。"郭璞注："皆神医也。"巫与医相通。

黎语"巫"各方言点的读音：

保定（puːŋ¹），中沙（puːŋ¹），黑土（muːŋ¹），西方（puɯŋ²），白沙（nəŋ²），元门（pai³liaʔ⁷），通什（puːŋ⁴），堑对（phɯaŋ⁴），保城（puːŋ⁴），加茂（ma:i⁵tshua¹）。

除了元门和加茂，其他各方言点的读音较为一致，说明"巫"这一巫术文化在黎族内部较为统一。保定话除"puːŋ¹"，还有"pai³puːŋ¹"一词。"puːŋ¹"与"pai³puːŋ¹"的区别在于"pai³"（男性）。"puːŋ¹"当早于"pai³puːŋ¹"，"pai³puːŋ¹"在于区别男性巫师（娘公）的出现，这表明黎族巫文化中先有"娘母"，后有"娘公"，即原始时期的巫师开始于"女性"。这与汉语的"巫"和"觋"相似。

"它应源于古代的女巫，当时的一切宗教辟邪文化活动，都由黎族妇女担任，是母系氏族神权的代表。而一代一代后继接班的新'娘母'之来源，大多是那些长期疾病缠身，多次做鬼又无法把并病治愈的，只得去请老'娘母'到家里，用树叶煮成茶，置 2 杯茶在病人面前，先由老'娘母'祷告查问'娘母神'，是否需要这位患病的黎族妇女接老'娘母'的班？若'娘母神'表示首肯，并能使这位患病的人在一两个月内病愈了，她就要在自家安起'娘母神'架，跟老'娘母'学习驱鬼治病的方法了。请老'娘母'过家后，要宰猪杀鸡，一连三昼夜饮酒吃饭，敲锣击古鼓跳舞，唱'娘母'歌。自此，老'娘母'每到一处做法事，新徒弟要跟随其后，实地学习，直到老'娘母'认为新徒弟可以独立做法事为止。"（《黎族辟邪文化研究》）

汉语"巫"，古音为：微母，遇合三，虞韵，平声。据《海口方言语音研究》，微母读为"m"或"v"，虞韵读为"u"。从语音上看，黎语各方言点的读音与汉语的"巫"没联系。汉语"娘"的古音为：泥母，宕开三，阳韵，平声。《海口方言词典》作"nio²¹"，《临高汉词典》作"nia"。临高话中的"巫婆"作"mai⁴kuan¹liaŋ²"（kuan¹liaŋ²，《临高汉词典》：跳神，女巫或巫师矫托鬼神替仁决吉凶），其中 liaŋ² 是否为"娘"的借音仍需考证。黎语白沙方言点的"nəŋ²"、元门"pai³liaʔ⁷"中的"liaʔ⁷"与"娘"的读音存在相通的可能。如果黎语和临高话中的"liaʔ⁷"、"liaŋ²"与汉语"娘"相通，那么说明黎族的此类巫文化也受到中原文化的影响。

笔者所在家乡（江西临川）同样存在此类的女巫，被认为能通神，可以救治一些似乎莫名的疾病。其传承方式与上文黎族所调查的情况类似，即女弟子曾经得过病，因病而成为女巫的弟子。当地称这种人为"仙家"。

娘公。《黎汉词典》《黎语调查研究》《壮侗语族语言词汇集》都未收入该词，但文献有相关记载。从词汇的系统性来看，黎语中应该有这样一个词，拟作"pha³pɯːŋ¹"（与"pai³pɯːŋ¹"相对）。

"白沙润方言黎族之'娘公'，都声称是'奉天之命'而来，凡活人若突然发出怪状，如爬到树上（即使是香蕉树这么滑也掉不下来）以后，即倒于地下，醒来后即为群众所悉，于是村里人把他置于火炉一旁，拿‘娘母’的法器如剑、筊杯、赶鬼索、铃等物放在他的面前，并以小杯盛酒给他喝，从此他便不会再在山岭中狂奔而成为一名‘娘公’了，村民有人生病即请其驱鬼。”（《黎族辟邪文化研究》）

三　pha³thou²道公与 pai³thou²巫婆

道公、道母是道教的神职人员。关于道教，前文已有相关论述。本节将就道公、道母作进一步的引证。

这两类神职人员当晚于娘母、娘公。

“道公”，俗称“三伯公”，是太师老爷公地祇的化身，是从汉区传入的，其性质是一种巫医，有巫印、木偶像、经书、铜铃、神剑、筊杯、牛角等法器。作法时，用海南汉语方言念经，吹牛角、手摇铜铃，双眼紧闭，全身颤动，并身穿从汉区买来的长袍，头戴一顶尖形帽子。（《黎族辟邪文化研究》）

该书中未介绍“道母”。在《黎汉词典》中有“pai³thou²”一词，该书汉译为“巫婆”。“pha³thou²”与“pai³thou²”两个词的不同在于性别，即“pha³”与“pai³”的区别，后者似乎翻译为“道母”为好。

“自从道公进入黎族人中间后，他所采用的那一套方法赶鬼越来越受到黎族群众的欢迎，他的活动范围和地位也取代了娘母。道公职业受到人们的尊敬和羡慕……另外，有一些黎族还专门到汉区或在当地跟汉族道公学道、念道经，成为道公。有的乡村如乐东县永益乡老村、东方县头出村、白沙县细水乡、三亚市槟榔乡的娘母，在解放前不久，其职能就被道公所取代，成为有道公而无娘母的乡村。”（《黎族文化初探》）

从上述材料来看，《黎汉词典》的翻译更有道理。

四　pha³rau²、pha³za¹rau²ʔɯ³巫师

上一章已有论述，此不赘述。要强调的是，该词并未受到周边民族的

影响，是黎语自源词。

五　pha³pai¹拜公

《黎汉词典》：pha³pai¹，初学祭鬼的人，旧时要当道公的人，必须先作"pha³pai¹"。该词为复合词，其中"pha³"常作为职业名称的前置语素，"pai¹"语素义不明，需考证。黎人要成为道公，并非易事，还要经过"pha³pai¹"这样一个过程，这说明了黎族社会已初具宗教体系。

"拜公。黎语称为'拍煞'，是杂牌的'道士'……既能事神于天，又能事神于地，是母系和父系氏族神权的混合物……若谁家发现有家狗拉屎淋尿在三石灶上，或猫尾巴扫地，或母鸡吃蛋，或蜘蛛网落在脸上，或母猪一胎生三只猪崽（意为代表三石灶）等怪异现象，都得请'拜公'到家来拜辟邪了。"（《黎族辟邪文化研究》）

六　pha³vo:n¹杀牛祭鬼的人

"pha³vo:n¹"为合成词，其中"vo:n¹"表"砍"义，为黎语自有词。

以杀牛祭鬼的人作为一类宗教祭祀，黎人对祭祀人员分类之细由此可见，这也从侧面反映出黎族宗教文化的细腻与丰富。

牛是人类社会中常见的一种牲畜。在农耕文明中，牛是不可缺少的生产资料。在宗教中，牛又是重要的牺牲。《说文解字》："牛，大牲也。"中国古代祭祀中有"太牢""少牢"之说，牛、羊、豕三牲全备为"太牢"，少牢只有羊、豕，没有牛。《诗经·周颂·清庙之什》："我将我享，维羊维牛，维天其右之。"《礼记》："诸侯之祭，牲牛，曰太牢；大夫之祭，牲羊，曰少牢；士之祭，牲特豕，曰馈食。"

黎语"牛"作"tui³"（水牛）、"ȵiu¹"（黄牛）。牛在黎族宗教祭祀中同样是重要的祭品，《文献通考·四裔考八》（卷三三一）：引《桂海虞衡志》，黎人"亲死不哭，不粥饭，惟食生牛肉以为哀痛之至"。《岭外代答·外国上》（卷二）：海外黎人"其亲死，杀牛以祭，不哭不饭，唯食生牛肉"。又《诸蕃志》（卷下）：黎人"死必杀牛以祭"。至明代也是如此。明罗日褧《咸宾录·南夷志》（卷八）："亲死不哭不粥饭，惟食生牛肉以为哀痛之至……"清道光《广东通志·宦绩录二十三》卷二五三，引《粤大记》载：黎人"病不服药，惟杀牛祭鬼，至鬻子女为禳祷"。《黎族文化溯源》："整个赶鬼活动都要杀猪宰牛，宰牛的做鬼仪式规模比较大，要进行一天一夜之久。"这样看来，黎族将此类祭祀人员单列为一类也就在情理之中。

黎汉祭祀在用牛这一点上有相通之处。

七　pha¹kha:i³mi:ŋ²算命先生

算命是一种世俗文化，但其本质也是一种宗教形式。

华夏先民很早就已开始思考"命"。《易·乾卦》："乾道变化，各正性命。"孔颖达疏："命者，人所禀受若贵贱夭寿之属是也。"朱熹本义："物所受为性，天所赋为命。"嵇康《释难宅无吉凶摄生论》："夫命者，所禀之分也。"他们也采用各种方式探索"命"。这种探索可以上溯到殷商时代，这就是甲骨卜辞。直到今天，华夏文化仍保留着"手相""易学""阴阳五行""八卦"等形式。

黎族历史上也存在一些卜筮现象。"鸡卜"，《史记·封禅书》：汉武帝"乃令越巫立越祝祠，安台无坛，亦祠天神上帝百鬼，而以鸡卜，上信之，越祠鸡卜始用"。既然有"鸡卜"这种预测方式，必然有执行之人。黎语"算命先生"一词作"tshai³be²hjau³gei¹""pha¹kha:i³mi:ŋ²"。

黎语"tshai³be²hjau³gei¹"为合成词，其中"tshai³be²"义为师傅，"hjau³"义为照，"gei¹"义为米。前文已论，"tshai³be²"为汉语海南方言借词。"hjau³gei¹"当为黎族地区具体的算命方式。从构词语素来看，这类算命先生最初当为汉人。

黎语"pha¹kha:i³mi:ŋ²"为合成词，其中"kha:i³"义为计算，"mi:ŋ²"义"命"。"mi:ŋ²"借自汉语，"kha:i³mi:ŋ²"（算命）与汉语"算命"

构词理据同。与汉语不同的是，增加了"pha¹"这一语素。该词融合了黎、汉两种语言要素，即借用了汉语，并进行黎语化的改造。

黎人"算命先生"这一宗教现象在中原文化的影响下形成，并在黎族地区有较长的发展历史。

同族语"算命先生"的读音：

壮（ça:ŋ⁶su:n⁵miŋ⁶），布依（pu⁴swa:n⁵miŋ⁶），临高（tin²teŋ¹tuan³miŋ⁸），傣西（mɒ⁶hu¹la²），傣德（mo¹ka⁵la²），侗（ceŋ¹san¹；son⁵miŋ⁶），仫佬（ton⁶mɛ:ŋ⁶thin⁵sɛ:ŋ¹），水（ʔai¹qau⁵le¹miŋ⁶），毛难（ʔai¹son⁵mɛ:ŋ⁶；za:ŋ⁶son⁵mi:ŋ⁶）。

壮语"ça:ŋ⁶su:n⁵miŋ⁶"由三个语素构词，与黎语"pha¹kha:i³mi:ŋ²"的来源及构词理据同。布依、临高、侗、仫佬、水、毛难的构词也是如此。可见，黎语该词受到汉文化的影响并非个类，或者说这是华夏文化的共性。

同族语"命"的读音：

壮（miŋ⁶juɯm⁶），布依（miŋ⁶），临高（miŋ⁸jun²），傣西（mɒ⁶hu¹la²），傣德（ka:m⁵miŋ⁶），侗（miŋ⁶），仫佬（mɛ:ŋ⁶），水（miŋ⁶），毛难（mɛ:ŋ⁶），黎（mi:ŋ²ʔa:u¹）。除了傣西，其他民族"命"一词都与汉语密切相关。汉文化"命"这一哲学命题深刻地影响了包括黎族在内的南方诸民族的相关概念，并融入语言之中。

八　小结

在黎族地区从事宗教工作的人有两类：一类是黎人；一类是外族人。两者共同作用于黎族的宗教文化。

黎族宗教深受华夏文化的影响。现代黎语已经很难考辨出黎族宗教的自身特色。

黎族的祖先文化体现出宗教文化的共通性，也可以说是华夏文明的共性。

黎族社会已形成了一个完整而庞杂的宗教体系。

第三节　黎语中的宗教器物

宗教中，除了神鬼与人，少不了沟通人神的一些媒介，诸如祭品、祭器、咒语经文等。宗教器物是一种宗教的重要符号，代表了一个族群对宗教的理解。总体来说，宗教器物可分为两类：进献之物和法器。

一　进献之物

进献之物可分为牺牲类和物品类。汉文化中，祭祀中的进献物非常丰富，牺牲类有牛、羊、猪和鸡等，物品类有玉、白茅、酒、粮食之类。事死如事生，也可以加一句"事神如事人"。不同民族在宗教祭祀这类文明中在本质上往往存在共通之处，差异主要体现在各自形式上。黎族人身处海岛，有着特有的物产。这些物产将使黎族人的宗教有别于其他民族。

1. 为人为牲

人，黎语作为"a:u¹""u²a:u¹"，第二章已就词义及其来源进行了分析。以人为牺牲，很多民族在历史上有过此类祭祀现象。一般来说，社会越原始，此类现象往往越多。

商代殷墟甲骨文有人牲记载，传世文献有 "醢九侯""脯鄂侯""剖比干心"。《诗经》："维此奄息，百夫之特。临其穴，惴惴其栗。彼苍者天！歼我良人！如可赎兮，人百其身。"不过秦汉以后，中原地区的此类现象就已经很少见了。

黎语中没有对应的相关词，但文献记载表明黎族人在宗教祭祀中同样存在用人牲的现象。《琼州府志·宦绩》（卷三〇）：永乐间，吴定实知定安县，"革黎人杀人祀鬼之俗"。可见，黎族在宋明时期仍处于一种落后的社会状态。

2. gu:k⁷供饭

供饭是华夏大地很多地方的宗教习俗。每当过节或举行祭祀活动，总要献上饭，供祭祀对象享用。当然，不同地方，供饭的形式有所不同。

黎语有"供饭"一词，各方言点分别作：

保定（gu:k⁷），中沙（gu:ʔ⁷），黑土（ru:ʔ⁷），西方（xuk⁷），白沙（tha²tshuai¹），元门（tha⁵ba:u¹），通什（gu:ʔ⁸），堑对（tha⁵tsha:i¹），保城（无），加茂（thou¹vɯat⁹）。

"饭"黎语各方言点作：

保定（tha²），中沙（tha²），黑土（tha²），西方（tha²），白沙（tha²），元门（tha⁵），通什（tha⁵），堑对（tha⁵），保城（tha⁵），加茂（thou¹）。

白沙、元门、堑对、加茂采用了复合构词法，都含"饭"这一语素，但另一个语素又各不相同。保定、中沙、黑土、西方、通什为单纯词，彼此语音相通，当同源。保定话"gu:k⁷"除了有"供饭"之义，另有"铃铛"之义。例如"tsɯ²gu:k⁷go:i¹"，义为"巫师用的铃"；"gu:k⁷ka³"，义为成串的马铃。"gu:k⁷"的"供饭"义是否为"铃铛（巫师用）"的转义，仍需考证。但可以肯定的是，这些单纯词当有更古的源头。黎语内部的不统一，说明"供饭"仪式当发生于黎族内部分化之后。

海南临高话中有"供饭"一词，作"sua⁴fia⁴"，其中"sua⁴"义为"放置使平稳"，"fia⁴"义为饭。黎语"供饭"与临高话无语音联系。

黎族各类祭祀都存在供饭的仪式。《黎族文化初探》："当山栏地的旁边搭一个小木架，作为祭坛，上放5碗饭，5只酒杯……""操'美孚'方言的黎族结婚有祭天鬼的习惯，他们用大猪两头置于门口的两旁，并各置饭团15个。"

3. 牛、猪、鸡、狗等牲畜

以牲畜作为祭品是很多民族宗教的共同特点。中国古代祭祀中有所谓的"太牢""少牢"，即包含牛、羊、猪等牲畜。黎族在祭祀中同样使用很多牲畜，但有着自己的特点。

《黎族文化溯源》："一旦发现祖先鬼作祟而生病的，就请来祈祷师，奉上牛、猪、鸡等供物给祖先鬼吃……"《黎族辟邪文化研究》："黎族人古传的祭祀仪式规范，宰杀牛（含水牛、黄牛）、母猪等牲畜，多用于献祭大鬼，主要是'祖先鬼'；杀狗祭'禁鬼'及死于非命的'恶鬼'，如落树、溺水、雷劈、枪伤、上吊等原因而亡的，统称'恶鬼'，因一切恶鬼均惧怕狗血（尤其黑狗血）；杀猪、杀鸡、杀鹅、杀鸭等禽兽，既可以祭中、大鬼，也祭小鬼，有的用鸡蛋代'三牲'而祭最小鬼……"

牛在黎族祭祀中是一种重要的祭品。《广东通志·宦绩录二十三》（卷二五三）引《粤大记》：黎人"病不服药，惟杀牛祭鬼，至鬻子女为禳祷"。牛作为重要祭品当与其在黎族文化中的地位有关。在黎语中，牛用于标注时间，比如牛日作"hwan¹tui³"，牛年作"pou²tui³"。《黎族文化初探》："黎族对牛非常重视……牛日这一天，有的地区的黎族有'喊牛魂'的风俗，即由家人捧着一个内盛棕粑的逗子，到村外呼喊，'牛魂回来'……有的地区甚至要举行祭水牛的仪式，如在水牛栏的一角设有格子的竹台……"

猪是黎族祭祀中常用的祭品。黎语"猪"作"pou¹"。像牛一样，猪作为语素，也用于表时间的"猪年"（pou²pou¹）、"猪日"（hwan¹pou¹）等词中。以猪名年类似中原文化，以猪名日则黎人所独，这体现出"猪"在黎族宗教文化中的地位。

鸡也常用于黎族祭祀。《黎族文化溯源》（93页）"他们除了用鸡作供奉物外，几乎不吃鸡肉"。

"鸡"在黎语各方言点的读音：

保定（khai¹），中沙（khai¹），黑土（khai¹），西方（khai¹），白沙（khai¹），元门（khai¹），通什（khai¹），堑对（khai¹），保城（khai¹），加茂（khai¹）。

各方言点的读音完全一致，这在黎语中较为少见。同族语的读音分别为：

壮（kai^5），布依（kai^5），临高（kai^1），傣西（kai^5），傣德（kai^5），侗（qa:i^5），仫佬（ci^1），水（qa:i^5），毛难（ka:i^5）。同族语内部读音基本相同，且与黎语语音相通，当同源。

汉语"鸡"的古音为：溪母，蟹开四，齐韵。《海口方言词典》作"kɔi^{35}"。从语音上看，"鸡"一词包括黎语在内的壮侗语族中大部分语言借自汉语，应该是一个较为古老的汉语借词。黎语以鸡为祭品当发生于借用汉语"鸡"一词之后。

在黎语中，"khai^1"（鸡）作为语素具有较强的构词能力。与"牛""猪"一样，鸡也用于记年日，如"pou^{2}khai^1"（鸡年）、"hwan^{1}khai^1"（鸡日）。"鸡"在黎族宗教文化中的地位由此可见。

4. thu:n^2 香

在华夏文化中，烧香有两个作用："一是敬神礼佛；二是营造清雅之氛。"华夏民族用香具有悠久的历史。先秦，已有升烟以祭天的习俗，即"禋祀"。《诗经·周颂·维清》："维清缉熙，文王之典。肇禋，迄用有成，维周之祯。"《说文解字》："禋，洁祀也。"《周礼·春官·大宗伯》"以禋祀祀昊天上帝，以实柴祀日月星辰，以熙燎祀司中司命。"郑玄注："禋之言烟，周人尚臭，烟气之臭闻者。"《诗经·大雅·生民》："昂盛于豆，于豆于登，其香始升。"寒山《诗》之六三："烧香请佛力，礼拜求僧助。"香也可营造清雅的氛围，唐杜牧《送容州中丞赴镇》："烧香翠羽帐，看舞郁金裙。"苏轼《三月二十九日二首》："南岭过云开紫翠，北江飞雨送凄凉。酒醒梦回春尽日，闭门隐几坐烧香。"

黎族宗教的祭祀同样有烧香仪式。

黎语各方言点"香"的读音：

保定（thu:n^2），中沙（thu:n^2），黑土（thu:n^2），西方（thu:ŋ^2），白沙（thuŋ^2），元门（thun^2），通什（thu:n^5），堑对（thu:n^5），保城（thu:n^5），加茂（hɔ:ŋ^5）。

这些词的读音相似，当同出一源。西方、加茂读音的差异稍大，这是

语音发展的结果。同族语的"香":

壮（ji:ŋ¹），布依（ʑi:ŋ¹），临高（hiaŋ¹），傣西（ten²hɒɯ¹），傣德（ja³phau¹），侗（ja:ŋ¹），仫佬（ça:ŋ¹；hja:ŋ¹），水（ça:ŋ¹），毛难（jeŋ¹）。

壮、布依、临高、侗、仫佬、水、毛难语音都可相通，当同出一源。临高话、水语和黎语加茂点的读音较为接近，且与汉语读音通，当为汉语借词。结合临高"hiaŋ¹"、加茂"hɔ:ŋ⁵"、西方"thu:ŋ²"，最后到保定的"thu:n²"，黎语"香"一词极有可能源自较古的汉语（"香"的汉古音为：晓母，宕开三，阳韵。《海口方言词典》："香，hio³⁴"），在黎语中经历了较长的发展，故部分方言点"香"一词已与汉语及其相关方言形成较大的差异。

"香"是南方的特产。隋唐以后文献存在相关记载，《新唐书·地理志》（卷四三上）：儋州"土贡金、糖、香"。赵汝适《诸蕃志·海南》："土产沉香、蓬莱香、鹧鸪斑香、笺香、生香、丁香、槟榔、椰子、吉贝、苎麻……"

"香"已较广泛地使用在黎族的各类祭祀中。《黎族文化初探》："当山下的稻田遭了虫害，他们便杀一只鸡、备两碗饭，五被就和一些香、纸，拿到田基上，祭祀山鬼，请求山鬼放鸟来吃虫子。"又"他们认为灶公是保护家里的烟火的，在灶的面前摆很小的祭坛，有香炉和酒壶并且贴着红纸，每年十一月初五，便用饭和酒，烧香祭一次灶公"。

5. 小结

黎族祭祀中的祭品与中国传统祭祀基本相似。我们认为，这是中国传统文化尤其是传统道教对黎族宗教影响的结果。

黎族祭祀中的祭品体现出宗教的世俗性。在祭祀中，黎族人把神灵鬼怪完全当作人来看，满足神鬼的要求犹如满足人的需求。《黎族文化初探》："家里有人溺水，家人就要拿一个鸡蛋，请道公来祭鬼方能痊愈。有些地区的黎族是用一条头巾、一双手镯，男女服装各一套请道公到河边祭鬼。"

二　法器

这里的法器是指在各类宗教活动中所使用的器具。这些器具已不同于一般意义上的生活器具，而是富有神秘的宗教色彩，蕴含一定的教义。

1. 祭祀中的法具：tsa:i^1

《黎汉词典》："tsa:i^1，祭祀时用的一种法具，象梯子。"在该词典中，此词未见其他意义，也未作为构词语素。近似读音"tsa:i^3"有"围墙""栅栏"之义。梯，《海口方言词典》作"hui^{34}"，与黎语读音差异较大。该词当为黎语自有词。

《黎族辟邪文化》："黎族民间巫师在降神问鬼时，说是爬了'天梯'上天的，如保亭县什玲镇新村84岁杞方言黎族'娘公'黄明轩，说他年轻时曾连续三年的时间内，四肢乏力，夜夜做噩梦，并梦见'娘母神'引着他从'天梯'爬上天……""tsa:i^1"这法器当与此相关。

2. 丧葬中的器具：tom^3、daŋ^{1}tom^3

《黎汉词典》："tom^3，一种祭丧品，用竹条做成，祭奠时放在棺材的旁边，祭毕即随棺材送走。"tom^3，在黎语中另有"赠送"之义。《黎汉词典》："daŋ^{1}tom^3，摆在棺材周围用竹子制成的祭奠物品。""daŋ^1"，在黎语中有"脸""面"的意思。

用竹子制作祭祀器具，这在祭祀中较为常见。事实上，黎族很多宗教祭祀中涉及竹子制品。《黎族辟邪文化研究》："祭前在庭院里用竹木搭一个高、宽各 2 尺的祭坛，拿芭蕉茎制作小梯子靠于祭坛顶端，台上供酒、饭、菜等祭品……坛之右角直插一个用小竹子编成的小窝，内放入酒、饭、菜……竹窝上更加一个更小的竹窝，内塞有粘了饭粒的一团棉絮……"

3. 祭鬼的器物：roŋ^{3}re:ŋ^3

《黎汉词典》："祭鬼的器物之一（用竹子编成）。""roŋ^3"有"竖立"和"钓"两个意义，"re:ŋ^3"有"迁移"之义。

4. 画有符咒的木板条：phe:n³tshai¹

"tshai¹"，义为"树"或"木"；"phe:n³"，语素义待考。黎语中的"符"作"fu³"，"咒"作"zo²"。详见下文分析。

5. 符：fu³

符是道教中的重要元素。符上一般书写含类似篆体的变形文字，故又被称为"符字""墨篆""丹书"等。汉代文献中已有"符"的相关记载，《后汉书·方术传》载："河南有魏圣卿，善为丹书符，劾厌杀鬼神而使命之。"在道教里，"符"被赋予无形的法力。

《黎汉词典》收入了"符"一词，作"fu³"，"符，祭鬼时插在门前的画有符咒的木牌"。汉语"符"的古音为：奉母，遇合三，虞韵，平声。据《海口方言语音研究》，奉母读为"f"，遇合三读为"ɔu"或"u"。黎语"fu³"为汉语借词。

黎族存在各式神符，诸如植物符、动物符、清水符、泥土符、金属制品符、拱门符、纸符等。《黎族辟邪文化研究》："黎族没有自己的文字，且大多数黎族'鬼公'又不谙汉族文字的情况下，当他们在一旁观看汉族'道公'为病家降神驱鬼治病时，手举一烛点燃的佛香往空中乱写乱画，从中得到了启发，并相信了香符比实物符有更大的驱鬼妖神力。""字符。俗称鬼画符……据笔者调查证实，凡是受汉族'道公'的道教辟邪文化影响的黎族'鬼公'，大都懂得乱写鬼画符的。"

可见，黎族祭祀中的"符"深受道教的影响。

6. 法衣：ve:ŋ³ rau²

法衣，是祭司在宗教仪式中穿着的服饰。法衣的出现意味着宗教的规范化发展，这是宗教进步的一种表现。《释氏要览》（卷上）："律有制度，应法而作，故曰法衣。"

各大宗教都有自己的法衣，且有一定的制度。《西游记》（第六七回）："那道士，头戴金冠，身穿法衣。"道家所穿的法衣一般有"忏衣""绛衣""海青"等。忏衣，即道士在科仪中念经拜忏时所穿的一种法衣；绛衣，高功法师在大型斋醮法会中所穿的一种法衣，穿时里衬海青，其制两袖宽大垂地，双臂展开时，两袖和衣身合成四角形，两袖和衣身均绣有金丝龙纹；海青，为道士日常穿用，是用青布简单制作而成宽袖道袍。佛教有"袈裟"，《心地观经》（卷五）："当知以是因缘，三世诸佛、缘觉、声闻、清净出家身着袈裟……"一些少数民族的宗教祭祀也往往有特有服饰，比如蓝靛瑶祭师在举行宗教仪式时穿一种名为"曼"的教服。

黎语"法衣"一词，作"ve:ŋ³rau²"或"ve:ŋ³ɬu:ŋ²"。两个词都为复合词，"ve:ŋ³"义为"衣"，"rau²"有"念读""巫师"之义，"ɬu:ŋ²"有"春"义，类似读音"ɬu:ŋ³"义为"松"。《黎汉词典》："ve:ŋ³ɬu:ŋ²，法衣，祭祀时道公穿的。"又"ve:ŋ³rau²，法衣，同 ve:ŋ³ɬu:ŋ²"。黎语"法衣"是指道公所穿。

可见，黎族"法衣"同样是道教影响的结果。

7. 道公用的铁棒：liŋ³

《黎汉词典》："liŋ³，道公用的铁棒。"

该词典中与"棒"有关的所有语词有："tho:n¹tshai¹"，木棍，木棒。其中"tshai¹"义为"树"或"木"，"tho:n¹"义为"半"或"段"。"ru:t⁷"，织布细木棒。"hut⁷fei¹"，尖木棒。其中"fei¹"义为"火"，"hut⁷"义为"抽"。"fo:ŋ¹"，穿牛鼻子的小木棒。"vi:n¹"，棒槌。

上述语词与"liŋ³"都无语音上的联系，故"liŋ³"有特定来源，专用于指称宗教祭祀中的法器。

8. 巫师用的铃：tsɯ²gu:k⁷go:i¹

很多宗教仪式使用铃一类的法器。中国宗教中，道教在作法中一般要用到铃，这种铃又称为帝钟、三清铃、法钟、铃书等。《道书援神契·帝钟》："古之祀神舞者执铙，帝钟铙之小者耳。"铃，《说文解字》："令丁也。"《广韵》："似钟而小。"《周礼·春官·巾车》："大祭祀，鸣铃以应鸡人。"道教中的"铃"当源自上古原始宗教。

《黎汉词典》："tsɯ²gu:k⁷go:i¹，巫师用的铃。""tsɯ²"义为"一"，

常用作前缀；"gu:k⁷"义为铃铛；"go:i¹"义为铁。"tsɯ²gu:k⁷go:i¹"为合成词。从构词法和构词语素来看，该词为黎族自造词。

此类铃铛应该是黎人熟知的一种宗教祭器。

9. 经：thun¹but⁸

经，这里指宗教经典，是宗教发展到一定阶段的产物，主要用于记载宗教教义。

汉语"经"义的演变反映出"经"的重要性。经，《说文解字》"织也。从糸巠声"。《左传·昭公二十五年》："夫礼，天之经也。"杜预注："经者，道之常。""经"后常用于表经典，儒家经典有《书经》《诗经》《孝经》等，道家有《道德经》《南华真经》等，佛家有《佛说阿弥陀经》《观无量寿佛经》《佛说观无量寿佛经》《佛说八吉祥神咒经》《金刚般若波罗蜜经》等。

黎语中有类似于汉语"经"一词。《黎汉词典》："thun¹but⁸，经（经典）：rau²~念经。"又"thun¹，1. 语言；话……2. 民歌；山歌……3. 纠纷，争执；争端；意外事情"。"but⁸，菩萨，佛。""but⁸"作为构词语素，出现在"ploŋ³but³"（庙）一词中。"thun¹but⁸"一词，中心语素在前，符合黎语特点，当为黎语自有词。该词直译为"佛家的话语"，即与"佛经"密切相关。

黎族的"经"为外来之物。黎族人借用概念，但没有直接借用记录该概念的词，而是依据自己的语言自造了一个词。"thun¹but⁸"体现了黎人对"经"独有的理解，其出现当在佛教传入之后。

黎语"经"一词的内涵没有汉语那么丰富。

10. 坛：tha:n

坛，一般是指举行祭祀、朝会、拜将相、盟誓等大典用的高台，早期主要用于祭祀。

汉语古文献中有很多有关"坛"的记载。《尚书·金縢》："公乃自以为功，为三坛同墠。为坛于南方，北面，周公立焉。"《礼记·祭法》：

"燔柴于泰坛，祭天也。""四坎坛，祭四时也。""去挑为坛，去坛为墠。坛墠，有祷焉祭之，无祷乃止。"《礼记·祭义》："祭日于坛，祭月于坎，以别幽明，以制上下。"《说文解字》："祭场也。从土亶声。徒干切。"后来的道教、佛教等宗教也将相关的祭场称为坛。

《黎汉词典》："tha:n, 1. 坛（祭坛，杀牲祭拜鬼魂），vu:k⁷~tiŋ³设坛祭鬼。2. 场；趟（多用于祭坛），ba:i³vu:k⁷tsɯ²~tiŋ³已经祭了一趟鬼。"汉语"坛"的古音为：定母，山开一，寒韵。据《海口方言语音研究》，定母"坛"在海口方言中读为"h"，寒开一读为"aŋ"。黎语"tha:n"与汉语读音相通，为汉语借词。但从语音上看当不直接借自海口方言。

可见，黎族祭祀中的"坛"同样源于外来宗教。

11. 小结

（1）黎语中专门用于表法器的词很少。黎族宗教刚脱胎于原始宗教，同时又受到外来宗教的影响，尤其是汉族的宗教，故其自身很难发展出一套成熟的宗教体系。在语言上，相关语词自然很少，且自源的尤少。

（2）一些习见之物常被赋予神奇的力量。《黎族辟邪文化研究》："在深夜山村听到猫头鹰叫或者从村边传来一阵阵怪异声音，必说'山鬼邪魔'进村了，家家户户要拿起着火的干柴，或点着的茅草，往诡异声的方向投掷，怪鬼只要看见了火光，就会逃走的。""着火的干柴""点着的茅草"被赋予了驱魔的力量，淳朴而自然。又《黎族辟邪文化研究》："生祭时，'鬼公'左手执木棍安挂于左脚背之上……右手拿着木刀上下左右不停地挥动……最后，'鬼公'右手执弓箭……"这里，"鬼公"使用了"木棍""木刀""弓箭"，都是平常之物。又《黎族文化初探》："若夫妻婚后无子，他们便将男女的衣服、铜板排列在门口念天鬼。"在原始宗教里，万物都被赋予了灵魂。

（3）法器的性质与来源较为庞杂。《黎族辟邪文化研究》："黎族'鬼公'的护身法器有一把大刀、一束白藤叶、一支竹竿、一张篓席；'娘母'有剑、箭、藤较、小刀、米筛、火盆；'道公'有摇铃、神剑、神印、神符、木偶神像；'拜公'（杂牌道士）有弓弦、牛角、龙袍、雉尾等。"
"道公"的法器明显有异于黎族本土宗教人士所使用的法器。本土宗教的鬼
公、娘母、拜公所使用的法器则都是生活器用。

第四节　黎语中的宗教仪式

宗教仪式通常包含神鬼、宗教祭司、法器、进献之物等诸要素。一般
来说，宗教越成熟，其仪式往往越复杂、越程序化、越富有内涵。

一　ban¹祭祀

祭祀是宗教活动中主要形式。民族不同，时代不同，祭祀文化也不同。
《左传·僖公十年》："神不歆非类，民不祀非族。"根据对象和形式的不
同，祭祀又存在各种类型。

黎语各方言点"祭祀"的读音：

保定（ban¹），中沙（ban¹），黑土（vu:ʔ⁹vat⁷），西方（ban¹），白
沙（lei²tshuai¹），元门（lei²tshu:i¹），通什（ban¹），堑对（ban¹），保
城（无），加茂（无）。

黎语内部有差异。保定、中沙、西方、通什、堑对相同，元门与白沙
相同，黑土不同于其他方言点，保城与加茂没有该词。这种不统一，表明
该词当出现在民族分化之后。

保定方言"ban¹"除了"祭祀"义，未发现其他意义。相近读音的词
有"ban²"（凿子）、"ban²"（挖掘）、"ban³"（龙眼），这些意义与
"祭祀"没有关联。从自身语言系统看，其源流不清晰。"ban¹"具有一定
的构词能力。《黎汉词典》："ban¹，祭；祈祷：ban¹fun¹，祭天求雨；
ban¹ra:n²祭天防旱。"其中，"fun¹"义为"雨"；"ra:n²"义为"干旱"。

"ban¹"后接的是祭祀的目的。这些构词表明"ban¹"是一个抽象概念，可泛指各类祭祀。

保定方言中的几个表具体祭祀方式的语词：

"vu:k⁷tiŋ³"，意为祭鬼，其中"vu:k⁷"意为"做""干""搞"；"tiŋ³"意为"鬼"。"vu:k⁷"与"ban¹"不同，不是祭祀的专用词。黎语方言点黑土的"vu: ʔˠvat⁷"与保定方言的"vu:k⁷"当同出一源。

"ka:i¹"，《黎汉词典》："祭鬼的一种方式，一般指为疯人祭鬼。"

"ban¹"一词并未通行于各方言点，这说明黎族尚未形成一个具有民族性的宗教概念，其水平仍处于较低的发展阶段。

二　fa:p⁷法术

法术是指开展宗教仪式的能力和模式，是衡量法力高低的要素。

黎语"法术"一词作"fa:p⁷"。以下是同族语的读音：

壮（fa:p⁷；fau²），布依（fa:p⁸；fa:p⁷），临高（fu²fap⁷），傣西（sat⁹sin¹），傣德（ma:n²fa³），侗（wep⁹），仫佬（fɔp⁷），水（fa:p⁷wu²）。傣西以外的同族语读音相通，有同源关系。

汉语"法"的古音为：非母，咸合三，乏韵，入声。据《海口方言语音研究》，非母读为"f"，乏合三读为"ak"。故上述语言"法术"一词基本上为汉语借词。

"法术"是宗教中相对抽象的语词，是宗教发展到一定阶段才可能产生的概念。南方民族宗教体系固然不能与中原地区相比，当与强势的中原文化接触后，自然会大量吸收相关语词，"法术"当在其列。

三　zu:i³he:ŋ¹khai¹卜（卦）

卜筮是预测未知的一种方式，是人类社会共有的一种现象。不同民族有不同的卜筮方式，这种差别主要体现在卜筮的材料上。

华夏民族有着丰富的卜筮文化。《尚书·周书·洪范》："择建立卜筮人，乃命十筮。曰雨，曰霁，曰蒙，曰驿，曰克，曰贞，曰悔，凡七。卜五，占用二，衍忒。"《礼记·曲礼上》曰："龟为卜，策为筮。"《说文解字》："卜，灼剥龟也，象灸龟之形。""筮，《易》卦用蓍也。"《周礼·春官·宗伯》："大卜掌三兆之法，一曰玉兆，二曰瓦兆，三曰原兆……卜师掌开龟之四兆，一曰方兆，二曰功兆，三曰义兆，四曰弓光……筮人掌三易。以辨九筮之名，一曰连山，二曰归藏，三曰周易。"随着时代的发展，很多古老的卜筮方法已经不可考，但在民间，仍留存着一些简易的卜筮方法。

黎族有"占卜"一词，作"zu:i³he:ŋ¹khai¹"。《黎汉词典》："zu:i³he:ŋ¹khai¹，占卜，卜卦。"该词为合成词，其中"zu:i³"义为"看""瞧"，"he:ŋ¹"义为下巴，"khai¹"义为鸡。从构词语素来源和构词法上看，该词为黎族自有词。构词语素"khai¹"（鸡）和"he:ŋ¹"（下巴）提示：该占卜使用了鸡。

历史上的南方民族盛行各类卜筮，尤以"鸡卜"为盛。《史记·封禅书》：汉武帝"乃令越巫立越祝词，安台无坛，亦祠天神上帝百鬼，而以鸡卜，上信之，越祠鸡卜始用"。唐张守节《史记正义》有："鸡卜法用鸡一，狗一，祝愿讫，即杀鸡狗煮熟，又祭，独取鸡两眼骨，骨上自有孔裂，似人物形则吉，不足则凶。今岭南犹此法。"柳宗元《柳州复大云寺记》："越人信祥而易杀，傲化而侮仁，病且忧，则聚巫师，用鸡卜。始则杀小牲，不可则杀中牲，又不可，则杀大牲……"

黎族历史也有相关记载。《黎族史》："卜卦不仅流行而且方式多端。计有鸡卜、卵卜、泥包卜、石、茭杯卜之类。"《文献通考·四裔考八》（卷三三一）引《桂海虞衡志》黎人"葬则异榇而行，令一人前行，以鸡子㪣地，鸡子不破处，即为吉穴"。《黎岐纪闻》："有不祥之妇，撞即得促疾，可立死，名为'带生魂'。病觉，用鸡卵悬屋上验之，一人在其旁呼其名曰：'是必撞某邪？'非是者鸡卵不动；是则旋转不已。验既，应急用酒肉遥告之，病即解。黎人以为神效云。"《黎族文化溯源》："有时想寻找到良好的占卜，他们往往要杀许多鸡，一直选到表示吉利的股骨为止。"又"不过，在黎族各个支系中流行最广的还是鸡卜，他们不论是狩猎、婚姻、疾病、砍山栏，水稻播种播秧，甚至是过去村与村、峒与峒之间的械斗，都要用鸡骨卜来定凶吉"。

黎语"zu:i³he:ŋ¹khai¹"（占卜）印证了黎族人以鸡骨进行卜筮的事实。

四　zo²念咒语

咒语是一种被认为对鬼神或自然物有感应或禁令的神秘语言，也常被用于诅咒他人。咒语起源于先民对语言魔力的崇拜，后发展为巫术的重要元素。

先秦汉文献已有大量的有关"祝""诅"的记载。《诗·大雅》："侯作侯祝，靡届靡究。"毛传："祝，诅也。"孔颖达疏："祝，无用牲之文，口告而祝诅之也。"《书·无逸》："民否则厥心违怨，否则厥口诅祝。"孔颖达疏："以言告神谓之祝，请神加殃谓之诅。"《说文解字》："祝，祭主赞词者。从示从人口。"《说文解字》中无"咒"。"祝"或"诅"是宗教祭祀中的一种重要仪式。仪式中的语言成为神人交际的工具，被赋予超常的魔力。商周时期，有专门从事该职业的人"祝"，《周礼·春官·宗伯》有"大祝掌六祸之辞，以事鬼神示，祈福祥，求永贞""小祝掌小祭祀将事、侯、禳、祷、祠之祝号，以祈福祥，顺丰年，逆时雨，宁风旱，弭灾兵，远皋疾"等。咒语在中国道教中较为常用，诸如有净坛咒、镇坛咒、卫灵咒、书符咒、步罡咒、玄蕴咒等。

黎语中"咒"作"zo²"。《黎汉词典》："zo²，祭鬼时，念咒语。"《黎语调查研究》收录了"咒骂""诅咒"两个词。"咒骂"各方言点的读音：

保定（hi:n³），中沙（hi:n³），黑土（hi:n³），西方（hin³），白沙（hen³），元门（kiŋ⁶），通什（hi:n³），堑对（ha⁶），保城（ha⁶），加茂（ha⁶）。

"诅咒"：

保定（than¹），中沙（than¹），黑土（than¹），西方（thaŋ¹），白沙（raŋ²），元门（phət⁷），通什（than¹），堑对（than¹），保城（than¹），加茂（-ŋam⁵）。

这两个词与"zo²"都不存在语音上的联系。《黎汉词典》另收入几个保定话含"骂"义的词："duɯt⁷""łeț⁷""tsha³""ki:ŋ³"。"duɯt⁷"，骂人语。"łeț⁷"，骂。"tsha³"，骂，责骂。"ki:ŋ³"，骂。这些词与"zo²"同样没有语音上的联系。可见，黎语中用于宗教的"zo²"与日常语中与咒骂相关的词没有联系。

汉语"咒"的古音为：章母，流开三，尤韵，去声。据《海口方言语音研究》，章母读为"ts"，流开三（尤韵）读为"iu"。"祝"的古音为：章母，通合三，屋韵，入声。据《海口方言语音研究》，通合三（屋韵）读为"ok"。"诅"古音为：庄母，遇合三，鱼韵，上声。据《海口方言语音研究》，庄母可读为"t""ts""s"，遇合三（鱼韵）可读为"o"。从语音看，黎语"zo²"与汉语"祝"或"诅"的读音相通，当为汉语借词。

"zo²"的借入与中原道教的传入密切相关。这种宗教仪式传入后在黎族地区有了新的发展。《黎族辟邪文化研究》："如婴儿夜啼或小猪生病等，用一支鸡毛，边烧边念咒语：'呸！随人身人口的晦气、鬼气，赶快离开别害人畜，呸！呸！呸！'"又"祭中，'娘母'边口念咒词：'哎……利，味……利'"。

五　葬制

丧葬文化是宗教文化的重要组成部分，是祖先崇拜的一种重要表现。各个民族都有自己特有的丧葬文化。

汉文献中储存着丰富的丧葬文化。《易·系辞下》："古之葬者，厚衣之以薪，葬之中野，不封不树。"《说文解字》："葬，藏也。从死在茻中；一其中，所以荐之。"《周礼·春官·宗伯》："王崩，大肆以秬凼涊；及重衰拱大敛、小敛，帅异族而佐；县衰冠之式于路门之外；及执事视葬、献器，遂哭之；卜葬兆，甫竁，亦如之；既葬，诏相丧祭之礼；成葬而祭墓，为位。"《礼记·丧大记》："疾病，外内皆扫。君大夫彻县，士去琴瑟。寝东首于北牖下。废床。彻亵衣，加新衣，体一人。男女改服。属纩以俟绝气。""始卒，主人啼，兄弟哭，妇人哭踊。既正尸，子坐于东方，卿大夫父兄子姓立于东方，有司庶士哭于堂下北面。"汉民族至少在商周时期已经有了一套富有寓意、仪式规范和切合礼制的丧葬模式。

黎族作为华夏民族的一员，在葬礼方面难免受到周边民族的影响。

1. tshai¹koŋ²棺材

棺材是收殓尸体的葬具，是葬制中的一个要素。

汉文献表明中原地区很早就开始使用棺这一葬具。《礼记·檀弓上》："有虞氏瓦棺，夏后氏堲周，殷人棺椁，周人墙置翣。周人以殷人之棺椁葬长殇，以夏后氏之堲周葬中殇、下殇，以有虞氏之瓦棺葬无服之殇。"《说文解字》："棺，关也。所以掩尸。"《玉篇》："棺之言完，所以藏尸令完也。"在华夏文化中，棺不只是一种葬具，更是一种礼制。

黎语"棺材"在各方言点的读音：

保定（tshai¹koŋ²），中沙（tshai¹kuŋ²），黑土（tshai¹kuŋ²），西方（tshai¹koŋ²），白沙（kuaŋ¹tsha:i²），元门（kua⁶tshai²），通什（tshai¹koŋ⁵），堑对（kua¹tsha:i²），保城（kwa¹tsha:i²），加茂（-tsha¹tɔ²）。

保定话"棺"作"tshai¹koŋ²"，为合成词；其中"tshai¹"有"木""树"之义。据《黎汉词典》，"koŋ²"单用有"寻找"之义，与"棺材"无语义联系。作为语素，存在"koŋ²mi:n²"（公民）、"koŋ²phui³"（公费）等词中，当借自汉语"公"，与"棺材"义无关。可见，保定话"棺"的构词理据很难从自身体系得到解释。

《海口方言词典》："棺材，kua³⁵sai²¹，装殓死人的东西，一般用木材制成。"堑对、保城、元门、白沙几个方言点的读音与该词相通，故这些点的"棺材"一词为汉语借词。保定、中沙、黑土、西方、通什语音与上述几个方言点虽有较大差异，但存在同源的关系，只是构词顺序改变了，"棺"的读音韵母发生变化。可见，黎语各点除了加茂话外"棺材"一词都借自汉语。

不仅黎语，同族语也存在借源现象。同族语"棺材"的读音：

壮（ku:ŋ¹ça:i²），布依（za:n²tçau¹），临高（kuan⁴səi²），傣西（kon¹），傣德（mai⁴pen³），侗（pen³；səi²），仫佬（səu⁶；kwən¹），水（mai⁴ha:ŋ⁴），毛难（tsau²mai⁴），黎（tshai¹koŋ²）。

壮语、临高话的"棺材"一词同样借自汉语。

可见，南方部分民族的葬具"棺材"是在中原丧葬文化的影响下才出现的。《黎族古代历史资料》："《南海录》言：南人送死者无棺椁之具。稻熟时理米，凿大木若小舟以为臼，土人名春塘者，多殓于春塘中以葬。士夫落南，不幸而死，曾不得六尺之棺以殓手足形骸，诚重不幸也。"又《黎岐纪闻》："父母丧，用木凿空中心以为棺，埋地内，上不起坟。"《黎族文化初探》："黎族一般都喜欢用独木棺，也有一些地方的黎族受汉族影响采用合板棺，有的地方的黎族因为贫困不用棺，只用草席裹着尸体埋葬。"

从史料来看，黎族早期的丧葬较为简单，后受到汉族丧葬文化的影响，棺材才出现在丧葬中。

2. ve:ŋ³hwou²寿衣

寿衣是给死人穿的衣服，借以表达对死者的敬重以及对生人的祝福和希望。很多民族在丧葬中很重视寿衣。

华夏民族是一个讲究礼制的民族，这也体现在丧葬文化中。《礼记·丧大记》："寝东首于北牖下，废床，彻亵衣，加新衣，体一人。"汉语"寿衣"的"寿"既表明了对死亡的豁达，又寄托了生者的祝福。在一些地方，老人一般过了60岁后，儿子要及早想法为父母做寿衣。寿衣包括帽子、衣裤、鞋袜等。这种思想也体现在寿衣的形制上，比如外衣里子用红布做，寓意子孙后辈红红火火。

《黎汉词典》中收入了黎语"寿衣"一词，作"ve:ŋ³hwou²"，为复合词，其中"ve:ŋ³"义为衣服；《黎汉词典》："hwou²，禁忌；忌讳；thun¹hwou²忌讳说的话……hwou²ploŋ³家里有病人或祭鬼时不让外人进入。""ve:ŋ³hwou²"直译为"有忌讳的衣服"。从构词法和构词语素看，该词为黎语自造词。

黎语"hwou²"表明了黎族人对死者的敬畏。正如前文所论，黎族人认为鬼都是邪恶的，要避而远之。

3. ve:ŋ³pho³孝服（孝裙）

孝服是丧葬文化的一部分，是表达生者哀思的一种方式。

华夏民族早在先秦已形成了一定的丧葬规范，这其中就包括丧服。传统丧服最典型的有所谓的"五服"，即斩衰、齐衰、大功、小功、缌麻。《仪礼·丧服》："斩衰，括发以麻；为母，括发以麻，免而以布。齐衰，恶笄以终丧。男子冠而妇人笄，男子免而妇人髽。"

黎语"孝服"有三个词："ve:ŋ³pho³""ve:ŋ³bou¹""ve:ŋ³¹loŋ²"。这几个词都为合成词，有共同的语素"ve:ŋ³"，其义为衣服，为中心语素。但"pho³""bou¹""loŋ²"义尚不明确。

"pho³"。汉语"孝"的古音为：晓母，效开二，效韵，去声。《海口方言词典》"孝"作"hiau³⁵"。从语音上看，与"pho³"没有关联。黎语中与该读音相同或类似的词有：① pho²，糊、补；② pho²，（结果）累累；③ pho³，旱地。含"pho³"语素的词"pho³hwa:i²"（破坏），为汉语借词。在上述三个词中，与"丧服"可能相关的词当为表"补"的"pho²"，寓意衣服的破旧。

"bou¹"。黎语中与该读音相同或类似的词主要有：①"bou¹"一种孝具，用红布做成，祭鬼时包在头上或放在棺材上；②"bou¹"，浮；③"bou¹"，（稻子、麦子等）抽穗；④"bou²"，螃蟹；⑤"bou²"，抚养、赡养、喂、灌溉；⑥"bou²"，用刀、斧砍挖。从语义上看，"ve:ŋ³bou¹"

中的"bou¹"当有"孝具"义。

"loŋ²"。黎语中与该读音相同或类似的词主要有：① "loŋ¹"，大、粗大、肥大；② "loŋ²"，水疱、燎泡；③ "loŋ²"，关禁、圈；④ loŋ³"，披。《黎汉词典》："ve:ŋ³loŋ²，孝服（儿媳妇穿的）。"又《黎汉词典》："ri:n³ loŋ¹，孝裙（祭奠时，晚辈妇女穿的桶裙，比一般的大而美丽）。"从语义上看，"ve:ŋ³loŋ²"与"ri:n³loŋ¹"同，"loŋ²"与"loŋ¹"语素义同，为"大"义。

黎族表孝衣的几个词"ve:ŋ³pho³""ve:ŋ³ bou¹""ve:ŋ³¹loŋ²"都为自造词。与汉语不同的是，黎语更强调衣服的形制和外在特点，而非其内涵。汉语"孝服"则以"孝"凸显了汉族丧葬文化中的核心意义"孝"，这与华夏文化中的礼制是一致的。

张庆长《黎岐纪闻》："亲丧，衣服如常时，止用白布一条围头上，父母三年，伯叔期年，其贫而无赖者不行。"历史上的黎族对于丧葬中的孝服并没有像汉族的那种讲究。

4. li:ŋ³tiŋ³守灵

守灵是丧葬中常见的一种礼俗。

在中国古代文化中，守灵成为丧葬的一种制度。《礼记·问丧》："三日而后殓者，以俟其生也。三日而不生，亦不生矣。孝之心亦益已衰亦。家室之计，衣服之具亦已成矣。亲戚之远者亦可以至矣。是故圣人为之决断，以三日为之礼制也。"死者在入殓之前，一则要"俟"其生，一则要进行丧葬准备。

黎语有"守灵"一词，作"li:ŋ³tiŋ³"。《黎汉词典》："li:ŋ³，① 看守：li:ŋ³mu:n³看守稻子；② 保卫；守卫、防守……③ 把风。"《黎汉词典》未收入"tiŋ³"，相近的音有"tiŋ¹"，"tiŋ¹，① 鬼……② 尸体……③ 死人……"。"li:ŋ³tiŋ³"直译为"看守尸体"。上一章已论述"tiŋ¹"为汉语"灵"的借词。这样看来，"li:ŋ³tiŋ³"为一个吸纳汉语成分的黎语词。

从语言上看，黎族的这一丧葬礼俗同样受到中国传统礼俗的影响。

5. lu:t⁷pauɯ²入殓

入殓，即将死者装入棺木。

在汉语中，入殓又叫"入棺""入木""落材""大殓"等。《释名》："殓者，敛也，衣死也。"《礼记·檀弓》："小敛于户内，大敛于阼。"《礼记· 问丧》："死三日而后殓。"在先秦，入殓已有了一定的范式。

在黎语中，"入殓"作"lu:t⁷pauɯ²"。《黎汉词典》："lu:t⁷，赶牛、羊进圈。"此义与"入殓"可通。又"pauɯ²，脾脏"。与此义没有关联。又有"pauɯ³，不知道；不懂"。同样与此义无关。"pauɯ²"作为语素只出现在"lu:t⁷pauɯ²"一词中。"入殓"在海口话中称为"入柴"（zip³³sa²¹），与"lu:t⁷pauɯ²"相去甚远。"lu:t⁷"从语音上看与汉语"入"音相通，存在借用的可能。

该词的构词理据和源流仍待考。

6. zau¹tshai¹停棺

汉语"停棺"，在古代又被称为"殡"。《说文解字》："死在棺，将迁葬柩，宾遇之。从歺从宾，宾亦声。夏后殡于阼阶，殷人殡于两楹之闲，周人殡于宾阶。"《左传·僖公三十二年》："晋文公卒，庚辰，将殡于曲沃。""殡"是中国传统丧葬礼俗中重要的一个环节，很有讲究。

黎语"殡"作"zau¹tshai¹"。《黎汉词典》："zau¹，① 留；保留……② 饶……③ 让……"又"tshai¹，① 树……② 木头；木材。""zau¹tshai¹"为合成词，直译为"留材"，为黎族自造词。

在海口方言中，入殓叫入柴，送葬叫送柴（或行柴），这与黎语"留材"有相似之处。我们认为，这种相似表明了黎族在"殡"这一习俗上受到了汉文化的影响。

据历史记载，黎族丧葬中存在停棺的现象，甚至停的时间很久。《方舆胜览·吉阳军》（卷四三）引胡邦衡："吉阳夷俗多阴阳拘忌，有数十年不葬其亲者。"

7. ɬom²葬

在世界范围内，葬的方式有很多种。华夏民族的丧葬以土葬为主。

汉语中与葬相关的字有"葬""埋""瘗"等。葬，《说文解字》："藏也。从死在茻中；一其中，所以荐之。"《易·系辞下》："古之葬者，厚衣之以薪，葬之中野，不封不树，丧期无数，后世圣人易之以棺椁，盖取诸《大过》。"《说文解字》："瘗，幽薶也。"潘岳《西征赋》："夭赤子于新安，坎路侧而瘗之。"《说文解字》："埋，瘗也。从艹貍声。"《国语·吴语》："王缢，申亥负王以归，而土埋之其室。"《释名·释丧制》："葬不如礼曰埋。"不同于"埋"和"瘗"，"葬"专用于丧葬。《诗·大雅·云汉》："旱既大甚，蕴隆虫虫；不殄禋祀，自郊徂宫；上下奠瘗，靡神不宗。"毛传："上祭天，下祭地，奠其币，瘗其物。"此瘗表埋物祭地。

黎族各方言点"埋葬"的读音：

保定（ɬom²），中沙（ɬom²），黑土（dom²），西方（ɬom²），白沙（kom¹），元门（kom¹），通什（plom⁵），堑对（pom⁵），保城（plum⁵），加茂（ɬum⁴）。

黎族各方言点"埋"的读音：

保定（kom¹），中沙（kom¹），黑土（kom¹），西方（kom¹），白沙（kom¹），元门（kom¹），通什（kom¹），堑对（pom⁵），保城（kum⁵），加茂（ɬum⁴）。

黎语各方言点的"埋葬"基本相同，"埋"也是如此。《黎汉词典》（保定话）："ɬom²，埋葬，~tiŋ³埋死人。""kom¹，埋；葬。"保定、中沙、黑土、西方、通什、保城的"埋葬"与"埋"不同。可见，"埋葬"与"埋"在部分黎语地区并非同一概念。"埋葬"从一般意义上的"埋"演化为一种宗教仪式，这类似于上述的三个汉语词。

同族语"埋"的读音：

壮（mok⁷；ham¹），布依（mok⁷；ham¹），临高（dam²），傣西（faŋ¹），傣德（faŋ¹），侗（mok⁷；qəm⁵），仫佬（mɔk⁷），水（ha:ŋ⁵），毛难（mɔk⁷），黎（kom¹）。从语音上看，上述语词大都存在同源关系。其中临高话的"dam²"与黑土点基本相同，与保定、中沙、西方等黎语方言点的语音较为接近，当有同源关系。

汉语"葬"的古音：精母，宕开一，宕韵，去声。《海口方言词典》作"to⁴⁵"。据《海口方言语音研究》，精母在海口方言中读为"t""ts""s"，其中"葬"读为"t"；宕开一宕韵可读为"o"或"aŋ"，即"葬"可读为"o"或"aŋ"。比较汉语、临高话和黎语的"łom²"和"dom²"，存在同源的关系，即临高、黎族部分地区的"葬"源于汉语。

综上，黎族乃至南方诸民族的"葬"都受到中原文化的影响。

8. tsau¹hwɯ¹招魂

汉语中的"招魂"。《礼记·丧大记》中称为"复"，"复，有林麓，则虞人设阶；无林麓，则狄人设阶。小臣复，复者朝服。君以卷，夫人以屈狄；大夫以玄赪，世妇以襢衣；士以爵弁，士妻以税衣。皆升自东荣，中屋履危，北面三号，衣投于前，司命受之，降自西北荣。其为宾，则公馆复，私馆不复；其在野，则升其乘车之左毂而复。复衣不以衣尸，不以敛。妇人复，不以袡。凡复，男子称名，妇人称字。唯哭先复，复而后行死事"。朱熹："古者人死，则使人以其上服升屋，履危北面而号曰：'皋，某复'遂以其衣三招之而下以覆尸。此《礼》所谓'复'。"《礼记》所记的"招魂"已形成一定范式。楚辞是先秦南方文学的代表，《招魂》有："魂兮归来！去君之恒干，何为四方些？""魂兮归来！东方不可以托些。"

华夏其他民族也有类似的民俗。傣族每家都有叫魂的"魂笼"，招魂的时候，就把死者生前的衣服装在竹笼里，放上白米和白线，表示要把灵魂提回来。

黎族亦有招魂一说，黎语"招魂"作"tsau¹hwɯ¹"。

《黎汉词典》："tsau¹，① 哄……② 把蔓儿引向某一方向……"汉语"招"古音为：章母，效开三，宵韵，平声。据《海口方言语言研究》，属于章母的"招"在海口方言中读为"ts"，韵母读为"io"或"iau"。从语音上看，黎语"tsau¹"（招）与海口方言十分相似，当为汉语海南方言借词。

《黎汉词典》："hwɯ¹，灵魂；鬼魂。"各方言点的读音：

保定（hweɯ¹），中沙（heɯ¹），黑土（heɯ¹），西方（ŋeɯ¹），白沙（ŋeɯ¹），元门（ɱeɯ¹），通什（gweɯ¹），堑对（veɯ¹），保城（hweɯ¹），加茂（ha⁴）。

各方言点的读音相通，当同出一源。同族语"魂"的读音：

壮（hon²），布依（kɔn⁵hɔn¹），临高（huŋ²tin²），傣西（xvɒn¹），傣德（xɒn¹），侗（kwan¹），仫佬（wən²pek⁸），水（kwan¹），毛难（kwan¹）。

这些词的语音都存在联系，当同源。同样，黎语"hweɯ¹"与上述民族语存在同源关系。"魂"，汉古音为：匣母，臻合一，魂韵，平声。据《海南方言语音研究》，匣母"魂"在海口方言中读为"h"，臻合一（魂韵）读为"un"。上述的壮、布依等语的"魂"与汉语的发音较为接近。由此，黎语的"hweɯ¹"（魂）与汉语存在同源关系。

综上，黎语"tsau¹hweɯ¹"一词与汉语"招魂"的语音相通。可以推断，黎族"招魂"这种丧葬习俗与华夏文明一脉相承。

9. ʔeŋ³坟墓

华夏先民的土葬习俗由来已久，坟墓的说法也很多。《书·武成》："释箕子囚，封比干墓。"《说文解字》："墓，丘也。从土莫声。"温庭筠《过陈琳墓》诗："曾于青史见遗文，今日飘蓬过此坟。"《说文解字》："坟，墓也。从土贲声。"谢惠连《祭古冢文》："东府掘城北堑，入丈余，得古冢。"《说文解字》："冢，高坟也。从冖豖声。"《玉篇》："冢，鬼神舍也，高坟也。"《礼记·曲礼上》："适墓不登垄。"郑玄注："垄，冢也。"《说文解字》："垄，丘垄也。从土龙声。"《说文解字》："茔，墓也。从土，荧省声。"

早在先秦，丧葬中的"墓"已成为一种礼制。《周礼》："冢人掌公墓之地，辨其兆域而为之图。先王之葬居中，以昭、穆为左右。凡诸侯居左、右以前，卿大夫士居后，各以其族，凡死于兵者，不入兆域。凡有功者居前，以爵等为丘封之度，与其树数。"又"墓大夫掌凡邦墓之地域，为之图。令国民族葬，而掌其禁令。正其位，掌其度数，使皆有私地域。

凡争墓地者，听其狱讼。帅其属而巡墓厉，居其中之室而守之"。

黎语各方言点的"坟墓"：

保定（ʔen³），中沙（ʔin³），黑土（ʔin³），西方（zen³），白沙（zen³），元门（ʔen³），通什（ʔen³），堑对（ʔen³），保城（ʔin³），加茂（phuən¹mɔ:u³）。

除加茂话，黎语内部语音较为统一，当同源。从语音上看，加茂话为汉语借词。

同族语的"坟墓"：

壮（mo⁶），布依（ti⁶；mo⁶），临高（fən²），傣西（ku⁵），傣德（heu⁶；loŋ⁶），侗（wən²；mu⁶），仫佬（fən²），水（fən²），毛难（ti⁶），黎（ʔen³）。

壮、布依、侗借自汉语的"墓"，临高、仫佬、水借自汉语的"坟"，傣西、傣德、毛难与汉语读音差异大，当为借源关系。布依语的"ti⁶"与毛难同，表明受到汉语影响后，布依语"坟墓"一词正发生更替。

黎语"ʔen³"与这些同族语和汉语没有语音上的联系，当为自有词。华夏先民"坟墓"这一葬制对黎族的影响并不明显。《黎岐纪闻》："上不起坟，葬后亦不复志其处，祭扫礼仪，蔑如也。"

随着民族文化的日益融合，这一情形已发生了变化，加茂话"坟墓"一词就是一例，又比如保定话中"fe:ŋ³ʔen³"（坟墓），其中"fe:ŋ³"作为词有"小米"或"谷子"等义，这与"坟墓"义缺乏内在联系，故当借自汉语"坟"。汉语"坟"的古音为：奉母，臻合三等，文韵，平声。

10. 结语

上述黎语丧葬语词表明：

（1）黎族丧葬已形成了相对完备的体系，且有了一定的程式。

（2）黎族丧葬深受华夏古老文化影响。现代黎语中与丧葬有关的语词大都借自汉语，部分为很古的借词，也有部分为新近借词。周广《广东考古辑要·名宦》（卷三七）："正德间，徐琦知崖州，'教以婚丧礼。在崖九年，俗为之变'。"

（3）黎族丧葬制度中保留了本民族的一些特点。《黎岐纪闻》："上不起坟，葬后亦不复志其处，祭扫礼仪，蔑如也。"又《文献通考·四裔考八》（卷三三一）引《桂海虞衡志》：黎人"亲死不哭，不粥饭，唯食生牛肉以为哀痛之至"。《岭外代答·外国上》（卷二）：海外黎人"其亲死，杀牛以祭，不哭不饭，唯食生牛肉"。《诸蕃志》（卷下）：黎人"死必杀牛以祭"。

（4）黎族丧葬文化是黎汉丧葬文化的混合体。《黎族辟邪文化研究》："三亚、陵水的哈方言黎族、赛方言黎族丧俗，是黎汉风俗相互融合交汇的典型。"

第五节　本章结论

本章重点分析、比较了黎族宗教信仰的神鬼、宗教人士、宗教仪式和宗教器物方面的相关语词，侧重探究了这些语词的词源和构词理据；在结合宗教信仰的一般现象的同时，重点对比了黎汉的宗教信仰，进而阐发相关黎族的宗教信仰现象。

（1）黎族宗教信仰是一个杂糅的宗教信仰体系。不论是神鬼系统，还是宗教祭祀、宗教仪式、宗教器物，都存在不同的文化来源。在这些杂糅的体系中，黎族自身的宗教信仰特点并不明显，呈现一般宗教信仰的特点。

（2）黎族宗教信仰深受汉族的影响，尤其是道教的影响。在神鬼系统中，黎族同样存在玉帝、土地公等神灵。在宗教祭祀的词汇系统中，存在道公之类的宗教神职人员。宗教器物世俗化，具有明显的道家特点。道教对黎族宗教影响之深的原因在于两者都与原始崇拜密切相关，存在相通性，加之汉文化的强势影响。

第五章　黎语与经济发展

经济制度是社会制度的重要组成部分，与政治制度、文化制度密切相关，属广义文化。黎族作为华夏民族的一部分，一直隶属中央政府，故无特定的经济制度。因地处海南，黎族社会在历史上的发展一直较为滞后，这不仅表现在狭义的文化上，也表现在隶属于广义文化的经济制度上。

本章将从语言的角度，结合相关文献，探究黎族历史上的经济及其发展。

第一节　黎语中的渔猎经济

一般认为，渔猎是人类早期普遍存在的一种生活方式。人类在渔猎中满足自我的需求，同时衍生了特有的渔猎文化。该文化有广义和狭义之分，广义的渔猎文化是渔猎各要素的总和，狭义的渔猎文化则仅指由渔猎劳作触发的礼制、信仰等文化现象。本节所谈的属于前者。

华夏民族曾有过发达的渔猎文化。甲骨文中有大量的狩猎记载，《吴越春秋》所载《弹歌》有："断竹，续竹，飞土，逐肉。"《诗经·魏风·伐檀》："不狩不猎，胡瞻尔庭有县鹑兮？"《诗经·豳风·七月》："一之日于貉，取彼狐狸，为公子裘。二之日其同，载缵武功，言私其豵，献豜于公。"《易·系辞下》："作结绳而为网罟，以佃以渔。"《说文解字》：“猎，放猎，逐禽也。”《尔雅·释言》：“猎，虐也。” 邢昺疏：
“猎谓从禽也，必暴害于物，故云。”《说文解字》：“狩，犬田也。”《说
文解字注》：“火田也。火各本作犬。”《说文解字》：“捕鱼也。”早
在先秦，渔猎已成为一种制度文化。《礼记·王制》：“豺祭兽，然后田
猎。”《尔雅·释天》：“春猎为搜，夏猎为苗，秋猎为狝，冬猎为狩。”

　　黎族在历史上是一个“惰耕喜猎”的民族。直到清代，部分“生黎”
仍以狩猎为生，《陵水县志·海黎志》：“生黎以射猎为业。”张岳崧《抚
御琼黎论》：“生黎不甚习耕作，恒操弓矢，以弋猎为生。” 黎人喜猎当
与海南岛的自然环境密切相关，丁谓《到崖州见市井萧条赋诗》：“夜听
孤猿啼远树，晓看潮浪瘴烟斜。吏人不见中朝礼，麋鹿时时到县衙。”

一　猎人与猎狗

1. pha³gip⁷（或 pha³tsa:u³）猎人

黎语“pha³gip⁷”为合成词，其中“pha³”义为“父”“公”等义，常
作为职业名词的前置成分。《黎汉词典》：“gip⁷，1. 打猎（夜间一人去）。
gip⁷ro:i³悄悄地去打鹿……”

黎语“gip⁷”各方言点的读音：

保定（gip⁷），中沙（gip⁷），黑土（rip⁷），西方（ɳuŋ³），白沙（xep⁸），
元门（thuai³），通什（gip⁸），堑对（fei¹haŋ⁴），保城（tu:n⁴），加茂
（tuən²）。

保定、中沙、黑土、白沙、通什是一个来源，保城、加茂、元门是一
个来源，堑对为一个来源。该词黎语内部并不统一，这表明狩猎在黎族内
部有着不同的理解。

猎，汉古音为：来母，梗开三，入声。据《海口方言词典》，海口方
言的来母读为“1”，与黎语语音差异较大，故“gip⁷”当为自造词。其他
方言点的读音与汉语也没有关联。黎族人“猎”这一概念当未受到汉族
影响。

tsa:u³。《黎汉词典》："tsa:u³，围猎；打围，ga¹ɯ³hau²hei¹ tsa:u³咱们明天去打猎，tsa:u³laɬ⁷打野猪。"以下是各方言点的读音：

保定（tsa:u³），中沙（tsa:u³），黑土（ɳa:u³），西方（tsa:u³），白沙（tsa:u³），元门（无），通什（tsa:u³），堑对（tsha:u⁶），保城（tsa:u³），加茂（nə:u²）。

不同于"gip⁷"，该词各方言点较为一致。可见，围猎当是黎族内部较为普遍的一种狩猎方式，比"gip⁷"的历史要早。一种来说，围猎是原始社会较为普遍的一种狩猎方式，也是生产力低下的一种表现方式。

三个语素表明：黎族人狩猎一般为男性，时间常在晚上，一般采用围猎的方式。苏过《夜猎行》："海南多鹿豨，土人捕取率以夜分月出，度其要寝则合围而周阹之，兽无铁者。余寓城南户外，即山林，夜闻猎声，旦有馈肉者，作《夜猎行》以纪之。"顾岭《海槎余录》："猎时，土舍峒首为主，聚会千余兵，携网百数番，带犬几百只。遇一高大山岭，随遣人周遭伐木开道。遇野兽通行熟路，施之以网，更添置弓箭熟闲之人，与犬共守之，摆列既成，人犬齐奋叫闹，山谷应声，兽惊怖，向深岭藏伏。俟其定时，持铁炮一二百，犬几百只，密向大岭举炮发喊，纵犬搜捕，山岳震动，兽惊走下山，无不着网中箭。"

同族语"狩猎"的读音：

壮（ɕa:ŋ⁶tɯk⁷jan¹），布依（pu⁴tɯk⁷tau⁵），临高（bəʔ⁸kit⁷saŋ¹），傣西（phan²），傣德（mu²sə²），侗（ɳən²ʔan¹tən²），仫佬（lak⁷lik⁸na:n⁴），水（ʔai¹na⁴ɲja⁴；ʔai¹na⁴ʔda:i⁵），黎（pha³gip⁷；pha³tsa:n³）。

从语音上看，黎语"狩猎"一词与同族语没有关系。

2. pa¹tsa:u³猎狗

猎狗，一种用于狩猎的犬类。

在汉语中，语词相关的词有"犬""狗"等。犬，《说文解字》：狗之有县蹄者也。象形。孔子曰："视犬之字如画狗也。"狗，《说文解字》："孔子曰：'狗，叩也。叩气吠以守。'从犬句声。"汉代《说文解字》的解释未反映出犬狗与狩猎的相关性，不过以犬为意符的汉字"狩猎"则说明华夏先民用犬狩猎有着悠久的历史。《诗·小雅·巧言》："跃跃毚兔，遇犬获之。"《史记·越世家》："范蠡遂去，自齐遗大夫种书曰：'飞鸟尽，良弓藏；狡兔死，走狗烹。'"

黎人捕猎同样用犬。前文所引《海槎余录》已有相关记录，又卢多逊《水南村二首——为黎伯亨题》中有："狩犬入山多豕鹿，小舟横巷足鱼虾。"

黎语有"猎狗"一词，作"pa¹tsa:u³"。《黎汉词典》："pa¹tsa:u³，猎狗。"其中，"pa¹"义为狗，"tsa:u³"义为"围猎"。各方言点的读音：

保定（pa¹tsa:u³），中沙（pa¹tsa:u³），黑土（ma¹ŋau），西方（pa¹tsa:u³），白沙（pa¹tsa:u³），元门（pa¹mia⁶），通什（pa⁴khu:ŋ¹gat⁸），堑对（pha⁴tsa:u⁶），保城（pa⁴tsa:u⁴）。

各方言点"猎狗"虽有差异，但中心语素"狗"较为一致，故同源。

同族语"狗"的读音：

壮（ma¹），布依（ma¹），临高（ma¹），傣西（ma¹），傣德（ma¹），侗（ŋwa¹），仫佬（ŋwa¹），水（ma¹），毛难（ma¹），黎（pa¹；ma¹）。

从语音上看，黎语"狗"与同族语同源。

同源表明驯狗是南方诸民族共有的文化现象。相关历史传说似乎可以说明这一点。《雷祖志》："业捕猎，养有九耳异犬，耳有灵机。每出猎，皆卜诸犬之耳。一耳动则获一兽，二耳动则获二兽。获兽多寡，与耳动之数相应，不少爽焉。至陈朝太建二年辛卯九月初一日出猎，而犬之九耳俱动……"《黎岐纪闻》："有女航海南来，入山中与狗为配，生长子孙，名曰狗尾王，遂为黎祖。"《黎族文化初探》："白沙县红星乡番响村操'杞'方言的黎族在生活上有对狗的禁忌，当他们把死了的狗拿去埋葬时，禁止对别人说'狗死'之类的话……操'杞'方言的黎族中也有一些人禁吃狗肉……他们禁杀狗，若家人有病，绝对不允许以狗作为祭品……白沙县细水乡风马村操'本地'方言的黎族，自古以来不吃狗肉，其原因是说，狗是他们狩猎之助手，又是家园的保护者。"

"猎狗"一词，黎语与同族语并不完全相同。以下是同族语的读音：

壮（ma¹tuuk⁷jan¹），布依（ma¹tau⁵），临高（ma¹kit⁷saŋ¹），傣西（ma¹phan²），傣德（ma¹huŋp⁸lɓi⁶），侗（ŋwa¹tan¹），仫佬（ŋwa¹lik⁸na:n⁴），水（ma¹na⁴ na:n⁴），毛难（ma¹ʔa:m⁵），黎（pa¹tsa:u³）。

中心语素同源，但限定语素不同。这表明黎族与这些民族在"猎狗"这一概念的理解上存在差异。

为了深入了解黎语的狩猎，这里再分析一个与狩猎相关的词"gat⁷"（追猎物时的狗叫声）。该词是黎语里为数不多的表动物叫声的语词中的一个，其地位由此可见。黎语有两个表"吠"的词。

黎语各方言点"吠"的发音：

保定（vun³），中沙（vuun³），黑土（ŋa:u¹），西方（voŋ³），白沙（voŋ³），元门（ko⁵），通什（fun⁶），堑对（vuun⁶），保城（vun³），加茂（ki:u¹）。

各方言点的读音并不完全一致，不同源。

黎语中另有一"吠"，指狗追逐猎物时发出的声音：

保定（gat⁷），中沙（gat⁷），黑土（gat⁷），西方（xat⁷），白沙（xat⁷），元门（zuat⁸），通什（gat⁷），堑对（to²），保城（hat⁸），加茂（tsu:t⁹）。

各方言点的读音不完全一致，不同源。

各方言点虽不同源，但有一个共通之处，即都要两个"吠"。同一种动物，记录其两种叫声，黎族人与狗的密切关系由此可见，这当与该族的狩猎文化密切相关。苏轼《予来儋耳得吠狗曰乌觜甚猛而驯随予迁合浦过》："乌喙本海獒，幸我为之主。食余已瓠肥，终不忧鼎俎。昼驯识宾客，夜悍为门户。知我当北还，掉尾喜欲舞。跳踉趁僮仆，吐舌喘汗雨。长桥不肯蹑，径度清深浦。拍浮似鹅鸭，登岸剧虓虎。盗肉亦小疵，鞭棰当贳汝。再拜谢恩厚，天不遣言语。何当寄家书，黄耳定乃祖。"题目凸显了狗的特点"吠"，也似乎表明了琼岛时人对狗吠的关注。黎语词汇中不仅有狗吠一词，还有狩猎中驱使狗的人声。《黎汉词典》："ui¹，叫狗追赶野兽的声音。""吠"从微观的角度一窥黎人的狩猎时代。

汉语也存在类似的现象。《说文解字》中存在很多动物鸣叫的语词：

吠，犬鸣也。从犬口。

牟，牛鸣也。从牛，象其声气从口出。

喈，鸟鸣声。从口皆声。一曰凤皇鸣声喈喈。

呦，鹿鸣声也。从口幼声。

唉，鹤鸣也。从口戾声。

喿，鸟群鸣也。从品在木上。

雊，雄雌鸣也。雷始动，雉鸣而雊其颈。

哶，羊鸣也。从羊，象声气上出。与牟同意。

雌，雌雉鸣也。从鸟唯声。《诗》曰"有雌雉鸣"。

鸣，鸟声也。从鸟从口。

唬，虎鸣也。一曰师子。从虎九声。

上述文字，大家熟悉的莫过于"吠"和"鸣"，而"鸣"意义已泛化，"吠"仍为人所知。在早期汉文献中，"吠"是一个使用频率较高的词。《诗•召南》："无使尨也吠。"《战国策》："跖之狗吠尧。"《楚辞•九章》："邑犬群吠兮，吠所怪也。"《逢雪宿芙蓉山主人》（刘长卿）："日暮苍山远，天寒白屋贫。柴门闻犬吠，风雪夜归人。"汉语中表动物叫声的语词如此丰富，表明了古人对动物的密切关注，这正是狩猎时代的反映。在这样一个时代里，犬地位是突出的。

这表明华夏各族文化有共通性。

二　狩猎工具

工具极大地提高了人类的工作效率。

早在原始狩猎时期，华夏民族就已发明并使用各类工具。《吴越春秋》所载《弹歌》有："断竹，续竹，飞土，逐肉。"以竹为弓，以土为弹。

上古先民的狩猎器具也体现在汉字字形上，比如"兽"字中的"单"，即为狩猎器具，又比如"禽"中的"毕"，即捕鸟工具。

海南黎族先民在狩猎中同样使用各种工具，苏过《夜猎行》："霜风萧萧陵寒柯，海月艳艳翻秋河。空山无人柴径熟，豨肥鹿饱眠长坡。山夷野獠喜射猎，腰下长铗森相磨。平沙仿佛见遗迹，踊跃不待张虞罗。均呼夜起山谷应，披抉草木穷株窠。何人得隽喜叫绝，将割未羡青邱多。今年岁恶不可度，竹间有米田无禾。耕牛日欲登鼎俎，野兽脱命理则那。朝来剥啄谁有馈，愧尔父老勤弓戈。一言愿子不我忽，暴殄天物神所呵。"诗中涉及了"弓""箭""长铗""虞罗""戈"几种狩猎工具。

现代黎语资料中与狩猎工具相关的词并不多。

1. pha:u¹、tshoŋ³枪

此类武器在汉语中名为"枪"或"铳"。《墨子·备城门》："枪二十枚，周置二步中。"前蜀冯鉴《续事始》："诸葛亮置木作枪，长二丈五尺，以铁为头。"《说文解字》："枪，距也。从木仓声。一曰枪，欀也。"《说文解字》："距，止也。从止巨声。"《玉篇》："铳，鋚也。"《说文解字》："鋚，斤釜穿也。"《集韵》："斧穿也。"即斧头上受柄的孔。上古时期的枪和铳并非火药子弹发射器。

据相关研究，南宋陈规大约在公元 1132 年发明了火枪，被称为现代管形火器的鼻祖。南宋开庆元年（1259）寿春府人创造了一种突火枪。该枪用巨竹做枪筒，发射子窠（内装黑火药、瓷片、碎铁、石子等）。燃放时，腔口喷火焰，子窠飞出散开杀伤对阵的敌人。《元史·达礼麻识理传》："纠集丁壮苗军，火铳什伍相联。"明邱浚《大学衍义补》（卷一二二）："近世以火药实铜、铁器中，亦谓之炮，又谓之铳。"

黎语有多个与"枪"相关的词："pha:u¹kit⁷"（鸟枪）、"ha¹pha:u¹kit⁷"（猎枪）、"ha¹pha:u¹"（枪）。这些语词中所含的语素有："pha:u¹""kit⁷""ha¹"。

"pha:u¹"。《黎汉词典》："pha:u¹"枪，另，《黎汉词典》："pha:u³，

炮"。"炮"汉古音为：滂母，效开二（效韵），去声。据《海口方言语音研究》，滂母的读音为"f"，效开二读为"au"。黎语发音与海口方言声母虽略有差距，但"pha:u^1"借自汉语"炮"当无疑问。

"kit^7"。《黎汉词典》："kit^7，1. 雷管；信管。2. 火帽（鸟枪上的发火装置）。"

"ha^1"。《黎汉词典》："ha^1，1. 腿……2. 花梗。"又"ha^1，缕（量词，用于线）"该语素寓意枪的长条状。

"pha:u^1"为以上语词的核心语素，其借源关系表明黎人的枪源自汉人，"kit^7"与"ha^1"则体现出黎族人对枪的独特理解。

各方言点"枪"的发音：

保定（ha^{1}pha:u^1），中沙（tshuŋ^1），黑土（tshuŋ^1），西方（tshoŋ^3），白沙（tshoŋ^2），元门（tshoŋ^5），通什（thoŋ^3），堑对（thuŋ^3），保城（thuŋ^3），加茂（pha:u^5）。

各方言点发音并不一致。保定和加茂是一类；中沙、黑土、西方、白沙、元门、通什、堑对、保城是一类。保定的发音前文论，后者当源自汉语"铳"。"铳"的汉古音为：昌母，通合三（送韵），去声。据《海口方言语音研究》，昌母读为"s"，通合三（送韵）读为"oŋ"。

各方言点"火枪"的发音：

保定（pha:u^{1}kit^7），中沙（tshuŋ^{1}kit^7），黑土（tshuŋ^{1}kip^7），西方（tshoŋ^{3}kep^7），白沙（tshoŋ^2），元门（tshoŋ^{5}kiap^7），通什（thoŋ^{3}ki:p^7），堑对（thuŋ^{3}lat^8），保城（thuŋ^{3}ki:p^7），加茂（pha:u^{5}kiəp^7）。

"火枪"一词，各方言点都是在"枪"一词的基础上发展而来。

同族语的读音为：

壮（çuŋ^5），布依（çuŋ^5），临高（suŋ^1），傣西（nat^8），傣德（koŋ^3），侗（çoŋ^5），仫佬（tshoŋ^5），水（tsuŋ^5），毛难（tsuŋ^5），黎（ha^{1}pha:u^1；tshoŋ^1）。

黎语的发音与同族语壮、布依、临高、傣德、侗、仫佬、水、毛难相通，同出一源。这些发音与汉语的"铳"的发音更为接近。

由此可见，不仅是黎族，南方诸民族所使用的枪炮都源自中原地区。从上文苏过的诗来看，黎人狩猎尚未涉及"枪"。清代《崖州志·黎防一·黎情》（卷一三）："向时兵器，专尚弓矢，今已久废。改用火枪，家置一杆，有力者或备数杆。每以数牛易一枪，或药一桶。多从岭门、薄沙及海口流入。"

2. vat⁷弓；vat⁷miːu²弩弓；ɬuːŋ¹弓弦

汉语中的"弓"。《诗·小雅·吉日》："既张我弓，既挟我矢。"《说文解字》："弓，以近穷远。象形。古者挥作弓。"《释名》："弓，穹也，张之穹隆然也。其末曰箫，言箫梢也；又谓之弭，以骨为之滑弭弭也。中央曰抚，抚也，人所抚持也。箫抚之闲曰渊，渊，宛也，言宛曲也"。弩，《周礼·夏官·司弓矢》："司弓矢掌六弓四弩八矢之法，辨其名物，而掌其守藏，与其出入。"《说文解字》："弩，弓有臂者。"周代已有专门负责"弓"的官职"弓人"。《周礼·弓人》："弓人为弓，取六材必以其时，六材既聚，巧者和之。干也者，以为远也；角也者，以为疾也；筋也者，以为深也；胶也者，以为和也；丝也者，以为固也；漆也者，以为受霜露也。"可见，中原地区早在先秦时期，"弓"已非常讲究，并达到了较高的制作水准。随着社会发展，"射"在华夏文明中发展为一种礼制——射。《礼记·射义》："古者，天子以射选诸侯、卿大夫、士。射者，男子之事也，因而饰之以礼乐也。"

历史上的黎族经济并不发达，狩猎是其经济的主要来源。在狩猎中，"弓箭"是少不了的武器，明顾岕《海槎余录》有："猎时，土舍峒首为主……遇野兽通行熟路，施之以网，更添置弓箭熟闲之人，与犬共守之。"黎族人使用"弓矢"的记录可以追溯到汉代，《汉书·地理志下》："山多麈鹿。兵则矛、盾、刀、木弓弩、竹矢，或骨为镞。"

在历史上，黎族的弓矢制作较为精良。明郭棐《贺邓元宇将军平黎序》："所借者弩力箭芒耳。"清屈大均《广东新语·人语》黎人："男子弓不离手，以藤为之，藤生成如弓，两端有弰可挂弦。弦亦以藤。箭镞以竹为羽，但三丫为菱角倒钩，入肉必不能出……生黎最凶悍，其弓重二百余斤……熟黎弓则以杂木若担竿状。棕竹为弦。筋竹为箭干，而不甚直。铁镞锋锐有双钩，一小绳系之，临射始置箭端，遇猛兽，一发即及，兽逸而绳绊于树，乃就获焉。"

黎语中有"弓""矢"等词。

（1）vat⁷弓。

《黎汉词典》："vat⁷，弓：vat⁷ti:p⁷弓箭；tseɯ¹vat⁷射箭。"

"弓"各方言点的读音：

保定（vat⁷），中沙（vat⁷），黑土（vat⁷），西方（vat⁷），白沙（vat⁸），元门（vat⁸），通什（fat⁸），堑对（vat⁸），保城（vat⁷），加茂（vi²）。

读音相似，各点"弓"同源。这说明"弓"是黎族文化中较为一致并且恒定的一个概念。"弓"的汉古音为：见母，通合三（东韵）。据《海口方言语音研究》，见母"弓"在海口方言中读为"k"，通合三（东韵）读为"iaŋ"或者"oŋ"。黎语的"弓"与汉语没有关联，自源或有其他来源。在黎语系统中，"vat⁷"一词可作为语素构词，如"vat⁷mi:u²"弩弓等，是一个较为成熟的语素。

同族语"弓"的读音：

壮（kuŋ¹），布依（koŋ¹），临高（ŋɔ²），傣西（kuŋ¹），傣德（koŋ⁶；ka:ŋ⁵），侗（na³；pa⁵na³），仫佬（cɔŋ¹），水（na⁵），毛难（cɔŋ¹），黎（vat⁷）。

壮、布依、傣西、傣德、仫佬、毛难的读音相通，当同源，临高、侗、水为同一来源，黎为一来源。其中，壮语、布依语等的读音与汉语相通，为汉语借词。

黎语"弓"与周边民族没有直接的联系，有两种可能：①黎语"弓"另有来源；②黎语保留了"弓"更古的读音，而其他民族则发生了改变。

（2）gou¹弓弦。

弓弦是弓的重要部分。《说文解字》："弦，弓弦也。从弓，象丝轸之形。"黎语中有专用的语词。《黎汉词典》："ɬu:ŋ¹，弓弦。""gou¹vaȶ⁷，弓弦。""gou¹，弦。"

"弓弦"各方言点的读音：

保定（gou¹），中沙（gou¹），黑土（gou¹），西方（xou¹），白沙（hou¹），元门（ɬuŋ¹），通什（gou⁴），堑对（hou⁴），保城（hou⁴），加茂（tuɪ¹vi²）。

黎语"弓弦"一词有不同的来源，保定的"gou¹"使用相对普遍。从构词来看，黎语"弓弦"可以是单纯词，也可以是复合词（"gou¹vaȶ⁷"），与汉语类似。

"弦"的汉古音为：匣母，山开四，先韵。据《海口方言语音研究》：匣母"弦"读为"h"， 山开四读为"i"。比较黎汉语音，黎语"弦"与汉语无关联。在黎语中，与"gou¹"类似的读音有"跑"，作"gou²"，该词词源待考；与"ɬu:ŋ¹"（弓弦）读音近似的有"ɬu:ŋ²"和"ɬu:ŋ³"，前者义为"春"，后者义为"松"。"春"与"松"与"弦"是否存在渊源关系，尚待考证。

黎语"弓弦"一词当是一个自造词。

（3）ŋo:t⁷、ti:p⁷箭。

箭，汉语中又可称为"矢"。《说文解字》："箭，矢也。从竹前声。"《说文解字注》："矢竹也。各本无竹。"即认为"箭"是一种竹子。《方言》："自关而东曰矢，江、淮曰镞，关西曰箭。"《史记·平津侯主父列传》："今天下锻甲砥剑，桥箭累弦，转输运粮，未见休时，此天下之所共忧也。"《说文解字》："矢，弓弩矢也。从入，象镝栝羽之形。古者夷牟初作矢。"《易·系辞下》："弦木为弧，剡木为矢。"《史记·鲁仲连邹阳列传》："鲁连乃为书，约之矢，以射城中，遗燕将。"

黎语中与"箭"相关的词：箭"ti:p⁷ŋo:t⁷"、平头箭"thau²"、箭头"pom³ŋo:t⁷"、小竹子（箭杆）"ma¹"。这里已涉及箭头、箭杆及箭的不同种类，表明黎语以"箭"为核心义的语词系统较为完整。由此可见，箭是黎族人非常熟悉的器物。

黎语有两个词表"箭"，分别为"带铁钩的箭"和"一般的箭"，各方言点的读音分别为：

箭（带铁钩的）：保定（ŋo:t⁷），中沙（ŋo:t⁷），黑土（ŋat⁷），西方（ŋo:k⁷），白沙（ɬam³），元门（ɬam³），通什（ŋo:t⁷），堑对（ti:p⁷），保城（ŋo:t⁷），加茂（ŋɯət⁷）。

箭（一般的）：保定（ti:p⁷），中沙（ti:p⁷），黑土（ti:p⁷），西方（ti:p⁷），白沙（tship⁸），元门（tship⁷），通什（ti:p⁷），堑对（ti:p⁷），保城（ti:p⁷），加茂（pe²）。

黎语内部读音较为统一。同族语"箭"的读音：

壮（na⁵），布依（na⁵），临高（lɔm⁴），傣西（puɯ¹），傣德（lim³ka:ŋ⁵），侗（na³），仫佬（tjen⁵），水（qham⁵），毛难（na⁵），黎（ŋo:t⁷；ti:p⁷）。

从语音上看，黎族"箭"的读音与同族语没有同源关系。部分其他语言则存在同源关系，比如壮、布依、侗和毛难。另一个值得注意的现象是：侗语的"弓"和"箭"同形，即将"弓"与"箭"视为同一对象（或概念）。就两者密切关系来看，作为同一概念也在情理之中。两者发生了分化的部分壮侗语当受到汉文化的影响，比如壮语"弓"借自汉语。

黎族的弓矢形成与发展走了自己的路。

（4）tseɯ¹射。

射是箭飞离弓的过程。

《说文解字》："射，弓弩发于身而中于远也。"《易·解》："公用射隼于高墉之上，获之，无不利。"《诗·齐风·猗嗟》："巧趋跄兮，射则臧兮。""射"后来发展为中国礼制文化的一部分，《仪礼·乡射礼》："宾主人射，则司射摈升降。卒射，即席而反位卒事。"《礼记·射义》："古者诸侯之射也，必先行燕礼；卿大夫之射也，必先行乡饮酒之礼。"

黎人中常有善射者。明瞿九思《万历武功录·广东》（卷三）："其驰射最工，诚足自夸耀……三十步之内，矢虚发也。居常自谓阿弓、神弓。"

黎人不仅用箭射野兽，也用于射鱼。清张庆长《黎岐纪闻》："黎岐无不能射者，射必中，中可立死。每于溪边伺鱼之出入，射而取之，以为食。其获较网罟为尤捷云。"黎人善射由此可见。

黎语各方言点"射"的读音：

保定（tseɯ¹），中沙（tseɯ¹），黑土（ȵeɯ¹），西方（tseɯ¹），白沙（tseɯ¹），元门（tseɯ⁴），通什（tseɯ⁴），堑对（tsheɯ⁴），保城（tseɯ⁴），加茂（ni⁴）。

除加茂，"射"在黎语内部较为一致。

同族语"射"的读音：

壮（ŋiŋ²；peŋ¹），布依（ȵiŋ²；ɕuːŋ⁵），临高（ȵɔ²），傣西（pot⁷），傣德（jɯ²），侗（peŋ⁵），仫佬（pɛːŋ⁵），水（peŋ⁵），毛难（pɛŋ⁵），黎（tseɯ¹）。

大部分语言具有同源关系，黎语则不同。

黎族人对"射"这一概念有自己的理解。

3. zoːŋ³活套；tsheʈ⁷捕野兽的活套

《黎汉词典》："zoːŋ³，一种活套，捕鸟兽用。"

又《黎汉词典》："tsheʈ⁷，捕野兽的活套。"

黎语"tsheʈ⁷"另有"触动"之义。《黎汉词典》："tsheʈ⁷，触动。""tsheʈ⁷"表现出黎族人在狩猎中的智慧。

4. tsheʈthau²theːŋ²捕鸟器

《黎汉词典》："tsheʈthau²theːŋ²，一种捕鸟工具。""thau²"在黎语中有以下几个意义：平头箭；崩，脱落；龟。语音接近的"thau¹"义为"锅"。"theːŋ²"义为"床"。

构词理据尚不清晰，当与该器具的结构相关。

5. hiːŋ⁷捕鼠夹；hjoːp⁷一种捕鼠器

这两个词侧重狩猎的对象——鼠。

《黎汉词典》："hiːŋ⁷，捕鼠夹。"

《黎汉词典》："hjo:p[7]，一种捕鼠器，由竹筒和弓两部分构成，当老鼠进入筒内取食时，弓便弹动，将老鼠勒死。"

黎族人吃鼠。《黎族民间故事集·猫和老鼠》："它咬下一口老鼠肉尝了尝。哈，味道更美，鲜甜可口哩！猫高兴极了，于是连皮带肉把整个拉老鼠都吃个干净。"

6. go:i[3] 网

网常用于捕鱼。

汉语中的"网"。先秦汉语中，"网"一般表捕鱼工具，同时也是一个意蕴丰富的文化符号。《说文解字》："网，庖牺所结绳以渔。从冂，下象网交文。"《易·系辞》："作结绳而为网罟，以佃以渔。"《尚书·盘庚》："若网在纲。"《诗经·邶风·新台》："鱼网之设，鸿则离之。""网"也可用于"法律"等义。《史记·酷吏列传序》："昔天下之网尝密矣，然奸伪萌起。"葛洪《抱朴子·诘鲍》："制峻网密，有犯无赦。"《老子》："天网恢恢，疏而不失。"黎语中也保留了丰富的渔业词汇。

黎语中的"网"。《黎汉词典》："go:i[3]，网子。"各方言区"网"的读音为：

保定（go:i[3]），中沙（go:i[3]），黑土（ra:i[3]），西方（xo:i[3]），白沙（xuai[3]），元门（biu[1]），通什（go:i[3]），堑对（ha:i[3]），保城（ha:i[6]），加茂（piu[1]）。

这些词并不一致，可分为两类：保定、中沙、黑土、西方、白沙、通什、堑对、保城是一类，元门与加茂是一类。"网"的汉古音为：微母，宕合三等（养韵），上声，《海口方言词典》中作"maŋ[33]"。故这两类读音都与汉语"网"无关联。

同族语"网"的读音：

壮（mu:ŋ[4]），布依（mɯ:ŋ[4]），临高（sai[3]），傣西（hɛ[1]；mɒŋ[2]），傣德（xe[1]），侗（je[1]），仫佬（mɣɔŋ[4]），水（xə[1]），毛难（wa:ŋ[3]；moŋ[4]），黎（go:i[3]）。

有四种情况：一是借自汉语，有壮、布依、傣西、仫佬和毛难；二是傣西、傣德、侗和水的读音相近，当为同一个来源；三是黎族的"go:i³"；四是临高话的"sai³"（网）与壮语的"鱼篓"音同。值得注意的是，傣西语"网"的读音兼有上述的两种情况（第一、二种），这鲜明地反映了汉语对傣西语的影响。毛难语的两个读音都源自汉语，表明了不同时期的汉语对毛难语的影响。汉文化对周边文化影响之强势由此可见。

但即便如此，黎语并没有发生改变，这当与黎族人相对较强的渔猎文化相关。以下与渔猎相关的词似乎可以说明这一点。go:i³bi:u¹ 抛网、go:i³ta:m³鱼罩、go:i³rok⁷鱼罾、go:i³khau² 罟、go:i³giu² 拉网等。 黎语词汇系统中还保留了一些有关制作渔网的语词，《黎汉词典》："phe:n³go:i³，织鱼网的竹片。"为合成词，"phe:n³"义为"木板"或"竹片"。《黎汉词典》："tim²go:i³，织渔网用的梭子。" 为合成词，该词典未列 tim²的意义，义当为"梭子"。

7. li:k⁷捕鱼篓

黎语各方言点"鱼篓"（或鱼笼）的读音：

保定（li:k⁷），中沙（li:k⁷），黑土（li:k⁷），西方（li:k⁷），白沙（lit⁸），元门（liʔ⁷），通什（liaʔ⁷），堑对（liaʔ⁸），保城（liak⁷），加茂（ba:u¹）。

除加茂话，各方言点"捕鱼篓"一词的读音较为一致。可见，捕鱼篓当是黎族社会普遍使用的一种捕鱼工具。黎语保定方言中另有一词"pluun²"，义为捕鱼笼。

同族语"鱼篓"的读音：

壮（sai；som⁵），布依（zen⁶），临高（boŋ³），傣西（moŋ¹），傣德（moŋ¹），侗（phjiu¹pa¹），仫佬（cə¹），水（phjiu¹məm⁶），毛难（cauɯ¹；kwiŋ⁵）。

黎语"li:k⁷"与同族语没有语音上的联系。

8. be:k⁸捕鱼绳

《黎汉词典》："be:k⁸，捕鱼绳，在长绳子上绑上一节节白色的树皮，两人在水中来回拉，把鱼赶入网中。"

9. tha:n³一种用来驱赶禽兽的装置

《黎汉词典》："tha:n³，一种用来驱赶禽兽的装置。用若干竹筒破成两半，用长绳拴在树上，另一端引至看守窝棚内，不时拉动绳子，竹筒即互相碰撞发出响声吓跑禽兽。"

10. 小结

捕猎工具是狩猎经济的一个缩影。现代黎族早已进入农耕文明，一些捕猎工具已陆续淡出黎族社会，但相关词汇仍保留存在黎语中。透过这些语词，黎族社会的狩猎文化可见一斑：

（1）黎族曾有过较为完整的狩猎经济模式。

（2）黎族人在渔猎中展现了特有的聪明才智。

（3）黎族的渔猎既有自己的特色，同时也受到外来文化的影响，但这种影响相对较小。

三 捕猎方法

黎语词汇系统现存表捕猎方法的词并不多，《黎汉词典》收录了几个直接与渔猎方法相关的语词。

1. ro:m¹诱捕

《黎汉词典》："ro:m¹，诱捕，设机关、圈套等诱捕，ro:m¹tiu¹捕鼠，ro:m¹taɬ⁷捕鸟。"

2. ŋat⁷ʔju:ŋ³捕鱼的方式

《黎汉词典》："ŋat⁷ʔju:ŋ³，用鱼箔拦河捕鱼。""ŋat⁷"义为"堵塞""关闭"。

3. roŋ³钓

华夏民族早在先秦已广泛使用"钓"这种渔猎方式。《诗·小雅·采绿》："之子于钓，言纶之绳。其钓维何？维鲂及鱮。"《诗·卫风·竹竿》："籊籊竹竿，以钓于淇。"《淮南子·说山训》："詹公钓千岁之鲤。"《吕氏春秋》："太公钓于滋泉。"《说文解字》："钩鱼也。钩者、曲金也。以曲金取鱼谓之钓。"

黎语各方言区"钓"（或鱼笼）的读音：

保定（roŋ³），中沙（ruŋ³），黑土（ruŋ³），西方（rɔŋ³），白沙（lep³），元门（lep⁸），通什（roŋ³），堑对（loŋ³），保城（luŋ⁶），加茂（ləŋ²）。

"钓"可以分为两类：保定、中沙、黑土、西方、通什、堑对、保城、加茂为一类，白沙和元门为一类，表明黎族人内部对"钓"的理解有所不同。

同族语"钓"的读音：

壮（ʔep⁷），布依（tuuk⁷），临高（tin⁸），傣西（bet⁷），傣德（met⁹），侗（ʨeu⁵pa¹；to³sit⁹），仫佬（tjeu⁵），水（ho⁴ɕit⁷），毛难（tɔ³），黎（roŋ³）。

同族语之间同样不一致，黎语与这些同族语没有同源关系。

"钓"的汉古音为：端母，效开四（箫韵）。据《海口方言语音研究》，端母在海口方言中读为"ɖ"，箫韵读为"io"。仫佬、毛难"钓"的读音与汉语存在相似性，黎语"钓"与汉语没有关系。

在黎语词汇中，"钓"可作为语素，参与构词（以保定话为例）。钓竿：tsɯ²hweʈ⁷roŋ³，又 hweʈ⁷roŋ³。钓钩：me:k⁷roŋ³。钓鱼线：do:i¹roŋ³。这些词构成了一个表垂钓义的小词汇系统。

综上，黎族人的垂钓文化受周边民族的影响不明显。

四　小结

黎族有一个较为完整的渔猎词汇系统，表明该民族经历过一个渔猎时代，并得到较为充分的发展。

从词源来看，黎语渔猎词汇较少受到外来文化的影响，即黎族的渔猎文化是一个相对自然的发展过程。

第二节　黎语中的农耕文化

中国是世界公认的五个农耕文明发源地之一。

农耕文化是华夏文明的重要组成部分。在汉语中，"国家"又常被称为"社稷"。《说文解字》："社，地主也。从示土。"《春秋传》曰："共工之子句龙为社神。""社"字的古文形体像土堆，部分战国文字中的"社"也"从木从土"。土地崇拜的实质就是靠土吃饭，是华夏民族农耕文明的一个特质。《说文解字》："稷，五谷之长。从禾畟声。"稷本是一种农作物，却被华夏文明赋予了神的色彩。古有"后稷"，相传是中国农耕文明的始祖。《诗经·大雅·生民》："诞后稷之穑，有相之道。茀厥丰草，种之黄茂。实方实苞，实种实袖。实发实秀。"《尚书·益稷》："予决九川，距四海，浚畎浍距川；暨稷播……"

在中国，农耕文明的格局有一个重要特征，即南稻北粟。据相关研究，江西万年仙人洞出土的栽培稻植硅石标本有 1 万多年的历史。这一特征显然与南北自然资源和气候特点密切相关。

从历史文献来看，古黎族人很早就开始从事农业耕作。《汉书·地理志》（卷二八下）："男子耕农，种禾稻苎麻……"《唐大和上东征传》（日本真人元开著）："十月作田，正月收粟养蚕八度，收稻再度。"唐李德裕《谪岭南道中作》诗："五月畬田收火米，三更津吏报潮鸡。"与中原相比，黎族的农业生产较为落后，《后汉书·循吏·孟尝传》"合浦郡不产谷实，而海出珠宝，与交趾比境，通常商贩，贸籴粮食"。黎族人更多的是过着渔猎的生活。

海南农业发展历史悠久，但不平衡。总体来说，沿海地区发达于山区，熟黎发达于生黎。

农业是以土地为生产资料的一种生产方式，源于采摘，是人类利用自然的一种最为温和方式。农作物是衡量农业发展程度的一种标志，其与地域环境密切相关，也与民族间的交流相关。

一　黎语中的非稻作农业

现代黎语词汇系统中有关非稻作农作物的词已相当丰富。

1. man^{1}薯类

薯，《说文解字》未收该字，《康熙字典》引《唐韵》："《唐韵》常恕切。薯蓣。俗藷字。详藷字注。"《山海经·北山经》："又南三百里，曰景山，南望盐贩之泽，北望少泽，其上多草、藷薁。"郭璞注："根似羊蹄，可食。"郝懿行笺疏："即今之山药也。"可见，中国古代的"薯"（藷）与今天的"红薯"并不等同。

薯芋在历史上曾是黎族的重要食物。《诸蕃志·海南》（卷下）："所种粳稌不足与食，乃以薯芋杂米作粥糜以取饱。"苏轼《和劝农诗六首·序》："土人顿顿食薯芋。"苏轼《追和陶渊明诗引子由作》（载《东坡诗集注》）："日啖薯芋。"

黎语有"薯"一词，作"man^1"《黎汉词典》："man^1，甘薯，红薯，白薯。"各方言点作：

保定（man^1），中沙（man^1），黑土（va:i^1），西方（maŋ^1），白沙（maŋ^1），元门（man^1），通什（man^{1}ma:i^1；mu:ŋ^1），堑对（muaŋ^4），保城（mu:ŋ^1），加茂（mɔ:n^1）。

黎语内部的读音基本一致。海口方言称"薯"为"藷"，读为"tu^{21}"，如有"甜藷""树藷""山藷""葛藷"等。或称为"葛"，读为"gua^{55}"，如有"番葛"。从语音上看，黎语与海口方言没有联系。

同族语"薯"的读音：

壮（saɯ^2；saɯ^{2}kiŋ^1；man^2），布依（sɯ^2），临高（mak^{8}fan^1），傣西（man^{2}deŋ^1），傣德（ho^{1}man^{1}lɛŋ^6），侗（man^2），仫佬（man^2），水

（la:k^{8}man^2），毛难（la:k^{8}man^2），黎（man^1；vo:i^1）。

壮语存在两种读音，其中"sau^2"当为汉语借词。布依则仅见汉语借词。除此，这些词基本上存在关联，黎语"man^1"当源自古壮侗语。

可见，薯是南方诸民族普遍种植的一种农作物，且具有悠久的历史。

薯芋在黎族社会中的重要地位也反映在"man^1"较强的构词能力上。以下是以"man^1"（薯）为中心语素的词：man^{1}bou^{3}hwou^{3}一种甘薯，man^{1}phi:k^{7}e:k^{7}一种毛薯，man^{1}mu:ŋ^{1}野薯，man^{1}tiu^{1}甘薯，man^{1}tui^{3}大甘薯，man^{1}thu:k^{7}甘薯，man^{1}dom^{3}毛薯，man^{1}ri:k^{7}甘薯，man^{1}zo:ŋ^{1}甘薯，man^{1}kaʈ^{7}甘薯，man^{1}ko^{3}la:ŋ^{3}甘薯，man^{1}khok^{7}ko:p^{7}甘薯，man^{1}ha:u^{3}木薯，man^{1}hwo:i^{1}hwuɯn^{3}一种薯。

一般来说，一种事物越重要，其相应的构词则越丰富。以上十四类薯说明：薯的品种多；黎族人对薯认识较为细腻、深刻；薯在黎族人生活中具有重要地位。以"薯"为核心要素的词汇系统正好印证了黎人常以"薯芋"为主食的史实。类似于"薯"的植物词又有葛薯"mu:n^{2}la:ŋ^3"、野薯"mu:ŋ^1"、山药"mu:ŋ^{1}da:u^3"等。

2. ge:k^{7}芋头

芋，《说文解字》："大叶实根，骇人，故谓之芌也。"《续博物志》："芋以十二子为卫，应月之数也。"《史记·项羽本纪》："士卒食芋菽。"潘岳《闲居赋》："菜则葱、韭、蒜、芋。"不同于"薯"，芋早已是华夏民族的食物之一。

黎语有"芋"一词，《黎汉词典》："ge:k^7，芋头。"

各方言点作：

保定（ge:k^7），中沙（ge: ʔ^7），黑土（ra:ʔ^7），西方（xɯ^2），白沙（xe:ʔ^8），元门（fau^4），通什（ge:ʔ^8），堑对（he:ʔ^8），保城（he:ʔ），加茂（kɯ^5）。

黎语内部存在差异，有三种来源：保定、中沙、西方、白沙、通什、堑对、保城和加茂同源，黑土和元门分别为二、三种来源，以第一类为主。

"芋"汉古音为：云母，遇合三（遇韵），去声。《海口方言词典》"芋"作"ɔu³⁵"。黎语与汉语没有同源关系。

同族语"芋头"的读音：

壮（pi:k⁷），布依（luɯk⁸puɯə⁵），临高（mak⁸sa:k⁷），傣西（ho¹phɣk⁹），傣德（ho⁴phək⁹），侗（ja:k⁹），仫佬（ʔɣa:k⁷），水（qai¹qak⁷ʔɣa:k⁷），毛难（la:k⁸ʔi:k⁷），黎（ge:k⁷）。

从韵尾来看，大都有入声。仫佬"ʔɣa:k⁷"、水"ʔɣa:k⁷"、毛难"ʔi:k⁷"声母相似，与黎语（ge:k⁷）部位接近，有同源关系。

黎语内部及其同族语存在较大语音差别，但却有内在的联系，表明这是一个很古老的语词，在使用中发生了较大的地域音变。可以推论，"芋"是南方诸民族一种较为古老的农作物，且受中原文化的影响较小。

3. 蕉类

《说文解字》："蕉，生枲也。从艹焦声。"《说文解字注》："今俗以此为芭蕉字。"《书·禹贡》："荆河惟豫州厥贡漆、枲、絺、纻。"《三国志·吴志·士燮传》："燮每遣使诣权，致奇物异果，蕉、邪、龙眼之属，无岁不至。"《玉篇》："芭蕉。"《南方草木状》："甘蕉，一名芭蕉，或曰芭苴。"从现有文献来看，南北朝时中原人才开始认识到南方种植的芭蕉，并假借表"生枲"义的"蕉"字来进行记录。

黎语各方言点"蕉"的读音：

保定（hwe:k⁷），中沙（ve:ʔ⁷），黑土（va:ʔ⁷），西方（vuɯ²），白沙（veʔ⁸），元门（viaʔ⁷），通什（ve:ʔ⁸），堑对（ve:ʔ⁸），保城（ve:ʔ⁸），加茂（vuɯa⁵）。

这些读音虽有差异，但当同源。

壮（kjo:i³），布依（luɯk⁸tɕoi³），临高（mon²kai¹），傣西（koi³），傣德（koi³），侗（nan¹pia:k⁹），仫佬（fja:k⁷），水（lja:k⁷），毛难（la:k⁸coi³），黎（hwe:k⁷）。

从语音上看，壮、布依、临高、傣西、傣德语音存在联系，侗、仫佬、水、黎存在联系。汉语"蕉"的读音与前者的关系要密切些。《海口方言词典》作"ʔba³³tsio³⁴"，与黎语"芭蕉"没有联系，这表明汉族人在迁入海南前已认知了这种作物，并未借用黎语。

蕉是南方的特有热带作物，也是黎族人熟知的重要的农作物。这种重要性也反映在以"蕉"为中心语素的词汇系统中：①hwe:k⁷tsoŋ³（香蕉）；②hwe:k⁷hau¹n̩iu¹（牛角芭蕉）；③khɯ:ŋ²hwe:k⁷（芭蕉树）；④ga:p⁷（野芭蕉）。

黎语"蕉"读音、与周边语的关系及其构词特点符合海南黎族特有的农耕文化。除了"蕉"，又如"槟榔"一词，黎语作"tsɯ²loŋ³"，是黎语特有语词。又如"椰子"，黎语作"tsɯ²ʔjun²"，同族语分别作：

临高（ma²jia²），傣西（mak⁹pau⁴），傣德（ma:k⁹ʔun⁶），侗（je⁶si⁴），仫佬（je³ts¹）。

侗、仫佬的读音受汉语影响。除了傣西，其他语言的读音当源于黎语。

4. beɯ¹tshai¹菜

汉语"菜"。《说文解字》："艹之可食者。从艹采声。"可见，菜早期并非指与主食相对的辅食，或说下饭菜。《国语·楚语下》："庶人食菜，祀以鱼。"韩愈《论佛骨表》："昼日一食，止于菜果。"一般认为，"菜"到了近代汉语才有了"菜肴"义。《儒林外史》（第四十二回）："都是些燕窝、鸭子、鸡、鱼……那菜一碗一碗的捧上来。"

黎语各方言点"菜"分别作：

保定（beɯ¹tshai¹），中沙（beɯ¹tshai¹），黑土（beɯ¹tshai¹），西方（kɯ³ʔun¹），白沙（kaŋ³），元门（kan⁶），通什（ʔɯ³tshai¹），堑对（khan⁶），保城（ʔei⁵），加茂（tsan¹）。

依据读音，可以分为两组：保定、中沙、黑土、通什是一组，其他是一组。

"beɯ¹tshai¹"，《黎汉词典》："1.青菜；菜肴……2.中草药……"构词法较为特别，"beɯ¹"义为"叶子"，后常作为各类菜名的前缀。

"tshai¹" 借用汉语 "菜"。类似的借用有：雍菜 "oŋ³tsha:i³"，韭菜 "ka:u¹tsha:i³"。保定这些方言点的 "菜" 一词受到汉语的影响。

黎族人对与 "饭" 相对的 "菜" 这一概念的认知受到汉文化的影响。下文所列配菜的来源似乎可以说明这一点。

5. 调料类

（1）葱，作 "beɯ¹toŋ¹"，为复合构词，其中 "toŋ¹" 为汉语借词。

（2）蒜头，作 "tu:n³tha:u²"，为汉语借词。

（3）辣椒，作 "za¹geʔ⁷"，为汉语借词。

（4）姜，作 "khɯ:ŋ¹"，为汉语借词。

调料是烹饪文化水平的重要体现。调料越丰富，烹饪文化则越发达。中原的烹饪文化非常发达，而黎族相对落后，产生这种影响也在情理之中。

二　黎语中的稻作文明①

与壮、侗等南方少数民族相比较，黎族有一定的特殊性。这种特殊性表现在黎族特有的社会、历史、文化和语言中。由于缺乏文献记载，至今黎族的很多问题尚未得到很好的解决，这其中也包括黎族的稻作研究。近些年来，诸多学者分别从生物、考古、语言等角度对黎族的稻作进行了研究，得出了一些不同的观点。

欧阳觉亚等认为："再从一些具体词来看，如'水田'这个词，黎语与同语族其他语言都同源，这说明早在远古这些民族还没有分离以前就已经从事农耕，并种植水稻了……"（1980）。黄鲹则认为："'稻米'一词，壮傣语支和侗水语支的形式基本一致，应是同源无疑。而黎语为'mu:n³'，与同语族其它语言显然不同……这样明显的差异，说明黎族的水稻栽培与大陆上的侗傣语诸民族并非同时地进行。也就是说，黎族迁居海南岛前，侗傣语先民还未掌握野生稻的栽培技术。"（1995）

---

① 本文曾发表于《中央民族大学学报》（哲学社会科学版）2014年第1期。

相同的角度，不同的答案。为此，笔者将全面梳理黎语中的稻作词汇，以期有所发现。

1. 黎语中与同语族同源的稻作词

笔者认为，仅凭黎语 "mu:n³"（稻）一词与同语族其他语言不同（详见后文），就断定 "两者并非同时地进行"，进而断定 "黎族在迁居海南岛前，侗傣语先民还未掌握野生稻的栽培技术"（黄鈜，1995）似乎有些不妥。事实上，黎语存在大量的与壮、侗等语同源的稻作词，涉及稻的结构名称、稻作劳动工具、稻作方式等方方面面。

米糠，黎语的各方言点作：保定 gom¹，中沙 gom¹，黑土 rom¹，西方 xom¹，白沙 xom¹，元门 tsom⁴，通什 gom⁴，堑对 hom⁴，保城 ʔum⁴，加茂 kɯ²kəm¹。同族语分别作：傣 ɣam²，布依 zam²，临高 vɔ⁴；nap⁷；傣西 ham²，侗 pa⁶，水 pja⁶，壮 lam²。

稻穗，黎语的各方言点作：保定 tse:ŋ¹，白沙 tsiaŋ¹，堑对 tshe:ŋ⁴，加茂 tsi:ŋ²。同族语分别作：壮 ɣɯ:ŋ¹hau⁴，布依 zi:ŋ¹hau⁴，傣西 hoŋ²xau³，侗 mjeŋ²，水 mbja:ŋ¹ʔau⁴。（以上词的后一个音节表 "稻"，第一个语素与黎语同源）

稻草，黎语的各方言点作：保定 ŋwiŋ³，中沙 ŋiŋ³，西方 kɯ³ŋen³，白沙 ŋen³，加茂 nɔ:ŋ¹。同族语分别作：壮 ja:ŋ³，布依 fɯ:ŋ²，临高 muŋ⁴，傣西 hoŋ²xau³，侗 pa:ŋ¹，水 wa:ŋ¹。

稻谷，黎语的各方言点作：保定 pok⁷mu:n³，中沙 puk⁷，黑土 mok⁷，西方 kuk⁸，白沙 kɔʔ⁷，元门 kɔʔ⁷，堑对 ku:ʔ⁹，保城 pok⁸，加茂 pə:k⁸。同族语分别作：壮 nat⁸hau⁴，布依 nat⁸hau⁴，临高 mok，傣西 met⁸ xǎu³，侗 qəu⁴qok⁹，水 ŋui⁶ʔau⁴。

秕子，黎语的各方言点作：保定 ɬi:p⁷，中沙 ɬi:p⁷，黑土 ɬi:p⁷，西方 ɬi:p⁷，白沙 ɬi:p⁸，加茂 vu⁴vit⁸。同族语分别作：壮 hau⁴pa:u²，布依 hau⁴pɛp⁸，临高 lip⁸，侗 qəu⁴mo⁵，水 ʔau⁴mo⁶。不同于黎语，壮语等加入了 "稻" 的范畴。从词的结构来看，黎语 "秕子" 一词当更原始。

种子，黎语各方言点作：保定 fan¹，中沙 fan¹，黑土 phen¹，西方 faŋ¹，白沙 ʔɯŋ¹，元门 ʔɯŋ¹，通什 fan¹。部分同族语作：壮语 hau⁴ɕe⁶，临高 mak⁸vɔn¹，傣德 fan²，水 wan²。

水牛，黎语各方言点作：保定 tui³，中沙 tui³，黑土 tui³，西方 tui³，白沙 tshoi³，元门 tshou³，通什 tui³，堑对 tui³，保城 tui³，加茂 tshei³。同族语分别作：壮 va:i²，布依 va:i²，临高 təi³，傣西 xvǎi²，侗 kwe²，水 kui²。

犁，黎语各方言点作：保定 lai²，中沙 lai²，黑土 lai²，西方 lai²，白沙 lai¹，元门 lai²，通什 ɬei⁶，堑对 ɬei⁶，保城 ɬei⁶，加茂 ɬei⁴。同族语分别作：壮 ɕai¹，布依 ɕai¹，临高 lɔi²，傣西 thǎi⁴mǎi⁴，侗 khəi¹，水 kwai¹。

锄头，黎语各方言点作：保定 kwa:k⁷，中沙 ka:ʔ⁷，黑土 ka:ʔ⁷，西方 za:u²bo²，白沙 bo⁵，元门 bo⁵，通什 ʔɯ³bo⁵，堑对 bo⁵，保城 bɔ⁵，加茂 kuak⁷。同族语分别作：壮 kva:k⁷，布依 kuə⁵，临高 kuak⁷，傣西 xo¹，侗 ɬhit⁹，水 qak⁷khwa²。

镰刀，黎语各方言点作：保定 li:m¹，中沙 li:m¹，黑土 li:m¹，西方 lim¹，白沙 lim²，元门 liam²，通什 li:m¹，堑对 li:m²，保城 li:m¹，加茂 liam²。同族语分别作：壮 li:m²，布依 li:m²，临高 lim²，傣西 xeu²，侗 ljim²，水 ljem⁴，黎 li:m¹。

簸箕，黎语各方言点作：保定 doŋ³，中沙 doŋ³，黑土 doŋ³，西方 doŋ³，白沙 doŋ³，元门 doŋ³，通什 doŋ³，堑对 doŋ³，保城 doŋ³，加茂 tuaŋ¹。同族语分别作：壮 doŋ³，布依 doŋ⁴vi⁵，临高 luŋ³vɔʔ⁷，傣西 duŋ³，侗 loŋ³，水 ʔdoŋ³。

播撒（种），黎语各方言点作：保定 fo:n²，中沙 fo:n²，黑土 vi:t⁷，西方 fo:ŋ²，白沙 fuaŋ²，元门 fuan⁵，通什 fo:n⁵，堑对 fɔ:n⁵，保城 fɔ:n⁵，加茂 tɔ:k⁹。同族语分别作：壮 va:n⁵，布依 pja:u⁵，临高 fiʔ⁸，傣西 vǎn⁵，侗 ɲan⁵，水 tau⁵，毛难 phən⁵。

田埂，黎语各方言点作：保定 hjo:n¹ta²，中沙 ho:n¹ta²，黑土 han¹ta²，西方 ɲo:ŋ¹ta²，白沙 ɲuaŋ¹ta²，元门 ɲu:n⁴ta²，通什 kha¹zo:n¹，堑对 zɔ:n¹tha²，

保城 lɔ:n¹tha²，加茂 huan⁴tou⁴。同族语分别作：壮 hen²na²，布依 hen²na²，临高 keʔ⁸nia²，傣西 te²na²，侗 ȶan¹ja⁵，水 jan¹ʔ ɣa⁵。

田（水田），黎语各方言点作：保定 ta²，中沙 ta²，黑土 na²，西方 ta²，白沙 ta²，元门 ta²，通什 ta²，堑对 tha²，保城 ta²，加茂 tou⁴。同族语分别作：壮 na²，布依 na²，临高 nia²，傣西 na²，侗 ja⁵，水ʔɣa⁵。

这些属于稻作中的基本词汇。它们的同源有力地说明了这些民族在稻作文明上的联系。据现代植物遗传学研究，黎族种植山栏稻与大陆稻存在密切的亲缘关系，"分析发现黎族山栏稻与广东和湖南的普通野生稻聚集于同一类，亲缘关系较近，而与海南普通野生稻的亲缘关系较远，推测黎族山栏稻可能起源广东和湖南"。（袁楠楠等，1995）"偏籼稻类型约占14.29%，偏粳稻类型约占 85.71%……推测黎族祖先种植山栏稻较早，将传入海南的水稻中的粳稻品种保留了下来，并且与汉族种植的水稻较少交流，因此保留了大部分的粳稻。"（袁楠楠等，1995）

一些学者则认为黎语"mu:n³"（稻）与同族语的"稻"同源。李锦芳曾构拟了黎语"mu:n³"的来源，即 bəRas（稻米）（原始侗台-南岛语）—bo:t（原始泰、老？）—mot（白沙）、muət（加茂）—mu:n（保定）、muŋ（三冲）（李锦芳，1999）。同时，李锦芳在脚注中写到"侗台语这个'稻'是共同台、侗水语层次的晚起词，较早从原始侗台语分离出来的黎、仡央二语支不使用这个词。台、侗水二支表'稻、粮食'的这个词可能借自汉语'禾'"。（李锦芳，1999）如此说来，黄鲇的观点就有些不妥了。"mu:n³"一词的详细分析，笔者将在后文展开。

2. 黎语特有的稻作词汇系统和稻作词

黎族的稻作文明与壮、侗等族有着密切联系，但也存在着自身的特点。这种特点首先表现在黎族特有的稻作词汇系统中。在黎族稻作词汇系统中，稻作词之间的关系往往与同族语中的稻作词之间的关系不同。

田与旱地之间的关系不同。黎族的"ta^2"[①]（田或水田）与同族语同源（参看前文）。"旱地"则不同源，作"$ta^2ra:n^2$"，"$ra:n^2$"意为"干旱"，整个词的意思为"干旱之田"。黎族的"旱地"一词与"田"密切相关。同族语的"旱地"则分别作：壮 γei^6，布依 zi^6，临高 $v\partial n^3$，傣西 $h\breve{a}i^6$，侗 ti^6，水 $da:i^5$，与"田"并没有直接联系。可见，在稻作历史发展的某个时期，旱地在黎语与壮、侗等族的农业生产中具有不同的功能。我们认为，黎语"ta^2"与"$ta^2ra:n^2$"相通恰恰说明了黎族旱地稻作与水田稻作的密切联系。"文献记载和实地调查证明，黎族的'砍山栏'不仅有着悠久的历史，而且也是黎族早期主要的农耕方式。根据现有材料考察，黎族从事水田耕作的铁质农具和技术，都是后来从汉区传入的。"（王穗琼，1962）

粮食与水稻、早稻等稻名之间的关系不同。黎语"粮食"作 $khan^1la^2$，各类稻名分别作：水稻 $mu:n^3ta^2$，早稻 $ki:u^2$，晚稻 mau^3，粳稻 $mu:n^3do:i^1$，籼稻 $mu:n^3ka^3\ ?a\eta^1$，糯稻 $mu:n^3\ ka^3\ ta^2$，旱稻 $mu:n^3a\eta^1$。语言上，彼此没有关联。壮语"粮食"作"hau^4"或"hau^4kwn^1"，各类稻名分别作：水稻 hau^4na^2，早稻 $hau^4\ \c{c}au^4$，晚稻 $hau^4\ va:n^3ta:u^5$，粳稻 $hau^4\ su:n^1$，籼稻 $hau^4\ \c{c}i:m^1$，糯稻 $hau^4\ \c{c}it^8$，旱稻 $hau^4\ me^5$。其中都包含 hau^4（粮食）。侗语的"粮食"作"$q\partial u^4$"，"水稻"亦作"$q\partial u^4$"，"早稻"作"$q\partial u^4\ sam^1$"。壮侗语的这种密切关联从侧面说明了壮、侗等族对水稻的依赖性比黎族更强，或者说稻谷就是他们的主要粮食。《史记·货殖列传》："楚、越人地，地广人稀，饭稻羹鱼，或火耕而水耨。"（《史记》卷一二九、列传第六十九）而苏轼《居儋录·薯说》中则有"海南以薯为粮，几米之十六"（《儋县志》卷一〇，儋县文史办公室档案馆重印本，第183页），苏过《己卯冬至儋人携具见饮即罢有怀惠兄弟》有"薯芋人人送，困庖日日丰"。"据调查，解放前在山区的黎族中，采集野生植物作食料仍相当普遍。"（王穗琼，1962）另外，不同于同族语，黎族的早稻、晚稻与粳稻、籼稻、旱

---

① 文中黎族读音如未标明所属方言土语，即为侾方言保定话。

稻也不在同一语义场中。也就是说，黎语中的这两组概念产生于不同的历史时期，这恰恰反映出黎族稻作农业的发展过程。

米和饭之间的关系不同。黎族的"米"作 gei¹ 或 rap⁷，"饭"作 tha²，词形不同，不在同一义场。而壮语的"米"作 hau⁴sa:n¹，"饭"作"hau⁴"，具有相同的语素"hau⁴"。侗语"米"作"qəu⁴"，饭作"qəu⁴"，水语米作"ʔau⁴"，饭作"ʔau⁴"。侗语与水语的"米"和"饭"的词形相同。由此可见，米在黎、壮、侗等民族中具有不同的地位，或者说黎族人在早期对米并没有很强的依赖性。

种子和秧苗之间的关系不同。黎语"种子"作"fan¹"、"秧"作"fan¹"，两者同形。侗语的"种子"作"pan¹"、"秧"作"ka³"。水语的"种子"作"wan¹"、"秧"作"ka³"。侗语和水语的"种子"和"秧"并不同形。黎语"种子"与"秧"的同形说明黎族人至少在词形上还未区分这些概念，这正是黎族稻作文明落后的一面。但同时我们也注意到，黎语的白沙话和元门话中"秧苗"与"种子"已经有了形式上的区别（白沙话的"秧苗"作 ʔɯŋ¹、"种子"作 faŋ¹；元门话的"秧苗"作 ʔɯŋ¹、"种子"作 fan¹），这体现出黎族稻作文明的发展。

黎族稻作词汇系统的特殊性从侧面显示出黎族稻作的落后性。

黎族稻作文化的特点也体现在一些与同族语不同的稻作词中。

黎语"稻子"一词就是一个与众不同的词，在各方言点中分别作：保定 mu:n³，中沙 mu:n³，黑土 mu:n³，西方 meɯ³，白沙 mot⁸，元门 mət⁸，通什 mut⁷，堑对 mut⁷，保城 mut⁷，加茂 muət⁹。从语音上看，各方言的"稻"非常一致。同族语分别作：壮 hau⁴na²，布依 hau⁴na²，临高 ŋau⁴，侗 qəu⁴，水 ʔau⁴。同族语的读音彼此相通，当同源。然而，这些读音与黎语显然不同。黎语 mu:n³"稻"与这些语言是否有同源关系呢？各家有自己的观点（前文已列举两种观点）。

笔者认为"mu:n³"是黎族自源词，是由耕作动词名词化的结果。在《黎汉词典》中，编者举了这样一个例子：mu:n³aŋ¹，义为在刀耕地上种旱稻。

这里的"mu:n^3"为动词"点播"。同时，"mu:n^{3}aŋ"在黎语中又表示"旱稻"，为名词，这当是动宾短语凝固后名词化的结果。据此，笔者认为"mu:n^3"（稻）当源自"点播"一词。在语言发展中，类似的现象在其他语言中同样存在。刘志一研究发现"古百越集团后来出现'谷'的称呼源于'割'。远古的水稻食用源于采集，不需种植，故'割'是很重要的工序……"，"古羌戎集团在接受水稻栽培这种新农艺时，特别创造了'插秧'这个词汇。'插秧'本为动词或动宾短语。由于是'稻谷'所特有的动词或动宾短语，所以'插秧'就可以转化为'稻'的特殊代表"。（1998）汉语的发展中同样存在这种现象，如"菜"当源自"采"，名词"犁"当源自动作"犁"等。

在黎族原始的稻作中，点播（mu:n^3）是一种重要栽种方式。海瑞在《平黎图说》中曾这样写道："夫生黎浑沌未剖，刀耕火种。"又据《乐东县番阳乡黎族合亩制（生产关系部分）调查》："首先把丛竹小树砍倒，放火烧光，清除残枝后即可播种。播种方法是男子在前用尖木棒开穴，妇女随后点播种子……播种后除两次草。山栏地每年一造，种植两年后就要抛荒，另选山地。"（广东省少数民族社会历史情况调查组，1958）黎族的这种耕作方式一直延续到近代。"据调查，在山区的一些黎族中，如白沙县的白沙乡、南溪乡、琼中县的加钗地区，在百多年前还是不懂得耕种水田的，全靠'砍山栏'为生。"（王穗琼，1962）笔者认为，正是因为黎族悠久落后的"砍山栏"式稻作方式造就了黎语稻"mu:n^3"这一富有特色的稻作词。

稗子，《调查》与《词典》未收，《集》为pha^{3}mu:n^3，pha^{3}有"公"之义，故有"公稻子"之义。同族语分别作：壮hau^{4}vaŋ^1，布依hau^{4}hoŋ^1，临高voŋ^3，傣西văŋ^1，侗khwaŋ^1，水faŋ^1。显然，黎语的"稗子"与这些语言并不同源。从词的结构上看，黎语采用了复合构词法，而临高、侗、水等语仍为单音节词。相比较，后者显得更原始。由此看来，黎族对稗子的认识当更晚。

耙子，黎族各方言点作：保定 rik^7，中沙 zik^7，黑土 zik^7，白沙 riaŋ^1，元门 riaŋ^1，通什 dik^8，西方 pe^1，堑对 pha^6。同族语分别作：壮 pa^2，临高 fa^2，侗 pa^2，水 pa^2。黎族方言可以分为两类：一类是保定、中沙、黑土、白沙、元门和通什的读音；一类是西方和堑对，两者并不同源。后者与同族语同源。从语音上看，壮、侗等语的"耙子"当源自汉语。保定等地的读音当为黎族所特有。可以推断，"耙子"这一稻作工具可能在汉族影响前已经在黎族出现。

稻剪，黎族各方言点作：保定 khɯ:p^7，中沙 kɯ^{3}khɯ:p^7，黑土 li:m^{1}bun^2，西方 khup^7，白沙 khɯ:p^8，元门 khup^7，通什 li:m^{1}re:u^4，堑对 khɯ:p^7。在黎语中，"剪刀"作 tsɯ^{2}gop^7，并不同于"稻剪"。值得注意的是，上述方言的稻剪并不同源，可以将其分为两组：一组是保定、中沙、西方、白沙、元门和堑对方；另一组为黑土和通什。前者当是黎语的固有词，后者所含的"li:m^1"当源自汉语。

以上列举的稻作词汇系统和稻作词从侧面反映了海南黎族特有的稻作文明，也反映了黎族稻作的发展历史。

3. 黎语稻作词汇系统中的汉语借词

在黎语稻作词汇系统中存在大量的汉语借词。分析这些汉语借词，存在两种情况：汉语借词替代已有的黎语词；直接借用汉语。

（1）汉语借词替代已有的黎语词。

前文所提的"耙子"和"稻剪"生动再现了汉语借词替代黎语原有词的过程。"耙子"一词，保定当仍保留了黎族固有的读音，而西方、堑对则发生了变化。"稻剪"一词，通什、黑土已发生变化。在黎语中，一些稻作词同时存在黎、汉两种形式，如风车可作"pɯ^{1}hwoŋ^{3}mu:n^3"，亦可作"hwaŋ^{2}tshia^2"，前者分别由词头、扇子和稻子构成，当为黎族固有词，后者则为汉语借词。

从某种程度上讲，语词的替代过程体现了汉族先进的稻作技术替代黎族落后的稻作技术的过程。

（2）直接借用汉语。

在黎族稻作词汇中，这类词所占比例很高，并不断增加。兹列举如下：

稻子名称：中稻 ton^{2}ta:u^1、旱稻 tsi:m^{3}tha:u^3。

农业技术等：开荒 khui^{3}pu:ŋ^1、绿肥 li:k^{7}bui^3、肥料 bui^{2}li:u^2、水利 tui^{2}li^1、水库 tui^{3}khou^3、水渠 khi:u^3、产量 ta:n^{3}li:ŋ^1。

农业制度：亩 mou^3、公粮 kon^{2}lia^1、雇农 kau^{2}non^3、下中农 hja^{1}ton^{2}non^3、贫农 ki:ŋ^{3}non^3、农场 non^{3}di:u^3。

农业工具等：农具 non^{3}ki^1、镰刀 li:m^1、黄牛 ŋiu^1、谷仓 za:u^{3}zo:ŋ^2、水轮泵 tui^{3}lun^{3}bon^1、水泵 tui^{3}von^1、拖拉机 tho^{2}la^{2}ki^2。

可见，汉人对黎族的稻作有着深远的影响。

三 结论

通过对黎族稻作词汇的梳理，笔者主要有以下几点认识：

（1）黎族稻作文明与壮侗等族的稻作文明有着密切的联系。这种联系表现在两个方面：第一，黎族稻作与壮侗等族有着共同的源头；第二，黎族稻作的早期形式深受壮侗等古百越民族的影响。

（2）黎族移居海南后，其稻作相对独立发展，最终形成了具有自身特点的稻作文明。因受到外界较小的影响，黎族的稻作长期停留在较为原始的阶段。

（3）与汉人接触后，黎族的稻作文明发生了较大的变化，尤其是这最近的一百年。

第六章　黎语与教育艺术

一谈文化，一般会想到教育与艺术。从汉字"文"和"化"的构型可以看到文化与教育艺术更加密切的关系。"文"的古文字像一个文身的人。一个人在身体上点染线条，构成奇妙的图画，或因为审美，或因为宗教，或因为社会政治。不管哪一种，"文"预示着先民开始脱离蒙昧，向文明迈进。化，《说文解字》："教行也。从匕从人，匕亦声。" 《老子·道德经》："我无为而民自化。"《礼记·乐记》："化民成俗。"先秦文献中的"文化"并非现代意义的"文化"，而是特指以"文"教化苍生，即一种文化教育，而非文化本身。

前文所谈的文化是广义的文化，是一种尚未独立，与物质、生产、生活融为一体的文化，是文化的早期形式。随着社会的发展，这些因子逐渐从这些形式中升华出来，成为相对独立的形式，即所谓的狭义文化。华夏民族很早就从物质世界中离析出了"文"，并运用于教育，发展出了底蕴丰富的狭义文化。

黎族人的物质世界里已蕴含着丰富的文化因子，黎族人是否将这种因子"形而上"为一种纯文化现象？这还需要从相关语词进行探究。

黎语各方言点都有"文化"一词：

保定（vu:n²hu:i²），中沙（ven³hoi³），黑土（ven³hu:i²），西方（von¹hui³），白沙（von⁴hui⁵；van⁴ha¹），元门（vu:n²hu:i³），通什（vu:n⁴hu:i⁶），堑对（vu:n²hu:i⁶），保城（vu:n⁴hu:i⁶），加茂（vuən²huəi⁴）。

这些词的读音基本一致。汉语"文"的古音为：明母，臻合三，平声。

据《海口方言词典》，海口方言"文"作"vun²¹"。"化"古音为：晓母，假合二，麻韵，去声。据《海口方言语言研究》，晓母的"化"读为"h"，假合二读为"ua"。可见，黎语"文化"一词借自汉语，黎族人的"文化"理解从属于华夏文明。

本章将分析黎族的狭义文化：教育与娱乐。

第一节　黎语中的教育

我们在第二章的黎族社会结构分析中已谈及了教育，本节将通过黎语的相关教育用词继续探究黎族的教育。

一　tun¹教

人类社会"教"具有丰富的内涵。从"教"的施行者来看，有个人式的，有家庭式的，也有社会式的。人类脱离自然之时，就有了"教"。随着社会的发展，教的形式也变得越来越复杂，内容也越来越丰富。

华夏民族是一个重视教育的民族。《孟子·梁惠王上》："谨庠序之教，申之以孝悌之义。"《说文解字》："教，上所施下所效也。从攴从孝。"

黎语各方言点"教"的读音：

保定（tun¹），中沙（tun¹），黑土（ʈɯn¹），西方（soŋ¹），白沙（tshoŋ¹），元门（ka²），通什（tun¹），堑对（tun¹），保城（tuun¹），加茂（ka⁴）。

这些"教"有三种来源：保定、中沙、黑土、通什、堑对、保城同源；西方、白沙同源；元门和加茂同源。

同族语"教"的读音：

壮（so:n¹），布依（son¹），临高（kau³），傣西（sɒn），傣德（sɒn¹），侗（qeu³），仫佬（ca:u⁵），水（to⁵），毛难（sɒn¹），黎（ka:u¹；tun¹）。

临高话的"教"与黎语的第三种来源声母相同，韵母略有差异，当同出一源。汉语"教"的古音为：见母，效开三，去声。从语音上看，这一源头当为汉语"教"。壮、布依、傣西、傣德、毛难读音相似，这些读音与西方点和白沙点的黎语"教"存在相通的可能性。

黎语"教"的源流表明：黎人的教育既有独立的发展过程，同时又受到周边民族的影响，尤其是中原文化。

以"教"为语素义的词在黎语中有两种情况。

1. 黎语特有词

教书，黎语作"tun¹tshia³"。从读音上看，"tun¹"和"tshia³"与周边民族语言无关联。

教导，黎语作"tun¹teɯ³"，为合成词。"teɯ³"在元门方言中有"字"的意思。

这些词来源与构词表明，黎族人对教育有着自己的理解，并非全盘受汉人的影响。

2. 汉语借词

（1）教室。

教室，黎语作"ka²tshu³"。"ka²"为汉语借词。室，汉古音为：书母，臻开三，入声，质韵。《海口方言词典》"室"读为"siu³⁵"。黎语与海口方言的声母同部位，发音方法不同，韵母都含"u"，存在相通的可能。语素"tshu³"同时存在于"办公室"（ba:n¹koŋ²tshu³）的构词中。"ka²tshu³"为汉语借词，却没有直接借自海南汉语方言。

教室是教育的专门场地，是现代教育的一种标志。"教室"一词的借用符合黎族教育的发展特点。

（2）教育。

教育是各类教育现象的总括，是一个抽象概念。此类概念的形成与社会的发展密切相关。

教育，黎语作"ka²zok⁷"。汉语"育"的古音为：以母，通合三，屋韵，入声。据《海口方言语音研究》，以母读为"z"，屋韵读为"ok"。可见，"ka²zok⁷"借自海南汉语方言。

（3）教训。

教训，黎语作"ka²hun³"。训，汉古音为：晓母，臻合三，文韵（问韵），去声。据《海口方言语音研究》，晓母读为"h"，文韵读为"un"。该词借自海南话。

（4）教学。

教学，黎语作"ka²o¹"。学，汉古音为：匣母，江开二，觉韵，入声。据《海口方言词典》，匣母读为"ø"，觉韵读为"o"。为汉语借词。

（5）教师。

教师，黎语作"ka²tshi²"。师，汉古音为：生母，止开三，脂韵，平声。据《海口方言语音研究》，生母读为"s"或"t"，脂读为"a"或"i"。《海口方言词典》作"si³⁴"或"ta³⁴"。"tshi²"为汉语借词。黎语保定话语音系统之所以与海口方言不完全同音，是因为其中无"s"，同部位的只有"tsh"和"ts"，故读为同部位的"tsh"。

二　ʔo¹学

与教相对的是学。学是人类推动社会向前发展的基本技能，是每一个民族都应该有的行为。

汉文献中的"学"。《说文解字》："觉悟也，本作敦，篆作学。"《诗·周颂·敬之》："日就月将，学有缉熙于光明。"《尚书·说命》："王人求多闻，时惟建事。学于古训，乃有获。"《礼记·学记》："君子之于学也，藏焉，修焉，息焉，游焉，夫然故安其学而亲其师，乐其友而信其道。"《荀子·修身》："故学曰：'迟，彼止而待我，我行而就之，则亦或迟、或速、或前、或后，胡为乎其不可同至也。'"杨倞注："学曰，谓为学者传此言也。"早在先秦时期，我们先民已深入地阐述了学的内容、对象和方法。

黎语"学"在各方言点的读音：

保定（$ʔo^1$），中沙（$ʔo^1$），黑土（$ʔo^1$），西方（$ho:k^8$），白沙（$hoʔ^8$），元门（$ʔoʔ^7$），通什（$ʔo:ʔ^7$），堑对（$ʔoʔ^7$），保城（$ʔoʔ^7$），加茂（$ʔɔ^5$）。

不同于"教"，各方言点"学"的读音却基本相同。上文已就该词的来源进行了简要分析，即该词源自汉语。在教育这一语义系统中，"教"与"学"是两个对立统一的概念，理当有共通的源流和发展轨迹，黎语却不然，这表明黎族教育在形成与发展中受到强烈的外来影响。

同族语"学"的读音：

壮（$ha:k^8$；$so:n^1$），布依（son^1；$ço^2$），临高（$hɔk^8$），傣西（hen^2），傣德（$fək^9hen^2$），侗（$ço^5$），仫佬（$ha:k^7$），水（$ça:u^5$），毛难（$ɦa:k^8$），黎（$ʔo^1$）。

像黎语一样，同族语的"学"基本上受到汉语的影响。其中，壮语、布依语存在两个语词：一个为汉语借词，另一个则非汉语借词。壮语的这个非汉语借词读音与"教"的读音相同，布依语也是如此，即"教"亦"学"，"学"亦"教"。两个语词的并存从侧面表明了这些民族教育的发展变化。受中原文化影响之前，这些民族的"教"与"学"是未分离的同一个概念。壮语"$so:n^1$"应当是一个较为古老的词。前文提到，黎语的部分方言区也存在该词。从语言材料来看，这些民族在受到汉族影响之前对教育有着自己的独特理解。

汉文化对黎族教育的深刻影响也体现在以"学"为语素的相关语词中。学生，黎语作 o^1te^2；学习，黎语作 $o^1tsi:p^7$；学校，黎语 $o^1hja:u^1$；入学，黎语作 $ɬu:t^7o^1$；开学，黎语作 $khui^2o^1$；上学，黎语作 hei^1o^1；放学，黎语作 $phɯ:ŋ^3o^1$；小学，黎语作 $to:i^2o^1$；中学，黎语作 $toŋ^2o^1$；大学，黎语作 dua^2o^1；同学，黎语作 $da:ŋ^3o^1$；化学，黎语作 $hu:i^2o^1$；科学，黎语作 $khwa^2o^1$；学费，黎语作 o^1phui^1。这些汉语借词涉及了教育各个方面。

三　书、字、纸

书、字和纸是文化传播的必要媒介，是教育的物质基础，是文化发展的象征。

黎语保定方言点有"$tshia^3$"一词，《黎汉词典》"$tshia^3$，1. 纸……2. 书……3. 字……4. 纸币……"。"纸""书""字"三个概念在语言形式上相同，即这三个词同源。"纸"是书写文字的物质载体，"字"是书写文化的符号，"书"是纸、字和文化三者的合体，几者同源符合情理。

海口方言的"书"、"字"和"纸"也存在类似的情况。书，汉古音为：书母，遇合三，鱼韵。《海口方言词典》"书"作"tu^{35}"。字，汉古音为：从母，止开三，之韵，去声。《海口方言词典》"字"作"tu^{35}"。纸，汉古音为：章母，止开三，支韵，上声。《海口方言词典》"纸"作"tua^{214}"。海口方言的"书""字"语音形式相同，概念义上相关，当同源。"纸"的读音与"书""字"语音接近。

黎语保定方言的读音与海南方言存在较大的差异，但书、字、纸三者语音的相似性则与黎语有共通之处。是否同源，仍需深入考证。黎族人的这种认知思维是受到中原文化的影响，还是人类思维的共通性，仍值得考证。从民族之间的关系来看，黎族人的这些概念和认知当受汉文化的强烈影响。各方言区"纸""字""书"的读音见表6-1。

表6-1　各方言区"纸""字""书"读音

	保定	中沙	黑土	西方	白沙	元门	通什	堑对	保城	加茂
纸	$tshia^3$	$tshia^3$	$tshia^3$	$tshei^2$	$tshi^3$	$tshi^3$	$tshia^3$	$tshia^3$	$tshia^3$	tse^3
字	$tshia^3$	$tshia^3$	$tshi^3$	$seɯ^1$	$tsheɯ^1$	$seɯ^1$	tu^1	tu^1	tu^1	tu^3
书	$tshia^3$									

保定、中沙两个方言点的"纸"与"字"同，其他方言点已区别开来。通什、堑对、保城和加茂的读音明显借自海南方言。加茂的"tse^3"读音与汉语"纸"的读音相似。由此可见，保定等方言点的"$tshia^3$"可能借自汉语的"纸"，但不是海南汉语方言。

表 6-2 同族语的"纸""字""书"

	壮	布依	临高	傣西	傣德	侗	仫佬	水	毛难	黎
纸	çei^3	sa^1	tsi^3	ka^1dat^9	tse^3	ti^3	tsi^3	tsi^3	tsi^3	tshia^3
字	sau^1; çi^6	su^1	tə^1	to^1	$\text{to}^6\text{la:i}^2$	si^6	ti^6; le^2	le^1	zə^6; $\text{ze}^6\text{lɛ}^1$	tshia^3
书	sau^1	su^1	sek^7	pɒp^8	la:i^2	le^2	lɛ^2	le^1	lɛ^1	tshia^3

（1）部分语言的"字"与"书"为同义词，如壮、布依、水。部分"字"与"书"两个词存在关联，如傣德、仫佬、毛难。在这些语言中，黎语相对特别。

（2）除了黎语，部分同族语存在明显的同源关系。可见，这些民族对上述概念的理解有着共通性，这些概念的产生有着共同的背景，而黎族则相对独立。

（3）黎族各方言区受到周边民族影响的大小并不一致。其中，西方、元门的读音与壮语、布依语相通。

四 笔、墨

笔、墨是重要的书写工具，也是教育文化的物质基础。书写工具的发展直接影响到文化的发展。

1. bit^7笔

笔的形制与社会文化、生产技术密切相关。

华夏文明中的"笔"。《礼记·曲礼上》："史载笔，士载言。"郑玄注："笔谓书具之属。"《说文解字》："笔，秦谓之笔。从聿从竹。"《说文解字》："聿，所以书也。楚谓之聿，吴谓之不律，燕谓之弗。"《释名》："笔，述也。述事而书之也。"《尔雅·释器》："不律谓之笔。"汉语"笔"古音为：帮母，臻开三，质韵，入声。《海口方言词典》作"ʔbit^{55}"。

"笔"在黎语各方言点的读音：

保定（bit⁷），中沙（bit⁷），黑土（bit⁷），西方（pet⁸），白沙（bet⁷），元门（biːt⁷），通什（biːt⁷），堑对（biːt⁷），保城（biːt⁷），加茂（biət⁷）。

方言点的读音与海口方言基本相同，为汉语借词。

同族语"笔"的读音为：

壮（pit⁷），布依（pin⁵mak⁸；pit⁷mak⁸），临高（bit⁷），傣西（pi³），傣德（pi³），侗（pjət⁷），仫佬（pət⁷），水（pi²；pit⁷），毛难（pit⁷），黎（bit⁷）。

这些"笔"与黎语一样都为汉语借词。

现代黎语已形成了一个以"笔"为中心语素的词汇系统。

铅笔：bit⁷daːu¹。铅，黎语作"ɬeːk⁷"。"daːu¹"在《黎汉词典》有两个意义：干；斗。"daːu¹"当为第一个意义。"bit⁷daːu¹"的构词混合了黎、汉两种语言要素，融合黎族人对"铅笔"的理解。类似有"bit⁷nom³""bit⁷tshei¹""bit⁷hun¹"。钢笔：bit⁷nom³，其中"nom³"义为"水"，该词意译为"水笔"。粉笔：bit⁷tshei¹，"tshei¹"义为"石灰"。毛笔：bit⁷hun¹，其中"hun¹"义为"毛"。毛笔：maːu³bit⁷。圆珠笔：zuːn³tsi³bit⁷。

铅笔、钢笔、粉笔、毛笔采用了黎语构词法，限定语素为黎语固有词。毛笔（maːu³bit⁷）、圆珠笔（zuːn³tsi³bit⁷）两个词则同时借用了语素及其构词法。前者的借用当早于后者，这表明中原文化对黎族影响是持续的，并越来越强烈。

2. mok⁸墨

墨，传统文化中"文房四宝"之一。《说文解字》："墨，书墨也。从土从黑。"北魏贾思勰《齐民要术》中有"合墨法"："好醇烟捣讫以细绢，筛于堈内，筛去草莽，若细沙尘埃……"明陶宗仪《辍耕录·墨》："上古无墨，竹挺点漆而书，中古方以石磨汁，或云是延安石液，至魏晋时始有墨丸，乃漆烟松煤夹和为之。"据考古发现，商代的甲骨文上已有使用墨的痕迹。湖北云梦县曾发掘出战国时代的墨块。《庄子》："舐而立，舔笔和墨，在外者半。"当然，上古的墨可能不同于后人所使用的墨。汉语"墨"古音为：明母，曾开一，德韵，入声。《海口方言词典》作"vak^{33}"。

黎语各方言点"墨"的读音：

保定（mok^8），中沙（mok^8），黑土（muk^8），西方（mok^8），白沙（mɔk^7），元门（vak^7），通什（mok^7），堑对（vak^7），保城（va:ʔ^7），加茂（va:k^9）。

各地方言读音基本相同，都为汉语借词，不同在于借自不同的汉语方言。其中，元门、堑对、加茂当借自海口方言。

在保定方言中，以"mok^8"为语素的词有：墨：dan^{2}mok^8。《黎汉词典》："墨（成条的墨）。"其中"dan^2"在黎语中的意思为"条"。采用了黎语构词法，是黎汉混合词。墨砚：tsɯ^{2}ra^{1}mok^8。《黎汉词典》："ra^1，磨。"其中"tsɯ^2"为词头，没有实际意思，采用了黎语构词法，为黎、汉混合词。墨斗：ru:k^{7}mok^8，其中"ru:k^7"义为"盒子"，采用了黎语构词法，是黎、汉混合词。从这几个复合词来看，"mok^8"虽然借自汉语，但已然成为黎语词汇系统中的颇具构词能力的语言单位。可见，这是一个具有悠久历史的借词，表明了华夏文化对黎族教育文化的深远影响。

五　tha:i^{3}写

写是人类的一种书面表达形式，是文化要素之一。其前提是，有书写工具、预期的书写思想内容和文字体系。因此，写是文化先进与否的重要标志。

华夏文明中的书写。甲骨文已是非常成熟的书面文献，其后又有金文、石碑文、帛书、竹简等。"写"在上古又称为"书"。《说文解字》："写，置物也。从宀舄声。"《广韵》："写，除也，程也。"《诗经·邶风》："驾言出游，以写我忧。""写"字上古并非记录"书写"义。《说文解字》："书，箸也。从聿者声。"《说文解字叙》："著于竹帛谓之书。书者，如也。"《易·系辞上》："书不尽言，言不尽意。"《左传·隐公四年》："卫人逆公子晋于邢。冬，十二月，宣公即位。书曰：卫人立晋。"在汉代，"写"已用于"书写"之义。《汉书·艺文志》："武帝置写书官。"《晋书·左思传》："《三都赋》成，竞相传写。"汉语"写"的古音为：心母，假开三，上声。《海口方言词典》作"tia²¹⁴"。 汉语"书"的古音详见上文。

黎语各方言区"写"的读音：

保定（tha:i³），中沙（tha:i³），黑土（te¹），西方（va:i³），白沙（va:i³），元门（tia⁴），通什（tha:i³），堑对（tia⁴），保城（tha:i³），加茂（tia²）。依据读音的相似性，各方言点"写"的读音可以分为三组：①元门、加茂、堑对和黑土，与海口方言"写"的读音基本相同，为汉语借词。②保定、中沙、保城、通什为一组，与汉语"写"的读音差异较大。③西方、白沙为一组，与汉语"写"的读音有较大的差异。后两种情况是否为汉语借词的音变，仍需考证。

同族语"写"的读音：

壮（si³），布依（za:i²），临高（tia³），傣西（tεm³），傣德（tem³），侗（ça³），仫佬（tja³），水（wa⁵），毛难（ça³）。

临高话"tia³"为海南汉语方言借词，与黎语方言点读音的第一种情况相同。侗、毛难、仫佬和壮语同样借自汉语。

黎语有两个表"画画"义的词："tha:i³"和"u:i²"。《黎汉词典》："tha:i³，画：tha:i³u:i²画。"其中"u:i²"表"图画"。汉语"画"的古音为：匣母，蟹合二，卦韵，上声。据《海口方言语音调查》，"画"所在匣母读为零声母，蟹合二读为"ue"。可见，"u:i²"（图画）为汉语借词。保定话中的"u:i²"与上面所列的西方等方言点"写"读音相近，即这些方言点的"写"同样借自汉语"画"一词。可以推测，上列水语"wa⁵"当借自汉语"画"。

部分黎语方言点"写"与"画"两词的等同关系体现出"书画同源"

的普遍道理。

从历史发展来看，部分黎语方言点"写"与汉语"写"（或"画"）存在密切关系符合情理。黎族只有语言，没有文字，缺乏形成"书写"这一概念的条件。在华夏文化的熏陶下，黎族人才可能产生"写"这一概念，才可能造出"书写"一词。

六　rau¹读

读通常是指将书面符号转化为语言符号，进而理解其中的思想内容的过程，其物质前提条件是有可读之物。因此，读的产生有其文化背景。

华夏文化中的"读"。《孟子·万章下》："颂其诗，读其书，不知其人，可乎？"《说文解字》："读，诵书也。从言卖声。"《礼记·文王世子》："冬读书，典书者诏之。""读"又可为"诵"，《论语·子罕》："'不忮不求，何用不臧？'子路终身诵之。"汉语"读"古音为：定母，通合一，屋韵，入声。《海南方言词典》作"hak³³"。

黎语各方言区"读"的读音：

保定（rau²），中沙（tha:ʔ⁷），黑土（thuk⁷），西方（thuk⁷），白沙（niam⁷），元门（thak⁷），通什（thak⁷），堑对（thak⁷），保城（thak⁷），加茂（thak⁷）。

各方言点的"读"并不完全一致，存在三种情况。

（1）保定的"rau²"。《黎汉词典》："rau²，念经；读（书）：rau²tshia³，读书（朗读），rau²ʔjai¹du:n³，背诵。"《黎汉词典》另收了一个"读"，"thak⁷，读书：thak⁷tshia³读书"。与其他各方言的读音一样，借自汉语。"rau¹"的来源待考。

（2）中沙、黑土、西方、元门、通什、堑对、保城和加茂的读音基本相同。从语音上看，这些方言点的"读"当为汉语借词，但与海口方言并不完全相同。海口方言的声母为喉音，而黎语为舌音，发音方法也不同，故黎语的"读"并非直接借自海口方言。黎语各方言点的"读"都为清声母，其借入当在汉语浊声母清化之后。

（3）白沙的"niam^2"，当为汉语"念"的借词。汉语"念"的古音为：泥母，咸开四，添韵，去声。《海口方言词典》："念字，niam^{34}tu^{34}，看着字念出声音……"

可见，黎语"读"来源的不同，从侧面说明黎族人的阅读现象当发生在黎族内部分化之后，且受到不同地域文化的影响。

同族语的"读"：

壮（tok^8），布依（to^6），临高（hok^8），傣西（ʔan^5），傣德（phat^7），侗（tok^8），仫佬（tɔk^8），水（tok^8），毛难（tɔk^8）。

除了傣西、傣德，其他语言的"读"都为汉语借词。其中，海南的临高话借自海口方言。

汉语"读"被南方民族广泛借用，表明华夏民族文化的强大影响力。

黎语不仅借用了汉语"读"，还借用了一系列的汉语相关词。如"mok^{7}thak^7"，《黎汉词典》："mok^{7}thak^7，默读；背诵。"《黎族创世歌·写在诗与歌之间》："我是黎家人，从小爱诗篇，从诗经到元曲，从农家到儒人，收集百万言，一生过半百，霜已染鬓，心却年轻，岁月不复返……屈原诗魂，李白诗仙，外国诗歌的情致，中国民歌的语言，伴我一个黎家汉字……"

当然，黎人对此也有自己的理解，形成了一些特有词。例如"vu:k^{7}tshia^3"，为复合构词。《黎汉词典》："vu:k^{7}tshia^3，读书；写文章；写书。"《黎汉词典》"vu:k^7，1. 做；干；搞……2. 造；制造……3. 当；作……"。语素"vu:k^7"语义宽泛、通俗。

七　小结

（1）除"教"一词，现有黎语教育用词基本上为汉语借词。

（2）历史上黎族没有自己的教育体系。文字不同于语言，可以超越时空，可以将文化传之远方，留之后世。黎族没有自己的文字，也就没有了深入发展教育的基础，难以形成自己的教育体系。

（3）黎族教育紧紧依托于华夏文化。黎族人要发展教育，就必然要依托于汉字和汉文献。在这种依托中，中国的传统教育则潜移默化地影响了黎族社会。从黎语相关词汇来看，这种影响将越来越强烈。在现有黎语词汇中，已出现了诸如温习（un³tsi:p⁷）、毕业（bit⁷ŋi:p⁷）、体育（thi³zok⁷）、题目（do:i³mak⁹）、册（tshe²）等教育相关词，这些词涉及教育的各个层面。

第二节 黎语中的文艺

本节仅谈文学与艺术。如果将世界分为物质和精神两个层面，那么文艺当属后者。社会越发展，精神需求就越强，文艺则越发达。文艺与物质并不对立，物质是文艺的基础。物质越丰富，文艺则越繁荣。

一 文学

文学是语言的艺术。依据其载体的不同，可分为口头文学和书面文学。

华夏民族历史源远流长，拥有丰富的文学遗产。这些遗产大都存之以书面的形式，当然也有存之以口头文学的民歌、民间故事等。黎族没有文字，其文学只能保留在口头语言中。随着汉字的借用与通行，黎族人也开始用它书写自己的文学，如《黎族创世歌》（王月圣，1993），《黎族民间故事选》（广东民族学院中文系编，1983）等。

现代黎语词汇系统中有关文学的语词很少。在现有的黎语调查材料中，未发现诸如"文学""诗歌""小说"之类的语词。

1. bo²tua³报纸

报纸是传播信息与文化的一种载体，这种信息与文化一般以语言文字的形式呈现出来，其中不乏语言艺术。报纸所承载的不一定都是文学，但与文学密切相关。现代报纸产生于中国近代，是西方文化影响的结果。中国古代也有类似的报纸，被称为"邸报""邸抄"等。宋苏轼《小饮公瑾舟中》："坐观邸报谈迁叟，闲说滁山忆醉翁。"明张煌言《上鲁国主启》："春来阅邸抄，知去年十一月，缅夷内变，导虏入缅，致我永历皇帝蒙尘。"《史记·封禅书》："其后天子又朝诸侯甘泉，甘泉作诸侯邸。"

黎语各方言点"报纸"的读音：

保定（bo²tua³），中沙（bo²tua¹），黑土（pau³tsi¹），西方（bau¹tsi¹），白沙（bou¹kau¹），元门（bo³tua⁴），通什（bo³tua⁴），堑对（bo³tua⁴），保城（bo³tua²），加茂（bɔ¹tua²）。

这些词都借自汉语。黑土读音"pau³tsi¹"中的"tsi¹"和西方读音中的"tsi¹"与现代汉语普通话的"纸"音同，其他方言点的"tua³"与海南汉语方言的"纸"音同。纸，《海口方言词典》作"tua²¹⁴"。可见，不同地域的黎族人从不同途径借用了汉语"报纸"一词。

2. ti:n² 书信

信是传情达意的重要载体，具有较强的实用性。在人类历史上，信存在过很多种形式，而以语言文字为载体的信才是最重要的一种。信中的语言重在实用，但往往与文学结缘。

在汉语中，书信曾有不同的名称："书""手札""手翰""手启""手柬""手笔""手记""手帖""尺墨""锦字""锦书""锦文""寸笺""寸纸""寸楮""寸札""寸函""片札"等。这些名称表明书信在华夏文化中具有丰富的内涵。《左传·昭公六年》："叔向诒子产书……复书曰：若吾子之言。侨不才，不能及子孙，吾以救世也。"《梁书·到溉传》："因赐溉《连珠》曰：'研磨墨以腾文，笔飞毫以书信。'"唐李绅《端州江亭得家书》："开拆远书何事喜，数行家信抵千金。"

黎语各方言点"书信"一词的读音：

保定（ti:n²），中沙（ɬin²），黑土（tshia³），西方（sen³），白沙（tɔn¹），元门（ti:n³），通什（ti:n⁶），堑对（ti:n⁶），保城（ti:n⁶），加

茂（tiən⁴）。

汉语"信"的古音为：心母，臻开三，震韵。《海口方言词典》作"tin³⁵"。保定、中沙、元门、通什、堑对、保城、加茂的读音与海口方言相近，当借自该方言。西方"sen³"来源于其他的汉语方言。黑土的"tshia³"与保定话中表"书"或"纸"义的词同形，非汉语"信"字。虽然黎族各方言的"信"都存在借用汉语的现象，但存在历史层次和汉语来源的不同。

可见，黎族"信"的交流方式是在华夏文明的影响下所形成的，这也完全符合黎族的历史。

3. 小结

黎族虽然有自己的语言，但没有用自己的文字书写的文学。文学发展滞后，必然反映在黎语的相关词汇上。同样，黎语文学语词的鲜少从侧面反映出其文学发展的落后。随着黎族融入华夏民族，其简朴的文学世界必然发生改变。

二 艺术

黎族人的艺术丰富多彩，有文身、音乐等。

1. ŋou¹ 文面（文身）

"文"的古汉字字形像一个文了身的人物形象，说明华夏民族早期存在文身的习俗。

历史文献表明文身曾广泛地存在于南方百越民族中。《礼记·王制》："中国戎夷五方之民，皆有性也，不可推移。东方四夷，被发文身，有不火食者矣。南方曰蛮，雕题交趾……"《楚辞·招魂》："魂兮归来，南方不可以止些；雕题黑齿，得人肉以祀……"《汉书·地理志》："今之苍梧、郁林、合浦、交趾、九真、南海、日南，皆粤分也。其君禹后……文身断发，以避蛟龙之害。"

作为百越民族的一部分，古黎族人同样流行文身。东汉杨孚《异物志》："儋耳夷，生则镂其头皮，尾相连并；镂其耳匡为数行，与颊相连，壮如鸡腹，下垂肩上。"周去非《岭外代答》（卷一〇·蛮俗）："海南黎女以绣面为饰。"范成大《桂海虞衡志·志蛮》："女及笄，即黥颊为细花纹，谓之绣面，集亲客相庆贺。惟婢获则不绣面。"黎族人文面的历史源远流长，并一直延续到近代。

黎语各方言点"文面"一词的读音：

保定（ŋou¹），中沙（ŋou¹），黑土（ŋou¹），西方（bo²vak⁷），白沙（bo²vak⁸），元门（bo⁵vat⁸），通什（ŋou¹），堑对（ŋou⁴），保城（ŋou¹），加茂（ŋau⁵；tɯɯp⁸）。

各方言点读音并不一致，可以分为两组：①保定、中沙、黑土、通什、堑对、保城、加茂为一组。②西方、白沙、元门为一组。《黎汉词典》："ŋou¹，在脸上、身上刺涅的纹。"《黎汉词典》："thak⁷，文面；文身。"又"thak⁷ŋou¹，文面，文身"。从形式上，第二组当为合成词，但据目前资料，其构词理据待考。

汉语与"文"有关的字有"雕""文""刺""黥"等。"雕"的汉古音为：端母，效开四，箫韵，平声。据《海口方言语音研究》，端母读为"ɗ"，箫韵读为"iau"。"文"的汉古音为：明母（微母），臻合三，文韵，海口方言明母读为"m"或"v"，文韵读为"ui"。"刺"的汉古音为：清母，止开三，支韵，去声，海口方言清母读为"s"，支韵读为"i"。"黥"汉古音为：群母，梗开三，庚韵，平声，海口方言群母读为"x"，庚韵读为"eŋ"。从语音上看，"ŋou¹"和"thak⁷"与汉语没有联系，当为黎语自有词。

西方点的"bo²vak⁷"为合成词，其中"vak⁷"在保定话中有"墨"义。汉语"墨"的古音为：明母，曾开一，德韵，入声。《海口方言词典》中的"墨"作"vak³³"。语素"bo²"的来源待考。该词的形成无疑受汉语的影响。

从语言角度看，文身是黎族内部普遍存在的文化现象，但各地的理解并不一致。西方点的构词表明黎族的文身同样受到中原文化的影响，这种影响主要体现在文身的材料和工艺上。

2. 音乐

乐，《说文解字》："五声八音总名。"

乐在华夏文化中占有极其重要的地位。《礼记·乐记》："大乐与天地同和。"乐不仅是娱乐，还是调和社会的一种手段。《易·豫卦》："先王以作乐崇德，殷荐之上帝，以配祖考。"《孝经·广要道》："教民亲爱，莫善于孝。教民礼顺，莫善于悌。移风易俗，莫善于乐。安上治民，莫善于礼。"《礼记·曲礼下》："岁凶，年谷不登……士饮酒不乐。"孔颖达疏："士平常饮酒奏乐，今凶年犹许饮酒，但不奏乐也。"先秦，乐已成为时人学习的重要科目，并有专门的职业人。《周礼·地官·大司徒》："三曰六艺：礼、乐、射、御、书、数。"《论语·微子》："齐人归女乐，季桓子受之，三日不朝，孔子行。"

黎语"音乐"一词作"i:m²zak⁷"。"音"汉古音为：影母，深开三，侵韵，平声，即黎语"i:m²"源自汉语"音"。"乐"为：来母，宕开一，铎韵，入声。据《海口方言语音研究》，来母读为"l"，日母读为"z"，铎韵读为"ɔk"。汉语发展中，来母和日母在一些汉语方言区往往混淆，即所谓的"娘日归来"，即海南方言"乐"读为"zɔk"。"i:m²zak⁷"为汉语借词。

音乐是一门声音艺术，"音乐"一词是该艺术的抽象概括。该概念的形成需要一定的社会文化基础。一个民族存在音乐，但不一定能形成这一概念，黎族就是如此。作为华夏民族的一部分，难免受到中原文明的影响。

黎语表音乐语词大体可以分为两类：乐器类和歌曲类。前者依托于乐器，后者依托于人体发音器官。

（1）乐器类。

乐器是音乐艺术的重要组成部分，是人类智慧的结晶。乐器可以自然天成，也可以人为加工。社会文化越先进，乐器的种类越繁多，往往工艺越精密。

黎族人常利用身边自然之物，制造出美妙的声音。苏轼《被酒独行遍至子云威徽先觉四黎之舍》："总角黎家三小童，口吹葱叶送迎翁。"一片葱叶却发出了美妙的声音，并以此表达送别之义。简朴的音乐与深厚的情谊自然地融合在一起。

1）tsok^{8}鼻箫。

鼻箫是黎族特有的一种乐器。《海南岛黎族社会调查》（中南民族学院，1992）："鼻箫的构造很简单，人人均可自制。吹时按着一个鼻孔出气，声音如一般的箫而较轻微，男女均用，据说以妇女吹的较多。"

《黎汉词典》："tsok^8，鼻箫。"该词典未作进一步说明。

黎语各方言点"箫"的读音：

保定（tsok^8），中沙（tsuk^8），黑土（ve:n^1），西方（tsuk^8），白沙（tshui^{1}la:u^1），元门（tiau^1），通什（ɬu:n^2），堑对（ɬu:n^2），保城（ɬu:n^2），加茂（tsuən^2）。

各方言点的读音并不统一，可分为四类：第一类，保定、中沙、西方和加茂；第二类，白沙；第三类，元门；第四类，通什、堑对、保城。

各方言点"笛"的读音：

保定（pi^1），中沙（va:i^2），黑土（vin^2），西方（pi^1），白沙（tiau^1），元门（tiau^1），通什（pai^1），堑对（tiau^1），保城（ɬu:n^4），加茂（tsuən^{2}muən^4）。

元门"箫"与"笛"为同一词。加茂话的"笛"与"箫"为同一类，即"笛"的构词以"箫"为基础。

《黎汉词典》收入了保定话中另外两个词："ru:n^2，笛子"；"pi^1，箫，笛子"。保定的"ru:n^2"与通什一组的"箫"音相通。可见，黎语各方言点"箫"与"笛"的使用存在错综复杂的关系，即一个方言点的"箫"在另一方言点可能是"笛"。这种关系恰恰说明了各方言点的这两个词存在着密切的联系，有着这样或那样的同源关系。

"箫"汉古音为：心母，效开四，萧韵，平声。据《海口方言语音研究》，

"箫"所处的心母读为"t"，萧韵读为"iau"。"笛"的汉古音为：定母，梗开四，锡韵。据《海口方言语音研究》，"效"所处的定母读为"ɗ"，锡韵读为"ak"。

白沙、元门和堑对的"tiau¹"为汉语"箫"的借词。第一组的"箫"与汉语"笛"的声母发音部位相近，韵母相同，存在借用的可能。可见，黎族的箫与中原文化存在一定的联系。

同族语"箫"的读音：

壮（si³siu¹），布依（nau²taŋ³），临高（tiu¹），傣西（pi⁵），傣德（pi⁵；sɛu⁶），侗（ȶik¹⁰），仫佬（sja:u⁵），水（po⁵sjeu¹），毛难（çeu）。

同族语"笛"的读音：

壮（tik⁸），布依（nau²va:ŋ¹），临高（tiu¹huaŋ³），傣西（pi⁵），傣德（pi⁵），侗（ȶik¹⁰），仫佬（tek⁸），水（po⁵sjeu¹），毛难（tek⁸）。

壮、临高、傣德、侗、仫佬、水、毛难读音与汉语的"箫"相通，为汉语借词。同样，壮、临高、侗、仫佬、水和毛难"笛"的读音也与汉语相通。傣西、傣德的读音"pi"与黎语部分方言点的"笛"音相似，存在同源的关系。我们推测，"pi"当源自古壮侗语。黎语的"箫"或"笛"与南方部分民族也存在密切的关系。

综上，黎族所用的笛或箫并非独立发展而来，同属于华夏文明。

2）rai¹口弦。

口弦又称"口琴""吹篾""响篾""弹篾""簧"等，流行于中国广大少数民族地区。

华夏文化中的"簧"。《说文解字》："簧，笙中簧也。从竹黄声。古者女娲作簧。"《楚辞·九叹》："愿假簧以舒忧兮，志纡郁其难释。"刘勰《文心雕龙·总术》："视之则锦绘，听之则丝簧。"

黎族人使用口弦。黎语口弦作"rai¹"，《黎汉词典》："rai¹，口弦：rairo:n²，竹口弦。"《海南岛黎族社会调查》（中南民族学院，1992）："口琴有两种，一种是竹制的，另一种是铜片造簧。竹制的口琴几乎每个黎族成年男子都懂做，以簧舌较长而富有弹性者为假。发音轻微幽雅，男女均可吹奏。"

黎族各方言点基本上都有"口弦"一词：

保定（rai¹），中沙（rai¹），黑土（dai¹），西方（tai¹），白沙（tai¹），元门（无），通什（tai¹），堑对（thai¹），保城（tai¹），加茂（ku²tsai²）。

不同于"笛"和"箫"，"口弦"一词在黎语方言内部较为一致，表明这是一种黎族社会普遍存在的一种事物，也印证了《海南岛黎族社会调查》的调查结果。

3）laŋ¹鼓。

华夏各民族常见的一种乐器。《书·胤征》："瞽奏鼓，啬夫驰，庶人走。"《周礼·地官司徒·鼓人》："鼓人掌教六鼓、四金之音声。以节声乐，以和军旅，以正田役，教为鼓而辨其声用。以雷鼓鼓神祀，以灵鼓鼓社祭，以路鼓鼓鬼享，以鼖鼓鼓军事，以鼛鼓鼓役事，以晋鼓鼓金奏。"《汉书·律历志上》："八音：土曰埙，匏曰笙，皮曰鼓，竹曰管，丝曰弦，石曰磬，金曰钟，木曰柷。"《玉篇》："鼓，瓦为椌，革为面，可以击也。"鼓在华夏文化中不是一种简单的乐器，而是制度文化的一部分。

鼓是黎族人常使用的一种乐器。《太平寰宇记·岭南道十三》"打鼓吹笙以为乐"。苏轼《和陶拟古九首》："铜鼓壶卢笙，歌此迎送诗。"今海南文昌有地名"铜鼓岭"为一例证。

黎族各方言点都有"鼓"一词：

保定（laŋ¹），中沙（laŋ¹），黑土（laŋ¹），西方（laŋ¹），白沙（laŋ¹），元门（loŋ⁴），通什（laŋ¹），堑对（laŋ¹），保城（laŋ¹），加茂（lɔːŋ¹dou¹）。

这些词的读音基本一致，表明鼓是整个黎族共有的一种文化器物。"鼓"的汉古音为：见母，遇合一，模韵。据《海口方言词典》，见母读为"k"，模韵读为"ɔu"。与黎语"鼓"没有词源上的关系。

同族语的"鼓"分别为：

壮（kjoːŋ¹），布依（tɕoŋ），临高（loŋ¹），傣西（kaŋ¹），傣德（kaŋ⁶），

侗（kuŋ¹；kuŋ²），仫佬（ku³），水（tam²；ljuŋ³），毛难（kuŋ¹）。临高话、水语与黎语声韵都很相似，有明显的同源关系。与壮、布依、傣西、傣德、侗、毛难韵部相似，可能同源①。

黎语"鼓"与周边民族语的关系表明：鼓是南方少数民族普遍使用的一种乐器，有共同的文化源头，所受中原文化的影响较小。

黎语"laŋ¹"也可作为语素，构成一些表示乐器的词。胡琴（或二胡），作"laŋ¹do:i¹"，"do:i¹"有"绳"或"带"之义，可以理解为有绳子的鼓，非常形象。秦琴，作"laŋ¹doŋ³"，其中"doŋ³"有"簸箕"之义，可能用于形容鼓的样式。这一表鼓的词汇系统表明鼓文化在黎族社会里有着自己的特点。

4）lo³锣。

锣是一种打击乐器。

《说文解字》无锣字。宋赵彦卫《云麓漫钞》（卷九）："军中以锣为洗，正如秦汉用刁斗可以警夜，又可以炊饭，取其便耳。"《广韵》："鈔锣，器也。"《六书故》："锣，今之金声，用于军旅者。亦以为盥盆。"《正字通》："锣，筑铜为之，形如盆，大者声扬，小者声杀。"《旧唐书·音乐志》（二十九）："铜拔，亦谓之铜盘，出西戎及南蛮。其圆数寸，隐起若浮沤，贯之以韦皮，相击以和乐也。南蛮国大者圆数尺……"据相关研究，最早使用铜锣的是居住在中国西南地区的少数民族。到了公元前 2世纪前后，随着各民族文化交往的日益加强，铜锣逐渐向中国内地流传。

黎族各方言点都有"锣"一词：保定（lo³；vou³），中沙（lo³），黑土（lo³），西方（lo³），白沙（lo³），元门（lo³），通什（fo³），堑对（lo³），保城（lo³），加茂（lo:ŋ¹）。

黎语各方言点读音基本一致。加茂"锣"一词与"鼓"的中心语素相同，即认为鼓是锣的一类。

---

① 《黎语调查研究》认为同源，第 575 页。

同族语"锣"的读音：

壮（la²），布依（la²），临高（lo²），傣西（pan²；kɔŋ⁴jam²），傣德（tha:ŋ⁶lo³），侗（la²；toŋ²la²），仫佬（la²），水（çon⁶；fa³；na:u²），毛难（lwa²）。

除了傣西语和水语，同族语基本同源。

"锣"的汉古音为：来母，果开一，歌韵，平声。据《海口方言词典》，来母读为"l"，果开一读为"o"。

可见，汉语、黎语及其大部分同族语的"锣"有共同的源头，这与相关的历史研究是一致的。

黎语中除了"锣"，另有两个与锣相关的词：青蛙锣鼓，作"vou³"；小铜锣，作"diŋ³"。这两个词与"锣"没有共同的语素，说明"vou³"与"diŋ³"并不是"lo³"的发展。因此，青蛙锣鼓和小铜锣可能是黎族本有的文化现象。

小结：

黎族人拥有了华夏民族常有的乐器。

黎族人的乐器来源较为复杂，有民族自创的乐器，有南方少数民族乐器的传承，也有借自汉区的乐器。

（2）歌曲类。

黎族人是一个能歌善舞的民族。清屈大均《广东新语·人语》（卷七）："黎妇女皆执漆扁担，上写黎歌数行，字如虫书，不可识。"《古今图书集成》（卷一三九 ·）："男女未配者随意所适，交唱黎歌，即为婚姻。"李调元《南越笔记》："黎人会集，即使歌郎开场。"

1）以"ko²"（歌）为中心语素的词。

《黎汉词典》："ko²，歌（指一般的歌曲）。"为汉语借词。

唱歌：tshaŋ³ko²，汉语借词。

国际歌：kok⁷tsi²ko²，汉语借词。

国歌：kok⁷ko²，汉语借词。

这些词都借自海南汉语方言，借入时间当在近代。

2）以"thun¹"为中心语素的词。

《黎汉词典》："thun¹, 1. 语言；话……2. 山歌；民歌……3. 纠纷；争执；争端……"在保定话中，"thun¹"作为构词语素，大都表示"话""言语"之义，如谎话"thua³thun¹"、谜语"thun¹ɯ:k⁸"、大话"thun¹lo³"、笑话"thun¹ra:u¹"等。以下是含"thun¹"的表歌曲义的词：情歌，作"thun¹zɯ:ŋ²"。《黎汉词典》："zɯ:ŋ²，唱山歌。"唱民歌，作"vu:k⁷thun¹"。"vu:k⁷"，动词，有做、造、当等义。这些词为黎语自有词。

可见，现代黎语歌曲类词汇存在两套系统：汉语来源系统和黎语自身系统。从发展趋势来看，前者越来越强势。

不仅黎族，同族语也是如此。例如"歌"：

壮（fɯ:n¹；ko¹），布依（vɯ:n¹；kɔ⁶），临高（kɔ²），傣西（xap⁷），傣德（xa:m²ʔoi¹），侗（qa¹），仫佬（tshja:ŋ⁵），水（sja:ŋ⁵；ɕip⁸；ko³），毛难（pi；won¹；kɔ⁵）。

这些语言的"歌"大都来自汉语。

3. 表演类

表演是一种综合艺术，涉及语言、形体、舞台等要素，是较高层次的一种艺术。

（1）舞蹈与戏。

黎族是一个能歌善舞的民族。

黎族各方言点都有"跳舞"一词：

保定（tɯn³hi³），中沙（thiau¹mou¹），黑土（thiau²me:u¹），西方（thiau³mou¹），白沙（hiau³mau⁵），元门（hiau³mou⁵），通什（thiau⁶mou⁵），堑对（thiau⁶mou⁵），保城（thiau³mɔ:u⁵），加茂（thiau¹mɔ:u⁵）。

除了保定话，其他各方言点的读音基本相通，都为汉语借词。汉语"跳"的古音为：透母，效开四，去声。《海口方言词典》"跳舞"作"hiau⁴⁵mou³³"。

不仅黎语，同族语也是如此：

壮（tiu⁵ʔu³），布依（tɛu¹vu³），临高（hiu²hu⁴），傣西（fan⁴），傣德（ka³jɒp⁹），侗（pjiu¹），仫佬（thja:u³），水（thjeu¹wu⁶），毛难（thja:u⁴ʔu³）。

除了傣西、傣德，其他各语言都为汉语借词。

保定话的"tuɯn³hi³"（跳舞）。"tuɯn³"义为"蹦跳"，"hi³"义为"戏"。"戏"的汉古音为：晓母，止开三，去声。据《海口方言语音研究》，属于晓母"戏"的声母读为"h"，"hi³"当为汉语借词。可见，"tuɯn³hi³"为黎、汉混合词。语素"hi³"说明黎族人视"舞"为"戏"。《黎汉词典》还收入一个以"hi³"为语素的词：演戏"vu:k⁷hi³"。

从语言来看，黎语的舞蹈与戏剧在发展中受到了中原文化的影响。

（2）go:p⁷tshe:k⁷竹竿舞。

很多南方民族有自己的竹竿舞。

黎语"竹竿舞"作"go:p⁷tshe:k⁷"，为合成词。《黎汉词典》："go:p⁷，堆，砌。"又"tshe:k⁷，木杵"。直译即为"堆砌木杵"，形象具体地描述了跳竹竿舞的情形。

从构词来看，"go:p⁷tshe:k⁷"当为黎语自有词。竹竿舞应该是黎族特有的文化。据相关研究，黎族的竹竿舞原是与宗教祭祀相关的一种舞蹈。黎族经过辛勤劳作，获得丰收，男女老少喜气洋洋，身着盛装，家家户户炊制米饭，酿造米酒，宰杀家畜，跳起欢快的竹竿舞，以祭祖宗与神灵。

4. 美术

美术是线条、形状与颜色的艺术，源于对客观事件的描摹。

黎族人喜欢使用各种颜色的线条、形状构成一幅幅美妙的画面。文身、黎锦等艺术品就是黎族人对美术追求的体现。

（1）雕刻。

雕刻是以金属等锐器在特定的载体上进行创作的艺术。

华夏文化中的雕刻。《说文解字》："刻，镂也。从刀亥声。"《尔雅·释器》："金谓之镂，木谓之刻。"《说文解字》："雕，琢文也。"《左传·晋灵公不君》："晋灵公不君。厚敛以雕墙。"《论语》："朽木不可雕也。"可见，汉民族早在先秦就有了丰富的雕刻文化。

黎语各方言点"雕刻"一词的读音：

保定（khek⁷），中沙（khek⁷），黑土（khek⁷），西方（khək⁸），白沙（tset⁸），元门（khek⁷），通什（khai³），堑对（khat⁹），保城（khai³），加茂（ʔiak⁷）。

各方言点的读音基本相同，同出一源。

汉语"刻"的古音为：溪母，曾开一，德韵，入声。依《海口方言语音研究》，属溪母的"刻"的声母读为"x"，韵母读为"ek"。黎语"雕刻"一词的读音与汉语"刻"相通，当为汉语借词。

不仅黎语，同族语中的其他一些语言也大都为汉语借词。

壮（tik⁷），布依（kwet⁷），临高（xək⁷），傣西（xen¹；xvak⁷），傣德（xak⁷；mak⁷），侗（ʨeu¹），仫佬（khɣak⁷），水（qot⁷），毛难（kha:k⁷）。

临高、傣西、傣德、仫佬、毛难的读音显然与汉语相通。

包括黎语在内的南方民族语言的读音与汉语读音相通，可以有两种解释："刻"属汉藏语系的底层词；华夏文化的强势影响。

《黎汉词典》还收入了另一个表"雕刻"的词，"tsai³，雕刻：tsai³in³刻印章"。从语音上，当与汉语没有关系。

（2）图画（u:i²）。

图画与雕刻的差异在于工具。

汉语中的"图画"。《说文解字》："画，界也。象田四界。聿，所以画之。""图，画计难也。从口从啚。啚，难意也。""画"或"图"本不表图画艺术。《庄子·田子方》："宋元君将画图，众史皆至，受，揖而立。"《史记·留侯世家论》："余以为其人计魁梧奇伟，至见其图，状貌如妇人好女。"《左传·宣公三年》："昔夏之方有德也，远方图物。"
杜预注："图画山川奇异之物而献之。"《仪礼·乡射礼》："大夫布侯，
画以虎豹。士布侯，画以鹿豕。"《汉书·霍光传》："上乃使黄门画者
画周公负成王朝诸侯以赐光。"

黎语"图画"作"u:i²"。"画"汉古音为：匣母，梗合二，麦韵，入
声。《海口方言词典》"画"作"ue³⁵"。两者语音相通，黎语当为汉语
借词。

同族语的"图画"：

壮（ve⁶），布依（ve⁶），临高（hua⁴），傣西（tɛm³），傣德（xa⁵），
侗（wa⁵），仫佬（hwa⁵），水（fa¹），毛难（hwa⁵）。

从语音上，这些词与汉语"画"相通，当为汉语借词。

"图画"一词借自汉语，并不是说这些民族没有固有的图画艺术，只是
他们尚未形成一个固定的"图画"概念，可能仍处于自发的状态，而非自
觉的状态。与中原文化融合后，才将这种行为上升为自觉状态，进而借用
了汉语"图画"一词。

本节分析了黎语中几个有代表性的与艺术相关的语词，可以得出以下
几个结论：

（1）黎族已具备了几种基本的艺术形式，但尚不发达。

（2）黎族有自己的传统艺术，诸如竹竿舞等，但大部分艺术形式受到
周边民族的影响，尤其是中原文化的影响。

第三节　本章结论

本章列举并分析了与教育和文艺相关的词，侧重于其源流。从中可以
得出以下结论：

（1）黎族现代教育的形成与发展深受华夏文化的影响。目前黎语教育用词大都借自汉语。从语音上看，这些借词一般来自海南汉语方言，而非中原雅音。教育用词借自汉语，并不代表黎族人没有自己的教育。黎族最初的教育当是一种简单的形式，是个别经验的传授，而非全社会的共同行为。黎族是一个没有文字的民族，这直接束缚了其教育的发展。华夏的教育文化源远流长，对黎族形成影响也在情理之中。

（2）黎族的文艺深受汉民族的影响。目前，黎语中文艺用词不多，并且这些词大多借自汉语。黎语中尚未出现小说、诗歌之类的语词，即使有，也是汉语借词。黎族现存一些口头文学，近些年来陆续得到出版，但实际上是用汉语书写的文学作品，其形式和内容同样深受中原文化的影响。黎族人的文身、黎锦、竹竿舞是一大特色，是黎族的艺术瑰宝，但与此相关的语词却很少，其原因在于这些艺术自然天成，未深入开发和研究，也就难以形成特定的概念。面对底蕴深厚的华夏文化，黎族人自然会吸收其中的理念，用于自己的艺术形式中。

（3）总体来看，黎族历史上的教育与文艺相对落后。

结　　论

本书系统地梳理了黎语常见的几个词汇系统，重点考察了一些核心词和文化词。在华夏文化的大背景下，通过描写、比较等方法，探究了黎语中的一些文化现象。

第一，黎语文化是一个杂糅的文化体系。这种杂糅直接表现在语言的源流上。现代黎语各类文化词汇系统一般包含三类来源：自有词、古壮侗语和汉语。语言的杂糅反映出文化的杂糅性。黎语的这种杂糅在宗教信仰词汇中表现得尤为突出。在这些词汇中，有黎族原始宗教的痕迹，有同族语共有的特点，有中原文化的影响。黎语文化的杂糅性源于民族之间的交流，是黎族发展中不断接受外来文化的结果。黎族在接受外来文化过程中，存在文化覆盖现象（即新的外来文化覆盖旧的文化的现象），同时也存在文化并存和文化交融的现象。现代黎语文化包含三个部分：自有文化、中原文化和古代南方文化，其中中原文化已占了黎族文化的主体。

第二，外来文化对黎族各文化体系所施加影响并不均衡。在黎族的各文化体系中，社会结构体系所受影响最大，其次为经济体系。文化发展的不平衡性是人类文化发展的共同规律。一般来说，思维方式、民情风俗和家庭关系的发展相对缓慢，而社会结构、经济制度、文化教育及文学艺术的发展则相对较快。虽然历史上的黎族相对封闭，但同样受到外来文化的强烈冲击，首当其冲的则是社会结构、经济制度和教育制度。

第三，黎族文化存在区域分化。据历史文献记载，黎族有"生黎"和"熟黎"之称，其中"熟黎"是接受外来文化相对较多的黎族人。这些人与其他民族毗邻或杂居，彼此交往频繁，这不仅改变了他们的生活，也改变了其原有的文化特质，甚至影响了他们的语言。黎语方言土语的出现是这一分化的突出表现。研究发现，文化词汇系统存在的差异不仅表现在各方言区上，也表现在系统的内部，这是各类文化在黎语内部发展不平衡的体现。据现有黎语资料，加茂点的差异较为突出。黎族文化内部的差异既是文化发展的自然结果，也是外来文化影响的结果。

第四，黎语基本能反映黎族文化及其历史演变，并能与相关资料相互印证。这一事实再次说明了语言与文化的密切关系，即文化影响语言，尤其是词汇系统，语言沉淀着文化因子。语言是一个积淀的过程，也是一个此消彼长、新陈代谢的过程，故语言分析要考虑到其内部的历史层次，只有这样才能更好地阐述文化现象。遗憾的是，现存黎语资料层次不清晰，缺乏像汉语那种丰富的历史语言资料，这也就导致了黎语文化研究难以向纵深发展。

参考文献

一 辞书类

陈鸿迈：《海口方言词典》，江苏教育出版社 1996 年版。

刘剑三：《临高汉词典》，四川民族出版社 2000 年版。

郑贻青、欧阳觉亚：《黎汉词典》，四川民族出版社 1992 年版。

中央民族学院少数民族语言研究所第五研究室编：《壮侗语族语言词汇集》，

    中央民族学院出版社 1985 年版。

二 专著类

杜依倩：《海口方言语音研究》，海南出版社 2009 年版。

冯广艺：《黎语生态论稿》，南方出版社 2017 年版。

符昌忠：《海南村话》，华南理工大学出版社 1996 年版。

广东民族学院中文系编：《黎族民间故事选》，上海文艺出版社 1983 年版。

李锦芳：《侗台语言与文化》，民族出版社 2002 年版。

罗常培：《语言与文化》，北京出版社 2003 年版。

欧阳觉亚、郑贻青：《黎语调查研究》，中国社会科学出版社 1980 年版。

潘先锷：《黎族辟邪文化》，海南省民族学会，2006 年。

宋兆麟：《巫与巫术》，四川民族出版社 1989 年版。

王养民、马姿燕：《黎族文化初探》，广西民族出版社 1993 年版。

王月圣：《黎族创世歌》，海南出版社 1993 年版。

文明英：《黎语方音比较》，云南民族大学出版社 2014 年版。

文明英、文京：《黎语长篇话语材料集》，中央民族大学出版社 2009 年版。

吴永章：《黎族史》，广东人民出版社 1997 年版。

西南民族学院图书馆：《云南傈僳族及贡山福贡社会调查报告》，西南民族学院图书馆 1986 年铅印本。

邢福义主编：《文化语言学》，湖北教育出版社 2000 年版。

邢植朝：《黎族文化溯源》，中山大学出版社 1993 年版。

张均如等：《壮语方言研究》，四川民族出版社 1992 年版。

中国科学院民族研究所广东少数民族社会历史调查组：《黎族古代历史资料》，海南出版社 2015 年版。

中南民族学院本书编辑组：《海南黎族社会调查》，广西民族出版社 1992 年版。

三　论文类

曹广衢：《侗傣语族中表示汉族的名称探源》，《贵州民族研究》1986 年第 4 期。

董旭：《海南黎族的石崇拜》，《海南大学学报》（社会科学版）1993 年第 3 期。

费孝通：《中华民族的多元一体格局》，《北京大学学报》（哲学社会科学版）1989 年第 4 期。

符昌忠：《村语与黎语词汇差异成因初探》，《广西民族学院学报》（哲学社会科学版）2005 年第 3 期。

符昌忠：《村语与黎语声调的比较——村语与侗台语族语言比较研究系列论文之一》，《广东技术师范学院学报》（社会科学版）2003 年第 1 期。

符昌忠：《哥隆话概况》（上），《广东技术师范学院学报》（社会科学版）2007 年第 11 期。

符昌忠：《黎语坡春话概况》，《民族语文》2005 年第 6 期。

符镇南：《海南岛西海岸的"村话"》，《民族语文》1983 年第 4 期。

符镇南：《黎语的方言岛——那斗话》，《民族语文》1990 年第 1 期。

高泽强：《黎语地名初探》，《琼州大学学报》2001 年第 3 期。

高泽强：《黎族族源族称探讨综述》，《琼州学院学报》2008 年第 1 期。

广东省博物馆：《广东海南岛原始文化遗址》，《考古学报》1960 年第 2 期。

广东省少数民族社会历史情况调查组：《乐东县番阳乡黎族合亩制（生产关系部分）调查》，《理论与实践》1958 年第 8 期。

黄鈜：《从黎语词汇看黎族社会的发展》，《中央民族大学学报》1995 年第 5 期。

李津、钟宇：《黎语杞方言与汉语生态接触的类型与趋向研究——以保亭黎族苗族自治县为例》，《湖北师范学院学报》（哲学社会科学版）2014 年第 3 期。

李锦芳：《中国稻作起源问题的语言学新证》，《民族语文》1999 年第 3 期。

李敬忠：《从壮侗语族同源词看语音的稳定和发展》，《贵州民族研究》1985 年第 4 期。

李枚珍、王琳：《海南黎语使用现状与对策》，《海南大学学报》（人文社会科学版）2010 年第 4 期。

李钊祥：《傣族和黎族的自称》，《民族研究》1985 年第 5 期。

李钊祥：《现代侗台语诸语言声调和韵母的对应规律》，《民族语文》1982 年第 4 期。

李政芳：《黎语的衍生与衰变》，《新东方》2011 年第 2 期。

梁敏：《原始侗台语构拟中的一些基本观点》，《民族语文》1994 年第 6 期。

刘剑三：《临高语黎语关系词的文化内涵》，《民族语文》2001 年第 3 期。

刘明真：《从黎族的亲属称谓看其婚姻制度的演变》，《广东民族学院学报》（社会科学版）1992 年第 3 期。

刘援朝：《黎语方言的语音交替现象》，《语言科学》2006 年第 5 期。

刘援朝：《黎语方言声调的对应问题》，《语言科学》2004 年第 4 期。

刘援朝：《黎语加茂话概况》，《民族语文》2008 年第 1 期。

刘援朝：《闰黎方言牙叉土语的内部分歧》，《民族语文》2009 年第 2 期。

刘志一：《从少数民族古语看中国稻作农业的起源与西传》，《农业考古》
　　　1998 年第 1 期。

罗美珍：《黎语声调刍议》，《民族语文》1986 年第 3 期。

欧阳觉亚：《海南岛村话系属研究》，《民族语文》1988 年第 1 期。

欧阳觉亚、郑贻青：《从词汇上看台湾原住民族语言与黎语的关系》，《寻
　　　根》2004 年第 4 期。

孙秋云：《从人类学观点看海南黎族来源的土著说》，《中央民族学院学
　　　报》1991 年第 3 期。

王均：《〈黎语调查研究〉评介》，《民族语文》1985 年第 3 期。

王穗琼：《黎族原始社会初探》，《学术研究》1962 年第 4 期。

文明英：《黎语虚词的语法功能》，《中央民族学院学报》1993 年第 2 期。

文明英、马加林：《黎语方言数词表示法》，《中央民族学院学报》1984
　　　年第 3 期。

文珍：《三亚黎语地名的文化解析》，《琼州学院学报》2015 年第 6 期。

吴安其：《黎语古音构拟》，《民族语文》2000 年第 5 期。

吴燕：《汉语量词和黎语量词对比研究》，硕士学位论文，中央民族大学，
　　　2007 年。

邢植朝：《隆闺中的爱情》，《今日海南》2002 年第 5 期。

杨德春：《黎族的先民为南越浅说》，《吉首大学学报》（社会科学版）
　　　1984 年第 1 期。

银题：《黎语方言形成原因摭谈》，《中央民族学院学报》1993 年第 5 期。

袁楠楠等：《海南黎族聚居区山栏稻的起源演化研究》，《植物遗传资源

学报》1995 年第 5 期。

苑中树：《黎语塞音韵尾的演变》，《中央民族学院学报》1991 年第 2 期。

张雷：《黎语志强话亲属称谓的变化》，《民族语文》2009 年第 4 期。

郑贻青：《黎语的形补词组》，《民族语文》1984 年第 1 期。

后　记

　　本书是我入职海南师范大学后的第二个有关黎语的科研项目，前一个是"黎语侾方言罗活土语词汇研究"。做黎语研究，自己是个门外汉。接触黎语前，我的研究方向是文字学。硕士期间做古汉字，读博士则转向纳西东巴文。文字与语言虽说不无关系，但却有一道坎。俗话说"隔行如隔山"，要翻这座山，诚有几分犹豫。夹杂着一丝功利、一丝好奇，自己还是跨界了。在做侾方言罗活土语词汇的过程中，我撰写了一篇有关黎语文化的论文——《从稻作词汇看黎族稻作文明的源头与发展》，承蒙《中央民族大学学报》的厚爱，刊登了这篇文章，这给自己不小的鼓舞，原来自己还能为黎语研究做点事。从那时起，我就动了要系统研究黎语文化的念头。

　　做语言文化研究是一直以来的情结。在本科教学中，主持开设了汉字文化和语言与文化两门选修课。在研究生教学中，开设了文化语言学。2000年前后，我承担了王元鹿老师主持的项目"汉字文化系列研究"中一个子项目——汉字中的自然之美。项目完成后，文汇出版社和香港中华书局先后出版了《汉字中的自然之美》。在这个过程中，自己对语言文化有了更进一步的认识，觉得要真正探明语言内在奥秘，还是得回到语言的外部，诸如社会、历史、宗教和民俗等。

　　2016年，海南省社会科学界联合会委以重任，让我承担了"黎语文化调查研究"这一课题，也圆了自己的一个夙愿。课题的获得在带来了欣喜的同时，也给了自己不小的压力。几年来，工作、科研和生活交织在一起，有些让自己喘不过气。一次次田野调研、一次次提笔撰写论文常被日常工作和家庭琐事所打断，为此深感焦虑。经过几年来的见缝插针、断断续续工作，总算完成了眼前这本十几万字的书稿。

面对书稿，十分忐忑。虽然按照自己的思路，大体完成了研究计划，但仍有很多遗憾。从语言探究黎族人的思维习惯、文化艺术等论题仍须继续开展。反观已成形的文字，发现的东西很少，自己所做似乎更多的是整理、汇集和排比相关资料。

语言文化研究是以语言为起点进行文化阐释的一种研究，语言与文化可以互证，但还是语言研究，必须以语言作为出发点，对语言进行系统描写、对比和分析，进而挖掘其中的文化现象。但这种文化阐发应该是客观的，而非主观臆断，更不可肆意解说。从语言角度进行文化阐发，可以利用历史文化资料，但有一个度，要尊重其内在联系，不能过度使用。语言文化研究，重在语言，辅以文化资料。一种语言资料越丰富，其文化阐释就越深入具体。

黎族没有自己的文字，其历史文化资料大都用汉语写成。今天所见的较为全面的黎语资料集中在中华人民共和国建设初期，再往前就没有了，往后也只有一些零星论文，或部分方言点的调查。随着民族融合的加速，黎语词汇中的汉语词越来越多，很多古黎语语词被迅速地替换，黎语原本面貌在迅速改变。因此，黎语田野调查的可靠性也越来越低，其价值在某种程度上还不如中华人民共和国成立初期的一些调查资料。黎语资料的缺乏，黎语与汉语的加速融合给黎语文化研究带来了极大的不利。当涉及黎语的历史演变及其源流的考证时，由于资料的缺乏，我们只能点到为止，不能也不敢深入阐发。这是本研究的一大缺憾。

书稿勉强拿了出来，但后期要做的事情还很多，比如扩大黎语文化的研究范围、将黎语与更多的语言进行比较等。

希望拙稿能起到抛砖引玉的作用，让黎语研究获得学界更多的关注。